# 세상을 뒤흔든 10대들

소년 편

비달 사순부터 마크 주커버그까지,
한 권으로 만나는 46가지 인생 이야기

# 세상을 뒤흔든 10대들

미셸 로엠 매칸 지음 | 장은재 옮김

소년 편

라의눈

# 차 례

BOYS
01

# 빌리 엘리어트 보이즈
## Billy Elliot Boys

**2008~2010년** | 춤꾼들 | 미국

키릴은 영화 '빌리 엘리어트 Billy Elliot'에 큰 감명을 받았다. 리 홀 Lee Hall 각본, 스티븐 달드리 Stephen Daldry 감독에, 피터 달링 Peter Darling 이 안무한 그 영화는 동네 체육관에서 권투를 배우다가 춤을 사랑하게 되고, 춤으로 스타가 된 영국 북부 탄광촌 출신 소년의 이야기다. 이 영화는 영국에서 뮤지컬로 만들어져 큰 인기를 끌었다. 이제 그 뮤지컬은 미국에서 공연될 예정이다. 뉴욕 브로드웨이의 무대에 서게 될 무용수를 뽑는 오디션이 진행되고 있었다.

키릴 Kiril은 심호흡을 하며 댄스 슈즈의 끈을 조였다. 물을 한 모금 마시며 마음의 준비를 했다. 이 오디션은 사전에 예고된 것처럼 오랜 시간이 걸릴 수도 있었다. 심사위원들은 키릴의 발레 실력은 물론이고, 다른 춤도 보고 싶어 했다. 또한 노래를 할 수 있는지, 하게 되면 어떤 음역이 가장 편한지도 알고 싶어 했다. 만약 키릴이 배역을 따내게 되면 그는 빌리 역을 하는 세 명의 소년 중 한 명이 될 것이고, 세 명의 소년은 뉴욕의 제작사가 잡은 빡빡한 일정을 소화하기 위해 교대로 무대에 오르게 될 것이다.

키릴은 가족과 함께 휴게실에 앉아서 오디션 결과를 기다리고 있었다. 마침내 휴게실의 문이 열리고, 캐스팅 감독이 물었다.

"키릴 쿨리시?"

"여기 있습니다."

자리에서 벌떡 일어나며 키릴이 대답했다. 지금 이 순간을 위해, 브로드웨이에서 빌리 엘리어트를 연기할 기회를 잡기 위해, 그는 여러 달 동안 그 많은 시간을 준비해 왔다.

키릴 쿨리시(트렌트 코월릭 Trent Kowalik이나 데이비드 알바레즈 David Alvarez도 마찬가지였지만)는 2008년 미국에서 제작된 뮤지컬 '빌리 엘리어트'의 오디션에 응모한 1,500명의 소년 중 한 명이었다. '빌리 엘리어트'는 총 10개의 토니상을 받았고, 키릴은 빌리 역을 맡은 다른 두 명의 소년과 함께 토니상 중 하나를 수상했다. 뉴욕포스트 New York Post가 "사상 최고의 뮤지컬!"이라고 격찬했던 뮤지컬 '빌리 엘리어트'의 핵심적인 역할을 해낸 것을 인정받았던 것이다.

원작 영화 각본을 썼던 리 홀은 뮤지컬의 전설 엘튼 존 Elton John이 영화 시사회에 참석해 한 말에 깜짝 놀랐다. 영화를 뮤지컬 연극으로 만들겠다는 것이었다. 리 홀과 엘튼 존은 뮤지컬의 성공을 위해서는 영화 제작팀이 뮤지컬 제작에도 참여해야 한다는 점에 합의했다. 영화 제작에 참여했던 사람들이 노래를 만들고, 무대에 맞게 시나리오를 수정했다. 이제 뮤지컬의 성공 여부는 가장 중요한 역할인 빌리 엘리어트를 연기할 소년에게 달려 있었다.

주인공이 최상의 컨디션으로 무대에 오르기 위해서는 한 명이 아니라 세 명의 빌리가 필요했다. 결코 쉽지 않은 일이었지만, 리 홀과 엘튼 존은 빌리 역을 맡을 세 명의 소년을 찾아냈고, 세 명 모두가 기대치를 훨씬 넘는 실력을 갖고 있었다. 더욱이 이 소년들은 모두 현실의 빌리 엘리어트였다. 즉 춤추는 것을 사랑하고, 수많은 난관을 극복했으며, 자신의 분야에서 최고의 수준까지 도달했던 것이다. 그들은 자신의 일을 확실하게 즐기고 있었으며, 춤을 출 때의 즐거움은 단순 명료하고 가식이 없었다. 리 홀은 이렇게 말했다.

"그들에게는 자신이 하고 있는 것이 세상에서 가장 자연스런 일이다. 그들은 자기 자신을 표현하는 방법을 찾아냈다."

우크라이나 출신 부모를 둔 키릴은 1994년 미국 캘리포니아 주의 샌디에이고에서 태어났고 거기서 성장했다. 키릴은 세 살 무렵 누나를 따라 춤을 추게 되었고, 이내 발레와 볼룸 댄스 양쪽에서 뛰어난 실력을 발휘하게 되었다. 그는 샌디에이고 발레 아카데미 소년부에 입단이 허락된 최연소 단원이었고, 미국 청소년 그랑프리 경연대회 우승자이기도 하다. 또한 볼룸 댄스에도 탁월한 실력을 보여 전국 대회 소년부에서 우승했다. 키릴은 천재 피아니스트라는 찬사를 받기도 했다.

빌리 엘리어트 역에 선발됐을 때 키릴은 열세 살이었다. 이제 열여섯 살(2011년 현재)이 된 키릴은 뉴욕과 로스앤젤리스에 살면서 공연도 하고 창조적 프로젝트에 참여하기도 한다.

두 번째 빌리, 트렌트 코월릭 Trent Kowalik은 1995년에 태어났고 키릴과 마찬가지로 열세 살 때 빌리 엘리어트 역을 따냈다. 키릴과 다른 점이라면, 뉴욕 무대에 오를 때 이미 빌리 엘리어트 역에 익숙했다는 사실이다. 그는 영국에서 처음 '빌리 엘리어트' 뮤지컬이 만들어졌을 때 빌리 역을 연기했다.

트렌트 역시 세 살에 탭 댄스와 발레로 춤을 시작했고, 나중에는 자신이 성장한 미국 뉴욕의 롱아일랜드에서 재즈와 힙합 댄스도 익혔다. 네 살 때는 아일랜드 춤을 가르치는 이니스프리학교 Inishfree School 에서 아일랜드 댄스를 배우기 시작했고, 여섯 살에는 최고 수준의 아일랜드 댄스경연대회에 참가했다. 빌리 엘리어트의 오디션에 응모했을 때 그는 5회 연속 아일랜드 댄스 미국 챔피언이자 한 차례 세계 챔피언이었다. 또한 아일랜드 댄스 세계대회에서 우승한 최연소 미국인이기도 했다.

이런 경력 때문에 '뮤지컬, 빌리 엘리어트'의 배우를 물색하는 스카우터는 처음부터 트렌트를 주시했다. 트렌트는 2005년과 2006년 오디션에 참가했다. 그는 2007년 전국적 오디션을 통해 좁혀진 15명의 주연 후보 중 하나였고, 결국 최종 심사를 통과했다.

세 번째 빌리, 데이비드 알바레즈 David Alvarez는 1994년 캐나다의 몬트리올 Montreal에서 쿠바 출신 이민자의 아들로 태어났다. 토니상을 함께 수상한 동료들에 비해 그는 늦은 나이인 여덟 살에 춤을 시작했다! 가족이 샌디에이고로 이주했을 때 데이비드는 샌디에이고 발레 아카데미에 들어갔다. 미래의 빌리가 될 키릴 쿨리시와 함께 발레를 배운 것이다.

영화 속의 빌리 엘리어트와는 달리 데이비드의 가족은 전력을 다해 데이비드를 응원해 주었다. 뉴욕에 있는 아메리칸 발레 시어터(ABT) 소속의 권위 있는 재클린 케네디 오나시스 학교가 데이비드에게 전액 장학금을 주겠다고 하자, 데이비드의 가족은 미국의 서해안을 떠나 뉴욕 시로 이사했다. 데이비드는 빌리 엘리어트 연기를 마친 후, 다시 ABT로 돌아가 발레 연습을 계속하고 있다. 키릴과 마찬가지로 그 역시 뛰어난 기량을 인정받은 피아니스트다.

2009년 7월 키릴 쿨리시, 트렌트 코윌릭, 데이비드 알바레즈는 공동으로 뮤지컬 주연 배우 부문에서 토니상을 받았다. 이는 공동 주연을 맡은 배우들에게 주어진 최초의 토니상이었다. 세 명의 빌리 이후, 지금은 더 어린 소년들이 빌리 엘리어트 역을 맡고 있다. 빌리 엘리어트란 배역은 춤을 사랑하는 소년들에게 브로드웨이를 넘어 미국 전역에 이름을 떨치게 해 줄 새로운 기회가 되었다.

# 나는 이렇게 세상을 뒤흔들 거야!

나는 프로 댄서가 되어 세상을 뒤흔들 것이다. 춤을 배우면 자기 스스로를 절제할 수 있고, 자신이 만든 규율에 집중하는 법을 알게 된다. 나는 미하일 바르시니코프나 루돌프 누레예프와 같은 이들이 좋다. 나는 사람들에게 춤, 특히 발레를 가르치는 일을 좋아한다. 발레는 여자아이들만 하는 거라고 생각하는 사람들도 있다. 사실 댄서들은 모두가 운동선수인데 사람들은 그걸 잘 모르고 있다.

**루카스 스리푸트** ● 12세

※ '나는 이렇게 세상을 뒤흔들 거야'에 인용된 소년들의 나이는 인용 시점을 반영한 것이다.

# 옴 프라카시 구자르

## Om Prakash Gurjar

1992년~ | 사회운동가 | 인도

그들은 우리의 주장을 경청해야 한다. 이것은 아이들의 권리다.
만약 아이들이 그 권리를 누리지 못하고 있다면,
우리는 그들에게 우리의 주장이 들리도록 좀 더 열심히 노력할 것이다.

**옴 프라카시 구자르** Om Prakash Gurjar

옴은 다섯 살 이후로 농장에서 하루 종일 일했다. 벌레들을 퇴치하기 위해 농약을 뿌려야 했고, 농약 때문에 코가 부풀어 오르는 일도 많았다. 옴은 가축들을 돌보고 외양간에 쌓인 똥오줌도 청소해야 했다. 어린 소년에게는 너무나 힘든 일이었다.

옴은 모든 소년들이 자신처럼 살지는 않는다는 것을 알고 있었다. 학교에 다니는 아이도 있었고, 축구를 하는 아이도 있었다. 그런 아이들은 매일 계속되는 일에 지쳐 떨어질 일도 없었다.

밭고랑 사이에 고개를 내민 잡초를 뽑기 위해 몸을 굽히면서 옴은 자신이 사는 세계 밖에서 온 사람들을 떠올렸다. 구호단체에서 일하는 사람들이었다. 그들은 옴이 하고 있는 일이 '미성년 노동'이며 '잘못된 일이라고 말했다. 그들의 말이 맞다면, 가족이 지주에게 진 빚을 갚기 위해 이렇게 끝도 없는 노동에 시달리는 것은 부당한 일일 것이다.

2006년 인도는 14세 이하 아동을 가정부나 노점 식당 점원으로 고용하는 것을 금하는 새로운 법을 도입했다. 하지만 'Times of India'에 따르면, 현재 인도에는 약 1,270만 명의 미성년 노동자가 있고, 이는 전 세계 어느 나라보다 많은 숫자다. 미성년 노동자 중 상당수가 짜리 zari, 즉 금실 공장에서 일하고 있다.

구호단체에서 온 사람들은 옴을 이 같은 노동으로부터 해방시켜 주고 싶어 했다. 하지만 옴은 그게 쉽지 않으리란 것을 알고 있었다. 가족들은 구호단체 사람들을 믿지 않을 것이고, 지주에게 진 빚 때문에 두려움에 떨고 있었기 때문이다. 지주 역시 옴의 아버지가 빚을 졌으니 그 아들을 부리는 것이 당연하다고 할 게 뻔했다. 옴이 사는 곳에서는 그 누구도 어린 아이에게 노동을 시키는 것이 잘못된 일이라고 생각하지 않았다.

그래도 어쩌면, 구호단체 사람들이 옴의 가족과 지주를 설득할 수 있을지도 몰랐다. 아버지의 빚을 아이가 책임질 필요가 없다는 것을 이해시킬 수만 있다면 얼마나 좋을까? 옴은 구호단체 사람들과 얘기해 보기로 결심했다.

옴 프라카시 구자르는 1992년 인도의 라자스탄 Rajasthan 지방에서 태어났다. 다섯 살이 되자, 옴은 가족과 함께 지주의 농장을 위해 일해야 했다. 아버지가 지주에게 진 빚을 갚기 위해서였다. 옴은 하루에 두 끼 식사를 제공받고 하루 종일 일했으며, 만약 불평이라도 하면 매질과 발길질이 이어졌다.

2000년 옴은 바하판 바카오 안돌란 Bachpan Bachao Andolan(BBA, 아

동 구호 운동 단체)에서 온 운동가들을 만났다. BBA는 미성년 노동과 아동 인신매매를 중지시키고, 착취당하는 아이들의 재활을 돕는 단체다. 이 운동가들은 우선 옴의 부모를 만나 아동의 권리에 대해 가르쳤고, 그 다음에는 지주에게 압력을 넣었다.

마침내 운동가들의 노력이 결실을 거두었다. 옴은 라자스탄에 있는 BBA의 본거지, 발 아쉬람 Bal Ashram에서 살게 되었다. 거기서 옴은 더 나은 미래를 위해 교육을 받게 되었고, 자신과 같은 아이들을 보호하기 위해 제정된 법률이 있다는 것도 알게 되었다. 아동의 권리에 대한 유니세프 UNICEF 헌장은 인도만 빼고, 전 세계에서 적용되고 있었다.

아이가 태어나면 자동적으로 출생증명이 발급되는 미국 같은 나라와 달리, 인도에서는 아이 부모가 신청해야만 출생증명이 발급된다.

발 아쉬람에서 옴은 완전히 새로운 경험을 하게 된다. 학교에 다니게 된 것이다. 그는 학교에 다닌 지 얼마 안 돼서 아동의 권리에 관해 발표하게 되었다. 스스로 아동 노예였던 옴의 이야기에 선생님과 학생들 모두가 감동했다.

옴은 자신이 다니는 학교가 매년 학생 1인당 100루피씩의 학비를 받는다는 사실을 알게 되었다. 옴이 발 아쉬람에서 배운 바로는, 라자스탄 주는 무상 공교육을 실시하기로 되어 있는 주였다. 옴은 당장 지역 담당 치안판사를 찾아가서 시정을 요구했다.

옴은 지방 법원에서 청원도 했다. 라자스탄 주의 고위 당국과 법원은 학교가 수업료를 받는 것은 불법이며, 따라서 학부모에게 받은 수업료 전부를 반환하고, 앞으로 일체의 수업료를 청구해선 안 된다고 판결했다. 그 결과 라자스탄 주 전체에 걸쳐 학부모에게 수업료를 부과하는 일이 금지되었다.

옴은 자신을 구해준 BBA와 함께 일했다. 라자스탄 주의 다우사 Dausa와 알와르 Alwar 지역에서 500여 명의 아동에게 권리를 찾아 주었고, 출생 등록을 하도록 도와 주었다. 미성년 노동으로 착취당하고 있는 아동 중에는 자기 나이가 몇 살인지, 부모가 누구인지 증명할 서류가 아무것도 없는 경우가 아주 많았다. 그래서 출생 등록은 강요된 노동으로부터 아동을 보호하는 첫 단계 조치였다.

그는 BBA와 함께 아동 친화적인 마을인 발 미트라 그람스 Bal Mitra Grams도 여러 개 만들었다. 이 마을들은 미성년 노동을 금지하고 아동 노동을 통해 착취하는 사람이 있으면 당국에 신고하기로 서약한 마을들이다.

아동 착취 노동을 종식시키고 인도 전역에 걸쳐 아동의 삶을 향상시키기 위한 선구적 노력을 인정받은 옴은 2006년 국제아동평화상 International Children's Peace Prize을 수상했다. 국제아동평화상은 아동 복지를 위해 애쓴 개인이나 단체에 수여되는 세계 최고의 상이다. 네덜란드의 암스테르담에서 열린 시상식에서 옴에게 시상한 사람은 남아프리카공화국의 전임 수상인 F. W. 드 클라크(아파르트헤이트를 종식시킨 공로로 넬슨 만델라와 함께 노벨 평화상을 받았던 사람)였다.

옴은 10만 유로의 상금을 두 개의 단체에 모두 기부했다. 인도의 '아동과 부녀자 인신매매, 억압, 매춘을 종식시키는 모임 Stop Trafficking, Oppression and Prostitution of Children and Women'과 네팔의 '인

민복지서비스위원회 People's Welfare Service Committee'가 그 단체다. 두 단체 모두 미성년 노동으로부터 아동을 구하기 위해 일하고 있다.

암스테르담에서 돌아오자마자 옴은 인도 대통령과 장관들의 초청을 받았다. 옴은 그들과 인도의 미성년 착취 노동을 효과적으로 막을 수 있는 방법을 논의했다. 얼마 후 인도를 방문한 고든 브라운 Gordon Brown 영국 총리가 옴을 만나고 싶어 했다. 브라운 총리는 옴과 만난 후, 영국 정부가 인도의 극빈층 아동 교육에 3억 유로를 투자할 것이라고 발표했다. 옴은 인도와 그 밖의 지역에서 아동 착취를 방지하기 위해 BBA와 함께 계속 노력하고 있다.

## 지금 세상을 흔들고 있는 소년!

**알렉 루어즈** Alec Loorz

열두 살 때 알렉은 '아이들 vs. 지구온난화 Kids vs. Global Warming'란 단체를 창립했다. 알렉은 지구온난화의 과학에 관한 흥미진진한 내용의 발표문을 작성했는데, 이를 본 앨 고어 Al Gore 전 미국 부통령이 그를 초청해 기후 프로젝트 Climate Project의 공식 발표자로 훈련시켰다. 열여섯 살 때 알렉은 미국 내에서 250회의 발표를 했고, 아이매터 행진 iMatter March의 리더 역할을 했다. 아이매터 행진은 2011년 5월 어머니날 주간에 43개국 이상에서 온 아동들과 함께 한 행사로, 지구온난화에 대한 문제의식을 전 세계에 고취시켰다.

※ '지금 세상을 흔들고 있는 소년'에 나온 정보는 모두 공개된 자료에서 수집된 것이다.

# 윌리엄 캄콤바

## William Kamkwamba

**1987년~** | 발명가이자 기술자 | 말라위(아프리카)

이 아름다운 이야기는 삶을 발가벗겨서 적나라한 핵심을 드러낸다.
그리고 거기서 희망과 꿈을 가질 이유를 찾아낸다.

**윌리엄 캄쾀바, 브라이언 밀러 공저 '바람을 길들인 풍차소년'에 대한 신문 리뷰**

열네 살 윌리엄은 책의 한 페이지를 뚫어지게 보고 있었다. 그 책은 풍차를 이용해 전기를 만드는 방법을 설명해 놓은 책이었다. 윌리엄이 사는 말라위에서는 대부분의 가정이 전력 공급을 받지 못했다. 소년 윌리엄은 스스로 전기를 생산하기로 결심하고, 마을의 고물상에서 필요한 부품을 하나하나 모았다. 하지만 아무리 궁리해도 자전거 발전기 bicycle dynamo가 없이는 모든 것이 허사가 될 형편이었다.

더 문제인 것은 사람들 모두가, 하다못해 어머니조차 윌리엄이 미쳤다고 여긴다는 사실이었다! 윌리엄 주변의 가족, 친지, 이웃들은 풍차를 본 적도 없었고, 설사 풍차를 안다 하더라도 집 주위의 고무나무에서 얻은 목재며, 내버려진 트랙터 팬, 자전거 골조 같은 것들을 이용해 풍차를 만들 수 있다고는 생각하지 않았던 것이다.

그 해 윌리엄은 학교를 그만뒀다. 하지만 학교 건너편에 있는 고물상에 가기 위해 매일 같이 학교 근처에 들렀다. 친구들은 폐품 더미를 뒤지고 있는 윌리엄을 보고 이렇게 소리쳤다.

"저기 캄쾀바 좀 봐. 또 쓰레기 속에서 놀고 있네!"

낡은 기계 부품, PVC 관, 전선 등등은 다른 사람들에겐 쓰레기였지만 윌리엄에겐 보물이었다. 그의 어머니는 아들이 매일 쓰레기나 뒤지다가 결혼도 하지 못할까 봐 걱정이었다.

어느날 윌리엄이 사촌인 길버트 Gilbert와 길을 걷고 있을 때, 자전거한 대가 빠른 속도로 두 사람 곁을 지나쳐 갔다. 길버트가 "저것 봐!"라고 소리쳤다. 그 자전거 뒤에 붙어 있는 것은, 윌리엄이 그토록 갖고 싶어 하는 자전거 발전기였던 것이다.

말라위의 가장 보편적인 이동수단은 자전거였고 전기는 부족한 실정이어서, 자전거 발전기는 흔하게 볼 수 있는 물건이었다. 하지만 가난한 농부의 아들에게는 해당 사항이 없었다. 윌리엄은 자전거에 부착된 발전기를 볼 때마다 고문을 당하는 느낌이었다.

그러나 윌리엄의 사촌 길버트는 그 지역 부족장의 아들이었고, 용돈을 넉넉히 받는 편이었다. 길버트는 자전거를 쫓아가 500콰차 kwacha(약 1,600원 정도)에 자전거 발전기를 팔라고 말했다. 충분한 가격은 아니었지만, 자전거 주인은 현찰을 거부할 수 없었다. 말라위의 경제는 어려웠고, 일자리를 구하기도 힘들었기 때문이었다. 길버트는 자신의 용돈을 모아 산 자전거 발전기를 윌리엄에게 건네주었다.

모든 준비가 끝났고, 윌리엄이 벌이는 일에 관심을 가진 사람들이 몰려들었다. 윌리엄은 자신이 만든 풍차의 높은 탑 위에 섰다. 모인 사람들 중에는 자신을 미친놈이라 부르던 사람들도 있었다. 그는 손을 뻗어 기계 한가운데서 나온 두 전선의 끝을 연결했다. 그리고 풍차 날개가 돌지 않도록 끼워 놓았던 금속 조각을 뺀 다음, 땅 위로 내려왔다.

땅 위에서 윌리엄은 풍차에서 나온 전선과 연결된 전구를 손에 들었다. 그 순간 바람이 불어 왔고, 풍차의 날개가 돌았다. 전구에 불이 들어오자 모인 사람들 모두가 숨을 죽였다. 전구는 몇 번 깜빡깜빡하더니 이내 환한 빛을 발했다.

"정말 전구가 켜졌어!"

"맞아, 저 애가 해냈어."

사람들이 웅성거리기 시작했다.

1987년 아프리카 말라위공화국의 윔베 Wimbe에서 태어난 윌리엄 캄쾀바는 일곱 형제 중의 맏이이자 외아들이었다. 그는 자라는 동안 같은 학교의 소년들로부터 괴롭힘을 당했다. 그를 보호해 줄 형이 없었기 때문이다. 하지만 윌리엄은 그런 일로 학교 공부에 지장을 받을 만큼 약하지 않았다. 그의 중학교 성적은 우수해서 고등학교에 진학할 수 있는 자격도 얻었다. 하지만 말라위에서는 부자들만 고등학교에 다닐 수 있었다.

불행하게도 윌리엄이 열네 살 무렵, 말라위

자전거 발전기는 기본적인 전자기 법칙을 활용한 소형 전기 발생기다. 이는 자전거 바퀴에 부착되어 운동 에너지를 전기로 변환한다. 자전거 발전기에서 생산된 전기는 자전거 앞머리에 붙은 헤드램프에 전력을 공급한다.

에는 심각한 가뭄이 들었다. 그것은 더 이상 윌리엄이 학교를 다닐 수 없다는 것이었다. 사실 그의 가족은 끼니를 걱정해야 할 형편이었다.

말라위의 고등학교 수업료는 연 80달러(2013년 12월 현재 약 8만 5천 원)정도다.

말라위 국민의 80퍼센트는 옥수수를 재배했고, 옥수수로 만든 은시마 nsima를 주식으로 했다. 윌리엄네 가족도 마찬가지였다. 비가 거의 오지 않은 그해, 옥수수는 거의 다 말라죽었고, 윌리엄의 가족은 간신히 세 포대의 옥수수를 수확할 수 있었다. 그것으로 온 가족이 일 년을 버티기 위해서는 하루 한 끼, 그것도 한 끼에 세 수저의 은시마만 먹어야 했다. 가끔 윌리엄의 아버지는 아침 식사를 거르고 나가기도 했다. 자식들에게 은시마를 한 수저라도 더 먹이고 싶은 마음에서였다.

윌리엄은 당분간 학업을 보류하기로 했다. 그가 학교 도서관에서 '에너지 활용 Using Energy'이란 책을 발견한 것도 이때였다. 그 책 속엔 풍차로 전기를 생산하고 물을 퍼 올리는 방법이 그림으로 설명되어 있었다. 물을 퍼 올릴 수 있다면 가족이 경작하는 옥수수 밭에 물을 끌어들일 수 있게 되고, 앞으로 가뭄이 닥치더라도 농작물을 지킬 수 있다는 뜻이었다. 윌리엄은 눈앞이 환해지는 느낌이었다. 그는 우선 전기부터 만들어야겠다고 다짐했다.

학교 사서의 도움을 받아 윌리엄은 어떤 부품이 필요한지 알아냈다. 동시에 전자기학 electromagnetics의 기본 원리를 터득했고, 처음으로 영어 단어도 배웠다. 2002년 윌리엄은 첫 번째 풍차를 완성했고,

전구에 불을 밝혔다. 이어서 그는 PVC 플라스틱으로 스위치를 직접 제작해 4개의 전구에 불이 들어오게 했다. 윌리엄은 전기 벨을 본떠 회로차단기도 만들었다.

소문이 정말인지 궁금해 하는 사람들이 수십 리 밖에서 이 풍차를 보러 왔고, '바람을 길들인 소년'에 관한 소문은 온나라로 퍼져나갔다. 2006년 11월에는 '데일리 타임스 Daily Times'라는 신문에 캄쾀바의 풍차 이야기가 보도됐고, 그 기사는 핵티베이트 Hacktivate라 불리는 블로그에 실렸다. TED 국제회의 TED Global Conference의 프로그램 책임자인 에메카 오카포 Emeka Okafor가 우연히 그 기사를 보게 되었다. 오카포는 윌리엄을 탄자니아에서 열린 TED의 국제 행사에 초청했다. 그 자리에서 TED 회원들은 윌리엄이 학업을 계속하고, 가족을 위한 두 번째 풍차를 만들겠다는 꿈이 실현되도록 지원해 주겠다고 약속했다.

윌리엄은 고향으로 돌아가 고등학교를 마쳤고, 그 다음엔 남아프리카공화국의 요하네스버그에 있는 아프리카 지도자 아카데미에 입학했다. 그는 꿈꾸던 더 큰 풍차를 만들어 가족의 농토에 물을 끌어들였으며, 얼마 후엔 자신의 마을을 위해 태양에너지로 작동하는 펌프를 사용하는 더 깊은 우물을 팠다. 그 우물은 현재 6개 마을의 상수도에 물을 공급하고 있다.

윌리엄은 '움직이는 풍차 프로젝트 Moving Windmills Project'라 불리는 비영리 조직을 만들었다. 이 조직은 윌리엄이 고향 마을에 설치했던 것과 같은 태양에너지 물 펌프를 말라위의 다른 마을들과 이웃나라에까지 보급하기 위해 노력하고 있다. 또한 그는 미국인 기자 브라이언 밀러 Bryan Mealer와 함께 '바람을 길들인 풍차 소년 The Boy Who Harnessed the Wind: Creating Currents of Electricity and Hope'이란 소설을 썼다. 이 소설은 후에 다큐멘터리 비디오로도 만들어졌다.

2010년 윌리엄은 미국 산타모니카에 본거지를 둔 비영리 단체인 GO Campaign(*전 세계의 고아와 취약 계층 아이들의 삶이 향상될 수 있도록 지원하는 단체 – 옮긴이)이 수여하는 GO Ingenuity Award를 수상했다. 윌리엄 캄쾀바는 GO Campaign의 지원을 받아 고향 마을의 청년을 위한 워크숍을 열고, 그들에게 풍차 만드는 방법과 물 펌프 수리하는 법을 가르칠 계획을 갖고 있다.

현재 윌리엄은 미국 뉴햄프셔 주의 다트머스 대학 Dartmouth College 에서 본격적으로 공학을 공부하고 있다.

## 나는 이렇게 세상을 뒤흔들 거야!

나는 공학 분야에서 세상을 흔들어 볼 작정이다. 사람들에게 영향을 미칠 수 있는 방법은 운송 수단을 좀 더 안전하게 만드는 것이다. 그것이 내 꿈이고 세상에 도움이 되는 일이다. 나는 기차, 비행기 등 모든 종류의 운송 수단을 이용하는 승객을 위해 에어백을 장착할 것이다. 또한 스쿨버스에는 심한 충격에도 견딜 수 있도록 안전벨트에 걸쇠를 추가하려 한다.

마크 그래슬 Mark Grasle ● 14세

BOYS
04

# 숀 화이트

## Shaun White

1986년~ | 스노보더 | 미국

화이트는 말도 안 되는 기술에 어디서나 눈에 띄는 외모를 갖고 있었다.
기술과 외모, 이 놀라운 조합으로 인해 숀 화이트는
이 시대 가장 눈에 띄는 스포츠 스타가 되었다.

**미국올림픽위원회 공식 홈페이지**

아홉 살 숀은 차가운 슬로프를 미끄러져 내려올 때 얼굴에 부딪치는 바람이 좋았다. 더 높이 더 멋지게 점프하는 새로운 기술을 배울 때면 행복했다. 그러나 숀이 가장 사랑한 것은 스피드였다. 보드의 속도를 아무리 높여도 성에 차지 않을 정도였다.

"천천히 내려가!"

슬로프의 꼭대기에서 내려오는 그에게 엄마의 고함소리가 들렸다. 숀은 다시 슬로프 꼭대기에 도달하자, 몸을 돌려 발의 자세를 바꿨고, 그 자세로 슬로프 끝까지 내려왔다. 다음 번 활강 때, 숀은 새로운 기술에 도전했

'스위치'는 잘 안 쓰는 다리를 앞으로 내놓고 타는 것을 뜻한다. 오른손잡이가 왼손으로 글을 쓰려고 시도하는 것과 비슷하다고 할 수 있다.

다. 바로 백워드 backwards 기술이었다.

"쟤 지금 뭐하는 거야?"

사람들은 슬로프에서 미친 듯이 속도를 내는 붉은 머리 소년에 대해 궁금해 하기 시작했다. 그해 말, 숀은 버튼 스노보드 Burton Snowboards란 회사로부터 첫 후원을 받게 되었다.

숀 화이트는 1986년 미국 캘리포니아 주 샌디에이고에서 태어났다. 그는 태어날 때부터 선천성 심장 질환을 갖고 있어서 다섯 살이 되기 전에 두 번의 수술을 해야 했다. 그렇지만 수술 때문에 스케이트보딩과 스노보딩을 포기할 숀이 아니었다. 숀은 아홉 살에 첫 후원 계약을 얻어냈을 뿐만 아니라 캘리포니아 주 엔시니타스에 있는 지방 스케이트 공원에서 스케이트보드의 전설인 토니 호크를 만났다. 토니는 숀을 관심 있게 지켜보며 지도해 주었다. 숀은 열두 살에 프로 스노보더가 되었고, 5년 후인 열일곱 살 때 토니의 도움으로 프로 스케이트보더가 될 수 있었다.

숀은 스노보딩과 스케이트보딩 두 종목을 모두 좋아했다. 하지만 따뜻한 남부 캘리포니아에서 스노보더로 성장하기 위해서는 절대적인 지원이 필요했다. 다행히도 숀은 가까운 친척의 도움을 받을 수 있었다. 친척은 스키 철이 아닐 때, 숀을 차에 태우고 중부 캘리포니아의 맘모스 산 Mammoth Mountain이나, 오리건 주에 있는 후드 산 Mount Hood까지 데려다 주곤 했다. 덕분에 숀은 여름에도 스노보드를 즐길 수 있었다.

그는 고등학교에 들어가면서부터 운동선수로 화려하게 비상했다.

학교 성적에 신경 쓰지 않고 운동에 전념할 수 있는 환경이 만들어진 것이다. 숀은 먼 거리를 이동하며 매년 15개 이상의 스노보딩이나 스케이트보딩 경연대회에 참가했다. 다행히도 숀이 다니던 칼스바드 Carlsbad 고등학교는 그다지 엄격하지 않았다. 숀의 말을 빌리자면 '정말로 쿨한 선생님들'이 학교에서 쫓겨나지 않도록 도와 주신 것이다.

숀의 반 친구들은 숀을 부러워했다. 학기 중에 수업을 빼먹고 대회에 참가하는 것도 그렇고, 억만장자 리처드 브랜슨 Richard Branson(*버진 그룹 회장 – 옮긴이)이나 록 스타 슬래쉬 Slash(건스앤로지스 그룹 멤버)와 같은 유명 인사와 어울리는 것도 시샘을 불러일으켰다. 하지만 여름철에는 아무도 숀을 부러워하지 않았다. 친구들이 방학을 맞아 신나게 놀 때, 숀은 학기 중에 하지 못한 숙제에 매달려야 했기 때문이다.

숀의 사춘기에서 가장 독특했던 점은 자신보다 나이 많은 사람들과 많은 시간을 어울렸다는 사실일 것이다. 열네 살 숀에겐, 열네 살부터 스물여섯 살까지의 친구가 있었다. 그는 또래 남자애들이 재밌어 하는 일을 이십대 남자들은 시시해 한다는 것을 알게 되었고, 자신보다 나이 많은 사람들과 대화하는 법을 배웠다.

2006년, 스무 살의 숀은 동계올림픽 하프파이프 종목에서 동료 미국 선수 대니 카스 Danny Kass를 물리치고 첫 금메달을 땄다. 50점 만점에 46.8점! 올림픽 신기록이었다. 이 기록은 2010년 동계올림픽 때까지 깨지지 않았다. 2010년 두 번째로 동계올림픽에 출전한 숀은 남자 하프파이프 종

1960년대 미국에서 시작된 스노보딩은 1998년 동계올림픽 종목이 되었다. 숀은 스케이트보딩도 하계올림픽 종목으로 채택되기를 바라고 있다.

목 결승에서 48.4점으로 자신의 이전 기록을 경신했다.

2010년 올림픽에서 독특한 보드 기술을 선보인 숀은 '날으는 토마토 The Flying Tomato'란 별명을 얻었다(숀의 인기가 높은 이태리에서는 'Il Pomodoro Volante'로 번역되었다). 숀의 빨간 머리에서 유래된 별명이었다. 처음에 숀은 토마토 로고가 그려진 머리띠를 하고 대회에 나서는 등 그 별명을 좋아하는 듯 보였지만, 사실 그가 마음에 들어 한 별명은 따로 있었다. 그것은 '애니멀 Animal'로 '머펫 대소동 The Muppets'이란 영화에 나오는 인형 캐릭터 중 하나다.

숀은 스케이트보딩과 스노보딩 기술 분야에서 많은 기록을 갖고 있다. 그는 레드 불 Red Bull 슈퍼파이프에서 백투백 더블 코크 back to back double corks를 성공시킨 첫 번째 스노보더이며, 프론트사이드 힐플립 540 바디 베리얼 frontside heelflip 540 body varial을 성공시킨 유일한 스케이터이다. 스케이트보딩 사상 처음으로 캡7 멜론 그랩 Cab 7 Melon Grab을 성공시키기도 했다. 숀의 대표적인 스노보드 기술은 더블 맥트위스트 Double McTwist이다.

숀은 매년 열리는 대회마다 좋은 성적을 냈지만, 특히 동계 X게임은 완전히 그의 독무대였다. 2002년, 열여섯 살 시절부터 경기에 나선 숀은 2012년 여름까지 금메달 10개, 은메달 3개, 동메달 2개를 획득했다. 숀은 동계 X게임 슈퍼파이프 부문에서 4년 연속 우승한 첫 번째 선수다.

그는 미국 스포츠계에서 가장 유명한 선수이며, 전 세계에 걸쳐 광팬을 거느리고 있다. 숀을 후원하겠다는 기업이 줄을 서지만, 그는 아주 신중하게 처신하고 있다. 아무리 세계적인 슈퍼스타라고 해도 스노보딩 스포츠의 진정성을 훼손해서는 안 된다고 생각하기 때문이다.

숀은 볼콤 Volcom, 버튼 Burton, 오클리 Oakley, 소니 플레이스테이션 Sony PlayStation, 유비소프트 Ubisoft, 타겟 Target 등의 기업으로부터 후원을 받았다. 또한 그는 숀 화이트 스케이트보딩 Shaun White Skateboarding과 숀 화이트 스노보딩 로드 트립 Shaun White Snowboarding Road Trip 등의 비디오 게임 업체를 갖고 있다. 숀은 ESPN이 제작한 '숀 화이트: 밑을 보지 마라 Shaun White: Don't Look Down'와 '숀 화이트 앨범 The Shaun White Album(오랜 친구 토니 호크와 함께 나온다)' 등 다양한 DVD에도 출연했다.

숀은 롤링스톤 잡지와의 인터뷰에서 음악과 연기에도 관심이 있지만, 앞으로 10년 동안은 스케이트보딩과 스노보딩에만 전념할 것이라고 말했다. 그는 만약 스케이트보딩이 하계 올림픽 종목으로 채택된다면, 몇 년 동안은 스노보딩을 떠날 수도 있다고 생각하고 있다.

숀과 그의 동생은 타겟 Target 사에서 화이트 컬렉션 White Collection이란 의류 브랜드 생산 라인을 만들었다.

31

# 나는 이렇게 세상을 뒤흔들 거야!

나는 묘기 자전거 선수가 되어 세상을 흔들어 보겠다. 또한 스노보더가 될 작정이다. 나는 이미 자전거와 스노보드를 연습하고 있다. 나는 친구들과 스노보드 타기를 좋아하며, 얼마 전엔 킥플립 기술을 성공시켰다. 내가 비포장도로 자전거 경주나 스노보딩 선수로 유명해진다면 나를 격려해 준 부모님과 형에게 감사의 인사를 할 것이다.

**브레트 콕스** Brett Cox ● 10세

# 마크 주커버그

## Mark Zuckerberg

**1984년~** | **소프트웨어 개발자** | **미국**

"이거 정말 웃기는군."

마크는 아버지 에드워드가 불평하는 소리를 들었다. 에드워드는 집 바깥채에서 치과를 운영했다. 치과는 꽤 잘됐는데, 딱 한 가지가 문제였다. 병원의 접수 담당 아가씨가 환자 도착을 알리는 고함 소리였다. 병원 입구에서 600리터 들이 어항을 통과해서 진찰실에 있는 에드워드의 귀에 들리게 하기 위해서 그녀는 거의 악을 쓰다시피 해야 했다. 유일한 대안은 접수 담당자가 매번 진찰실 근처까지 걸어와서 알려주는 것이었지만, 그것도 문제가 있었다. 담당자가 자리를 비우면 환자 기록과 업무 파일의 안전을 보장할 수 없기 때문이다. 아버지의 고민을 지켜보던 열두 살 마크의 머릿속에 곧바로 문제를 해결할 수 있는 아이디어가 떠올랐다. 마크는 구체적인 해결책을 마련하기 위해 위층으로 올라갔다.

일단 자기 방에 올라간 마크는 컴퓨터를 켜고 키보드를 두드렸다.

"이런 식으로 하면, 아마도……"

마크는 잠깐 생각을 멈추고 컴퓨터의 백스페이스 키를 몇 번 눌렀다.

"아니지, 이렇게 하면 효과가 없어."

순식간에 마크는 자신이 주크넷 Zucknet이라 이름 붙인 컴퓨터 프로그램을 만들어냈다. 접수 담당자가 의사에게 환자 도착을 알리는 인스턴트 메시지를 보내는 프로그램이었다. 더 이상 소리 지를 필요가 없었다!

자신의 발명에 흡족해진 마크는 온 가족, 즉 부모님과 3명의 누이들까지 주크넷에 연결시켜 서로 간에 대화할 수 있도록 했다. 마크는 장난치는 것을 좋아했다. 한번은 마크가 학교 숙제를 하고 있던 여동생 돈나 Donna에게 메시지를 한 통 보냈는데, 30초 동안 컴퓨터가 폭발하는 듯한 굉음을 냈다. 놀란 누이는 비명을 질렀다.

하지만 이것은 마크가 컴퓨터 프로그래밍을 이용해 벌인 많은 모험 중 하나에 불과했다. 마크의 가족은 꽤 잘 사는 편이었고, 뉴욕의 돕스 페리 Dobbs Ferry에서 안락한 생활을 즐겼다. 아이들이 다 그렇듯 마크는 친구들을 집으로 데려와 노는 것을 좋아했다. 마크와 친구들은 빈둥거리다가 그림을 그렸고, 마크는 그 그림들을 이용해 컴퓨터 게임을 만들곤 했다.

마크의 부모는 아들의 재능을 알아보았다. 그들은 마크가 열한 살 때, 가정교사를 채용해 일주일에 한 번씩 함께 작업하도록 했다. 그 후 마크는 집 근처에 있는 머시 대학 Mercy College의 프로그래밍 야간 수업을 듣게 되었다. 마크가 너무 어렸기 때문에 강사는 그 꼬마가 자신의 수업을 듣는 학생이라고는 생각도 못했다. 마크에게 강의실에서 나가라고 한 적도 있었다!

마크는 미국 최고의 사립 고등학교인 필립스 엑시터 아카데미 Phillips Exeter Academy에 다니면서 고전을 공부하고, 펜싱을 연습했다. 그리고 당연히 컴퓨터도 공부했다. 고등학교 3학년 때, 마크와 한 친구는 시냅스 Synapse라 불리는 프로그램을 개발했다. 시냅스는 한 사람의 음악 취향을 분석해서 다음번에 듣고 싶어 할 노래를 예측해내는 프로그램이었다. 두 사람은 이 프로그램을 무료로 인터넷에 올렸고, 유명 사이트인 슬래쉬닷 Slashdot.org이 이를 주목했다. 갑자기 아메리카 온라인 AOL, 윈엠프 WinAmp, 마이크로소프트 Microsoft와 같은 기업들이 그 프로그램을 사겠다고 나섰다. 200만 달러 이상을 부르는 제안도 있었다! 하지만 마크와 친구는 모든 제안을 거부했다.

하버드 대학에 입학해서도 마크의 프로그래밍 아이디어는 끝없이 나왔다. 그는 대학생의 강의 인기도에 따라 수강과목을 선택할 수 있는 코스매치 CourseMatch 프로그램을 개발하기도 했다. 마크는 2학년이던 2003년, 학교 전산시스템을 해킹해 여학생들의 외모를 비교하는 웹사이트 '페이스매시 Facemash'를 만들었다. 학부 학생들의 사진을 남학생끼리 혹은 여학생끼리 쌍으로 올려 어느 쪽이 더 매력적인지를 비교 투표하게 만든 프로그램이었다. 학생들이 열광하며 몰려들었다. 하지만 대학 당국은 개설 4시간도 안 되어 이 사이트를 폐쇄했고, 마크는 근신 처분을 받았다.

그때 쌍둥이 형제인 카메론 윙클보스와 타일러 윙클보스 Cameron and Tyler Winklevoss, 디비야 나렌드라 Divya Narendra가 마크를 찾아와 자신들이 진행하고 있던 프로젝트를 도와 달라고 했다. 그 프로젝트는 나중에 커넥트유 ConnectU라 불리게 된 하버드커넥션 HarvardConnection 프로젝트였다. 2003년 당시 마크는 열아홉 살의 하버드 대학 2학년생이었다. 카메론과 타일러, 디비야는 이 프로젝트를 2년 동안 추진했고 다른 몇 사람의 도움을 받기도 했지만, 아직 프로그램을 완성하지 못하고 있었다. 그들에겐 마크의 도움이 필요했다. 그 프로젝트는 하버드 대학 재학생들이 온라인 집단을 형성해서 친구들이 무엇을 하고 있고 어떻게 느끼고 있는지를 업데이트해서 올릴 수 있는 소셜 네트워크를 출범시키는 것이었다. 그들은 이 프로그램이 큰 성공을 가져올 것이란 사실을 알고 있었다.

마크는 바로 일을 시작했다. 하지만 다음 일어난 일에 대해서는 몇 가지 다른 이야기가 있다. 마크가 카메론, 타일러, 디비야의 아이디어를 훔쳤다는 사람도 있고, 마크가 세 사람의 아이디어에서 영감을 얻어서 자신만의 소셜 네크워크를 만들어냈다고 보는 사람들도 있다. 어느 쪽 이야기가 맞든 간에, 마크는 커넥트유를 완성하지 못했다. 대신 2004년 초 더페이스북닷컴 thefacebook.com을 개설했다.

원래 더페이스북닷컴은 하버드대학생들만을 위한 것이었다. 개설

한 첫날 1,200명 넘는 인원이 사이트에 가입했다. 몇 달 후 마크는 보스턴에 있는 다른 대학들에게 사이트를 개방했고, 그 다음엔 다른 아이비리그 대학들에게, 또 그 다음에는 미국 전역에 있는 대학들에게 개방했다. 2005년 8월 마크는 더페이스북닷컴에 붙어 있던 'the'를 떼냈고, 그 때부터 사이트는 페이스북 Facebook 으로 알려지게 되었다. 곧이어 고등학생들도 페이스북에 가입할 수 있게 됐고, 2006년 9월에는 이메일 주소를 갖고 있는 사람은 누구나 페이스북을 사용할 수 있게 되었다. 그러자 사용자 수가 비약적으로 늘어났다. 2011년 중반에 페이스북 가입자는 7억 5천만 명, 매일 3억 8천만 명이 사이트에 들르고 있다. 사람들이 한 달에 페이스북에 사용하는 시간은 총 7천억 분에 달하며, 이를 연속 시간으로 계산하면 130만 년이다.

당연히 마크도 페이스북 페이지를 갖고 있다. 그 페이지에 마크는 이렇게 썼다. "나는 사람들이 서로 연결되고 경험을 공유하는 일을 도와줌으로써 더 열린 세상을 만들고자 한다."

마크는 그런 목표를 어느 정도 달성한 것 같다. 페이스북을 통해 오랫동안 연락이 끊어졌던 친구를 찾고, 입양아가 친부모를 찾고, 의료 환자가 장기 기증자를 찾았다는 이야기는 차고 넘친다. 페이스북은 정치적으로도 유용하다. 예멘이나 리비아 같은 나라에서 혁명 세력들은 페이스북을 통해 민권 운동을 조직한다. 사용자들은 앱을 통해 자신들이 어디에 있든 정해진 시간에 게임을 하거나 친구들에게 말을 전할 수 있다. 기업은 자사의 제품이나 서비스와 유사한 분야를 좋아하는 페이스북 사용자들을 겨냥한 광고를 할 수 있다. 페이스북에서 할 수 없는 것은 거의 없는 것처럼 보인다. 2011년 미국 대통령 오바마는 마크가 이룬 혁신을 찬양한 바 있다.

하지만 페이스북에는 인기 이상의 것이 있다. 바로 수익성이다. 2012년 5월까지 페이스북 주식은 시장에 공개되지 않았다. 페이스북이 시장에 공개되면 그 가치는 1,040억 달러로 추산되고 28세의 마크 주커버그는 1,750억 달러의 재산을 갖는 거부가 될 것이다.

2010년 11월에 자서전적인 드라마 '소셜 네트워크 Social Network'가 개봉됐다. 영화는 마크가 페이스북이란 제국을 어떻게 건설했는지를 그리고 있다. 물론 허구적인 요소가 다

페이스북의 색상이 왜 모두 파란색인지 궁금하지 않은가? 마크는 빨간색과 초록색을 구분하지 못하는 적록색맹이다.

소 있지만(마크는 그 영화를 볼 생각이 전혀 없다), 대중들은 영화에 열광했다. 그 영화는 3개의 오스카상을 수상했고, 극장에서 9,600만 달러를 벌어 들였다.

많은 사람들이 묻고 있다.

"다음엔 뭘까?"

마크는 아직 20대(*2012년 현재 - 옮긴이)다. 마크에겐 새로운 프로그램을 개발하고 세상을 바꿀 시간이 아직도 많이 남아 있다.

# 지금 세상을 흔들고 있는 소년!

**존 콜린슨** John Collinson

어린 존 콜린슨은 최연소 레이니에산 등정 기록을 갖고 있다. 그 산에 올랐을 때 그는 겨우 네 살이었다! 존은 일생 동안 등산을 계속해 오고 있다. 그리고 열여섯 살 때, 세븐 서미트(전 세계 7개 대륙 각각의 최고봉)에 최연소로 등정하겠다는 목표를 세웠다. 존의 가족과 친구들은 온갖 방식으로 도움을 주었고, 존은 후원자를 만들기 위해 열심히 노력했다. 2009년 1월부터 2010년 1월 사이, 존은 7개 최고봉을 모두 올랐다. 미션 클리어!

# 블랙 아이드 피스

## The Black Eyed Peas

1995년~ | 뮤지션 | 미국과 필리핀

윌리엄 William은 가장 친한 친구이자 밴드 동료인 알란 Allan을 바라
보았다. 알란은 무대에 녹아들고 있었다. 그의 재능은 한두 가지가 아
니었다. 브레이크 댄서로서 뿐만 아니라 MC와 드러머로도 탁월한 재
능을 갖고 있었던 것이다. 두 사람은 고등학교 1학년 때 만났다. 그
후로 윌리엄은 둘이 함께하면 뭔가 큰일을 해낼 수 있을 거란 믿음을
갖게 되었다.

자신의 레코드회사를 갖고 있었던 유명한 래퍼 이지-이 Eazy-E가
윌리엄의 음악에 관심을 가지게 되면서, 윌리엄과 알란은 아트반 클
란 Atban Klann이란 밴드를 만들게 되었다. 아트반 Atban은 '국가를 초
월한 종족(A Tribe Beyond A Nation)'이란 말의 첫 글자를 따서 만든 이

름이다. 그들은 남부 캘리포니아의 행사와 파티에 불려 다녔고, 음악과 무대 매너 모두 훌륭하다는 평가를 받았다. 얼마 안 있어 그들은 이지-이의 레코드사에서 데뷔 앨범을 내기로 되어 있었다.

알란은 무대 위에서 몸을 흔들고 있었지만, 정신은 딴 데 팔려 있는 듯했다. 윌리엄은 그 이유를 알고 있었다. 얼마 전에 이지-이가 세상을 떠났고, 그들이 공들인 데뷔 앨범은 세상에 나오지 못하게 되었기 때문이다. 하지만 그날 밤 무대 위에서 연주하면서 윌리엄은 자신과 알란이 세상에 통할만한 능력이 있다는 사실을 확신했다. 파티에 참석한 사람들은 모두 박자에 맞춰 머리를 흔들고 몸을 움직이고 있었다. 윌리엄은 온 세상 사람들에게 자신의 음악을 듣게 하고 싶었다. 그는 그 자리에서 새로운 밴드를 결성하고 이름도 바꾸겠다고 결심했다. 윌리엄과 알란은 이런 일 때문에 의기소침해질 사람들이 아니었다.

윌리엄은 자신과 알란이 젊은 시절 하우스 뮤직의 광팬이었음을 인정한다. 윌리엄은 로스앤젤리스 타임즈와의 인터뷰에서 이렇게 말했다. "블랙 아이드 피스를 결성하기 전이나 블랙 아이드 피스 멤버가 된 후에나, 우리는 소위 말하는 '하우스 댄서'였다. 우리는 집에서 춤을 추곤 했다." (*하우스 댄스는 미국의 폐공장이나 낡은 지하 건물에서 특별히 정해진 장르 없이 맥주 한 잔 마시면서 자유롭게 추는 춤, 우리나라 클럽의 춤과 비슷하다 - 옮긴이)

1995년 아트반 클럽은 이름을 바꾸고 새로 결성됐다. 처음에는 '블랙 아이드 포즈 Black Eyed Pods'라 했다가 곧 '블랙 아이드 피스 Black Eyed Peas'로 바꿨다. 이 그룹은 래퍼이자 악기 연주자이고 음반 제작자인 윌리엄과 래퍼인 알란, 그리고 단테 산티아고, 세 사람으로 구성됐다. 얼마 후 단테는 교체됐고 여성 보컬리스트가 추가되었다. 블랙 아이드 피스는 2개의 앨범을 냈다.

윌 아이 엠 Will.i.am으로 알려진 윌리엄 제임스 애덤스 주니어 William James Adams Jr.는 1975년 캘리포니아 주의 잉글우드 Inglewood 에서 태어났다. 그는 로스앤젤레스 동부의 주택단지에서 여섯 형제들과 함께 성장했다. 형제들 중 둘은 생물학적인 형제, 네 명은 입양된 형제였다. 윌리엄의 어머니는 아들이 이웃의 다른 아이들과는 다르게 크기를 원했기에, 윌리엄을 부촌에 있는 팰리사데스 차터 고등학교 Palisades Charter High School에 다니게 했다. 이 학교에서 윌리엄은 알란 피네다 린도 주니어 Allan Pineda Lindo Jr.를 만나게 되었고, 곧 두 사람은 단짝이 되었다.

윌리엄과 알란이 '블랙 아이드 피스'를 결성하자마자, 그들은 곧바로 수퍼스타가 되었다. 윌 아이 엠은 제작자로서 또한 아티스트로서 유명세를 떨쳤다. 그는 마이클 잭슨, 브리트니 스피어스, 유투, 리한나, 어셔, 저스틴 팀버레이크, 니키 미나즈, 셰릴 콜, 머라이어 캐리, 휘트니 휴스턴, 카를로스 산타나 등과 작업했다.

윌 아이 엠은 '엑스맨 탄생: 울버린' 등 몇 개 영화에서 목소리 연기를 하기도 했다. 이것이 다가 아니다. 윌 아이 엠은 자신의 의상 회사를 갖고 있고 현재 인텔사의 소프트웨어 부문 제작 임원을 맡아 랩톱, 스마트폰, 태블릿 등의 개발에 기여하고 있다.

애플딥으로 잘 알려진 알란 피네다 린도 주니어 Allan Pineda Lindo Jr.는 1974년 필리핀의 앤젤리스 시티 Angeles City에서 태어났다. 필리핀인 어머니는 홀몸으로 일곱 명의 아이들을 키우느라 고생했지만, 펄벅재단 Pearl S. Buck International으로부터 약간의 지원을 받을 수 있었다. 알란은 그 재단의 하루 1달러 프로그램을 통해 후원자를 소개 받았다.

알란이 열한 살일 때, 미국 후원자인 조 휴젠스 Joe Hudgens가 그를 미국으로 초청했다. 안구진탕증 nystagmus이라 알려진 눈의 이상(이 때 알란은 두 눈 모두 법적으로 맹인이었다)을 치료하기 위해서였다. 알란은 조에게 미국에서 살고 싶다고 했고, 3년 후 알란은 조에게 입양되었 다. 앨범 'Elephunk'에 실린 'The Apl Song' 등 여러 곡에서 알란의 필리핀계 혈통을 짐작할 수 있다. 'The Apl Song'에는 필리핀 토착민 의 언어인 타갈로그 Tagalog어 가사가 포함돼 있다. 전 세계적으로 유 명한 연주자가 된 알란은 애플재단 Apl Foundation을 만들어 필리핀과 아시아 지역의 어린이들과 공동체를 지원하고 있다.

타부 Taboo라고도 알려진 제이미 루이즈 고메즈 Jaime Luis Gomez는 1975년 로스앤젤레스에서 태어났다. 그는 1995년 '블랙 아이드 피스' 에 합류했으며 무예에서 영감을 얻은 댄스 동작으로 유명하다(그는 이 소룡이 창시한 절권도를 수련했다). 타부는 밴드에서 래퍼와 키보드 주자 역할을 하는 외에 여러 개의 영화에 출연했다. 와이클리프 진 Wyclef Jean과 함께 영화 '더티 Dirty'에 출연했고, '스트리트 파이터: 춘리의 전 설 Street Fighter: The Legend of Chun-Li'에서 자신의 무술 실력을 뽐냈다.

제이미는 수많은 라틴계 미국인 예술가들과 공연했다. 그는 미국 대통령 선거 때 오바마의 로고 송인 'Yes We Can(Si Se Puede)'을 노 래했고, 2011년에는 스티브 데니스 Steve Dennis와 공저로 'Fallin' Up: My Story'란 책을 출간하기도 했다.

2002년 이전 멤버인 단테가 퍼기 Fergie(Stacy Ferguson)를 밴드 멤버로 소개했다. '블랙 아이드 피스'는 2003년 퍼기와 함께 앨범 'Elephunk'를 만들었고, 그 앨범에 수록된 곡 중 저스틴 팀버레이크가 참여한 'Where Is the Love?'는 폭발적인 히트를 기록했다. 이 싱글 음반은 미국 내에서 320만 장, 전 세계적으로 920만 장이 판매되었다.

2011년, 블랙아이드 피스는 전 세계에서 5,600만 장의 음반을 판매한 것으로 추정된다.

2005년 발매된 블랙 아이드 피스의 두번째 앨범인 'Monkey Business'는 발매되자마자 미국 빌보드 200 앨범 차트에서 2위를 기록했고, 발매 첫 주에 29만 5천 장이 팔렸다. 이 앨범은 나중에 미국 레코드산업협회로부터 300만 장 이상 팔린 트리플 플래티넘 앨범으로 공인됐다. 2009년 발표한 'The E.N.D'(*E.N.D.는 Energy Never Die의 첫 글자 – 옮긴이)는 발매 즉시 빌보드 200 차트에서 1위를 기록했다.

블랙 아이드 피스는 빌보드지가 선정한 지난 10년간의 아티스트에서 20위, 10년간의 인기 있는 아티스트 100명 중에서는 7위를 차지했다. 블랙 아이드 피스는 그래미상을 3회 수상했고 2011년 제45회 수퍼보울(미국 미식축구 결승전)에서 공연했다.

# 지금 세상을 흔들고 있는 소년!

**퀸 설리반** Quinn Sullivan

열두 살짜리(2011년 현재) 기타연주자인 퀸 설리반은 이미 앨범 하나를 냈고, 미국 전역에 걸쳐 뜨거운 관심을 받고 있다. 퀸은 세 살 때 기타 연주를 시작했다. 퀸은 막 초등학교에 입학했을 때, 엘렌 드제너리스의 쇼에 출연하게 되었다. 거기서 퀸은 엘렌으로부터 신상 Gibson ES-335 기타를 선물받았다. 기타의 명인 에릭 클랩튼Eric Clapton의 기타와 같은 브랜드이다. 퀸은 너무 놀라 입이 다물어지지 않았다! 퀸은 비비 킹 B. B. King, 버디 가이 Buddy Guy와도 공연했다. 버디 가이는 그래미상 후보로 지명됐던 앨범 'Skin Deep'을 제작할 때 퀸을 참여시키기도 했다. 퀸의 데뷔 앨범인 '사이클론 Cyclone'이 2011년에 발매됐고, 퀸은 블루스를 연주하며 미국 전역을 순회하고 있다.

# 리틱 로샨

## Hrithik Roshan

**1974년~ | 배우 | 인도**

여섯 살배기 리틱은 성인 배우들 한가운데 긴장한 채 서 있었다. 영화 제작자이자 그의 할아버지가 영화 장면 중 한 부분에 쓰기 위해 리틱에게 춤을 춰 보라고 하셨던 것이다. 할아버지 말씀에 리틱은 기쁘고 설레기도 했지만 영화를 망치면 어쩌나 하는 걱정도 되었다. 리틱은 대사를 안 해도 되니 다행이라고 생각했다. 그해 초 학교에서 구두 시험을 치른 후로, 리틱은 뭔가 중요한 것을 말해야 할 때마다 말을 더듬었다. 지금은 춤만 추면 되고, 리틱은 춤에는 자신이 있었다.

음악이 연주되자, 리틱은 박자에 맞춰 발을 구르기 시작했다. 카메라가 그를 향했고, 리틱은 금세 스텝에 녹아들어갔다. 언제 끝났는지도 모르게 촬영이 끝났다. 안도감이 밀려왔고, 다시금 흥분이 느껴졌

인도 사람들은 봄베이 Bombay
를 볼리우드 Bollywood라고 부른
다. 봄베이에서는 1900년대 초기
에 영화 산업이 시작되어 번성했
는데, 미국 캘리포니아에 있는 헐
리우드가 영화 산업 중심지로 정
착한 직후였다. 인도 사람들은 헐
리우드란 단어 앞에 봄베이의 B를
붙여서 볼리우드라 부르기 시작
했다.

다. 리틱은 방금 자신이 첫 영화를 찍었다는 사실을 깨달았다!

리틱의 가문은 영화 산업과 관련이 깊었다. 부모님인 라케시 Rakesh와 핑키 Pinky는 두 분 모두 인도 볼리우드 Bollywood의 배우였고, 할아버지는 영화 제작자였다. 리틱은 여섯 살이 될 때까지, 영화 세트장 무대 뒤편에서 살았다. 이제 그 역시도 영화에서 한 역할을 했고, 영화의 매력에 푹 빠지게 되었다! 리틱은 영화 스타가 되겠다는 꿈을 꾸었다. 하지만 그의 아버지는 아들을 영화 배우로 키워야 할지 말지 확신이 없었다. 영화판에서 성공하는 것이 쉬운 일은 아니었기 때문이다.

아버지인 라케시는 리틱에게 연기 수업이 아닌 언어치료를 받게 했고, 학교 수업에 집중하라고 당부했다. 하지만 리틱은 학교가 싫었다. 학교에선 끝도 없이 구두시험을 봤고, 그때마다 리틱은 말을 더듬었다. 아이들은 그런 그를 비웃었다. 너무 절망스러웠던 리틱은 구두시험이 있을 때마다 학교를 빼먹었다. 리틱이 원한 것은 아니었지만 언어치료는 도움이 되었다. 언어 치료사가 내 준 과제를 연습함에 따라 점점 덜 더듬게 되었던 것이다. 이렇게만 하다 보면 언젠가 자신도 말을 잘할 수 있게 되고, 어쩌면 영화 속에서 매끄러운 말솜씨를 뽐낼 수 있을지도 모른다고 생각했다.

부모님은 리틱에게 연기자의 길을 권유하진 않았지만, 아들이 자신들의 영화 사업을 돕는 것은 좋아하셨다. 열두 살 때 리틱은 '바그완 다다 Bhagwaan Dada'라는 영화에서 아버지와 함께 격투 장면을 연기했다. 그는 또한 아버지의 조수 역할도 훌륭하게 연기해서, 필요한 역할은 무엇이든 할 수 있다는 것을 확실히 보여 주었다.

부모의 강경한 권유에 따라 리틱은 시드네함 대학 Sydneham College에서 커뮤니케이션학으로 학사 학위를 받았다. 부모님은 유학 가서 공부를 계속하라고 강요했지만, 리틱에겐 다른 생각이 있었다. 그는 몰래 연기 수업을 받을 작정이었던 것이다! 시나리오 제작부터 촬영, 그리고 당연한 얘기지만 연기까지, 리틱은 영화 제작의 모든 프로세스를 열심히 공부했다.

후일 리틱이 자신이 배운 것들을 공개하자, 가족들은 뛸 듯이 기뻐했다. 아버지는 자신의 최신 영화 '까호나 삐야르 해 Kaho Naa, Pyaar Hai(사랑한다 말해 줘)'의 시나리오 작업을 도와달라고 했고, 주연까지 맡으라고 했다. 리틱은 기쁨에 몸을 떨었다. 그는 영화에서 소니아 Sonia와 사랑에 빠지는 로히트 Rohit란 청년을 연기했다. 로히트와 소니아는 함께 생명을 위협당하는 스캔들에 휘말리게 된다. 로히트가 살해당한 후, 소니아는 로히트와 꼭 닮은 모습의 라지 Raj를 만난다(리틱의 1인2역이었다). 라지와 소니아는 위험한 상황을 함께 헤쳐가면서 부패의 근원에 도달한다.

리틱은 '까호나 삐야르 해'에서 아버지와 함께 일할 때, 전혀 다른 사람과 일하는 것 같았다고 말했다. 아버지인 라케시는 집에서는 느긋하고 다정했지만, 영화 촬영장에서는 엄격하고 탁월한 연기를 요구했다. 리틱은 일에 몰입하는 태도와 프로 의식은 아버지로부터 배운 것이라고 한다.

영화는 대박이 났다. 그해(2000년) 인도 내에서 개봉된 영화 중 최고의 수입을 올렸고, 인도 최대의 영화 축제인 필름페어 어워드 Filmfare Awards에서 8개 부문에 걸쳐 수상했다. 리틱은 주연상과 신인상을 받았다. 겨우 26세의 나이에 리틱은 슈퍼스타가 되었다. 여섯 살 때부터 가졌던 꿈이 마침내 실현된 것이다!

언론 매체들은 '까호나 뼈야르 해'에서 보여 준 리틱의 연기에 광분했다. 언론은 리틱을 두고 수많은 여자의 가슴을 뛰게 하는 남자라느니, 종마 같은 남자라느니, 젊은이와 장년층 모두가 좋아한다느니 하는 기사를 써 댔다. 심지어는 그의 이름 HRITHIK이 Handsomely Real Internationally Tested Hot Indian King(정말 잘 생겼다는 것이 국제적으로 검증된 인도 왕)의 첫 글자를 딴 것이라는 말까지 나왔다. 온 나라가 리틱에게 미쳐 돌아가는 현상을 '리틱 매니아'라고까지 불렀다. 언론의 이 같은 관심에도 불구하고, 리틱은 분별력을 잃지 않았다. 그는 이렇게 말했다.

"나는 언론의 필요에 따라 하늘 끝까지 추켜올려진 사람들이 다음 순간 무자비하게 바닥으로 끌어내려지는 것을 충분히 봤다. 그래서 나는 언론의 지금과 같은 호들갑에 자만하지 않을 것이고, 언론이 나를 깎아내린다고 해서 위축되지도 않을 것이다. 내가 바라는 것이라면 언론에 휘둘리지 않고 이성적인 균형을 유지하는 것이다. 나는 아직 젊지만 모든 것을 봐 왔기 때문에 다음에 닥칠 일이 무엇인지 알고 있다. 나는 내가 '대단한 사람'이 아니라는 것을 알고 있다!"

리틱은 성공이 시작된 지금이 오랫동안 사귀어 온 여자 친구 수산느 칸 Sussanne Khan과 결혼할 적기라고 판단했다. 2000년 12월 리틱과 수산느는 결혼했고, 인도의 모든 소녀가 수산느를 질투했다.

그는 대기 중인 영화들이 너무 많아 낭비할 시간이 없었다. 대중의 기대는 믿기 어려울 정도로 높았지만, 초기 몇 년 동안 출연한 영화가 모두 다 성공작이라고 할 수는 없었다. 하지만 리틱은 위축되지 않았다. 후속 영화들에서 감독과 팬들을 만족시키기 위해 더 열심히 노력했다.

2003년 리틱은 아버지와 함께 영화 '꼬이 밀 개야(나는 누군가를 찾았다)'를 만들었다. '꼬이 밀 개야'는 볼리우드 최초의 SF 영화였다. 영화에서 리틱은 발달성 장애가 있는 청년 역

리틱이 가장 좋아하는 헐리우드 배우는 실베스터 스탤론 Sylvester Stallone이다.

을 맡았다. 주인공 청년의 아버지는 외계인과 접촉하다 주인공이 태어나기 전에 사망한다. 주인공 청년은 우연히 자신의 아버지가 접촉하던 외계인들을 소환하게 된다. 이 영화는 예루살렘 영화제와 덴마크 낫필름 축제에서 먼저 공개됐고, 이후 인도 영화관에서 개봉되었다. 다시 한 번 대중이 환호했다. 이 영화는 국가 영화상National Film Awards 3개 부문과 필름페어 어워즈 5개 부문에서 수상했고, 리틱은 필름페어 어워즈에서 최고 주연상과 평론가가 뽑은 최고 연기상을 수상했다.

2011년 리틱은 국제 춤 경연 프로그램인 '저스트 댄스 Just Dance'에 참여했다. 리틱과 그의 팀은 인도 전역과 미국, 영국을 돌며 오디션을 개최해 리틱과 함께 무대에 설 춤꾼을 찾았다. 댄서들은 리틱으로부

터 매혹적인 춤 동작을 배운 후, 궁극적인 댄스 챔피언 타이틀을 따기 위해 심사위원들 앞에서 경연을 벌였다.

2000년 이후 리틱은 20개 이상의 영화에 출연하며 자신의 예술을 발전시켜 갔다.

"나는 배우다. 스타는 그 다음이다. 나는 모든 종류의 캐릭터를 실험해 보고 싶다. 절대로 영화에서 보여지는 한 가지 모습에 집착하지 않을 것이다."

리틱의 말이다. 그리고 리틱은 여전히 보는 사람들의 가슴을 뛰게 하는 매력을 갖고 있다. 2011년 리틱의 정교한 근육과 강렬한 시선을 그대로 재현한 밀랍 조각상이 제막되었다. 팬들은 비록 복제품에 불과하지만, 리틱과 함께 포즈를 취하고 사진을 찍을 수 있는 기회가 생겼다는 사실에 뛸 듯이 기뻐했다.

## 나는 이렇게 세상을 뒤흔들 거야!

나는 유명한 야구선수가 되고 싶다. 나는 야구 경기를 즐긴다. 타석에 들어설 때나, 포수로서 도루하려는 주자를 아웃시키기 위해 송구할 때와 같은 순간에 나는 엔돌핀이 솟구치는 걸 느낀다. 내 목표는 메이저리그에서 뛰는 것이고, 그렇게 되면 사람들이 야구경기를 보는 이유가 바뀔 것이다. 베이브 루스가 했던 것처럼 말이다. 나는 최고의 메이저리그 선수가 되어 사람들이 나를 보기 위해 야구장에 오도록 만들 것이다.

**크리스챤 니드햄** Christian Needham ● 13세

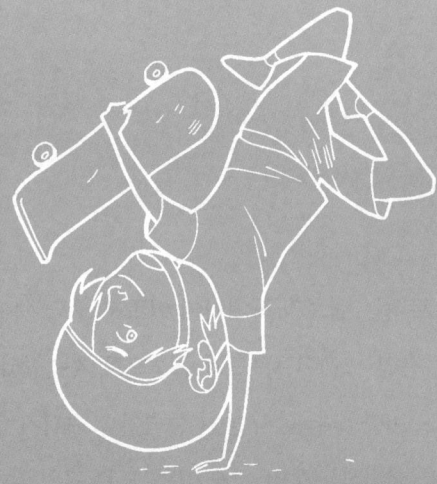

# 토니 호크

## Tony Hawk

**1968년~ | 스케이트보더 | 미국**

내 생각에 가장 중요한 메시지는
자신을 믿고, 무엇이 됐든 확신을 갖고 목표나 포부를 추구하는 것이다.

**토니 호크** Tony Hawk

열한 살의 토니는 램프의 꼭대기에 이르자 보드 뒷부분을 한 발로 세게 눌렀다. 순간 스케이트보드가 공중으로 치솟았다. 그는 공중에서 몸을 360도 비틀었다. 잠시 동안 중력이 느껴지지 않았다. 토니가 공중에서 몸을 회전하는 동안 스케이트보드는 그의 발아래로 흘러 내려왔다. 토니는 재빨리 두발을 보드 위에 착지시키고 램프의 바닥에 보드를 밀착시키자 '가가각~' 하는 크고 만족스런 소리가 났다. 토니는 램프의 다른 쪽 끝에서 다시 공중으로 떠올랐다. 그의 모습은 마치 바다 위로 뛰어오르는 한 마리 돌고래 같았다. 아주 괴상하고 비쩍 마른 돌고래…….

근처엔 두 명의 소년이 스케이트보드를 들고 어슬렁거리면서 자기들만 아는 농담을 주고받으며 웃고 있었다. 최고의 프로 보더인 듀에인 피터스 Duane Peters와 스티브 알바 Steve Alba가 분명했다! 완전히 펑크 스타일로 차려입은 두 사람을 본 순간, 토니의 마음속엔 오직 자신이 두 사람

의 맘에 들었으면 좋겠다는 생각뿐이었다. 토니는 스케이팅을 멈추고 두 사람의 웃음에 맞춰 함께 웃었다. 그들의 농담을 공유하고 있음을 알리고 싶었던 것이다. 그러나 토니가 따라 웃자 그들은 웃음을 그치고 '이 짜증스런 멍청이는 뭐야?'라는 것처럼 인상을 찌푸렸다. 듀에인이 침을 찍하고 뱉었고, 침은 토니의 신발을 아슬아슬하게 빗나갔다.

"이게 바로 펑크 록 스피리트 punk rock Spirit!"

스티브가 허리를 꺾으며 웃기 시작했고, 듀에인도 따라 웃었다. 토니는 그들과 농담을 공유하기는커녕, 토니 자신이 두 사람의 웃음거리였다. 토니는 자신의 보드를 집어들고 천천히 공원 밖으로 걸어 나왔다. 토니는 그때 알았다. 저런 녀석들보다 보드를 잘 타기 위해선 아직도 배울 것이 많다는 것을. 그는 세계 최고의 보더가 되겠다고 맹세했다. 그래야 좀 전에 받은 것 같은 모욕적인 대접을 다시는 받지 않아도 될 테니까.

그러나 전 세계 스케이트보드 챔피언이 되기까지, 토니의 생활은 악몽 그 자체였다. 토니는 이렇게 말했다.

"나를 조롱했던 두 명보다 더 끔찍한 것이 나 자신이었다. 몸은 세

탁소 옷걸이처럼 비쩍 마른데다, 설탕에 달라붙어 잉잉거리는 벌처럼 항상 열에 들떠 있는 괴짜, 그게 나였다. 그런 나의 상태를 엄마는 '죽을둥살둥'이라는 한마디로 요약하셨다. 가장 적절한 표현이었다고 생각한다."

그러나 토니는 목표를 달성하려는 의지가 엄청나게 강한 아이였다. 그는 유소년 야구 경기에 참가해 첫 타석에서 안타를 쳤다. 토니는 신이 나서 길길이 뛰었다! 하지만 다음 타석에서는 삼진 아웃 당했다. 그는 곧바로 야구장을 나가, 멀리 벌판 끝에 있는 산골짜기로 사라졌다. 그는 야구 경기가 끝날 때까지 거기서 나오지 않았고, 결국 아버지가 아이스크림을 사 들고 가서 달래야만 했다. 토니는 자기 자신에게 아주 엄격했다.

1960년대 말에서 70년대 초까지, 스케이트보드는 실제로 길거리 서핑 sidewalk surfing이라고 불렸다. 형인 스티브의 재촉을 받으며 낡은 바나나 보드에 처음 발을 얹었을 때, 토니의 나이는 여섯 살에 불과했다. 토니는 어떻게 해야 보드의 방향을 바꿀 수 있는지 궁금했다. 그는 형이 그걸 가르쳐 줄 때까지 계속 징징거렸다. 처음에 토니는 전혀 소질이 없는 것처럼 보였다. 하지만 그의 말마따나 뭔가가 몸을 근질거리게 만들었다. 마침내 토니는 자신 속에서 끓어 넘치는 에너지를 분출할 출구를 찾았던 것이다.

4학년 때, 그 근질거림은 아주 심해져서 토니는 이웃의 또래 친구들과 스케이팅보드 그룹을 만들었고, 처음으로 스케이트 공원에 가

토니의 첫 스폰서는 독타운 스케이트보드Dogtown Skateboards였고, 그 때 토니의 나이는 열두 살이었다.

게 됐다. 공원의 이름은 토니의 상황에 딱 맞게도 오아시스였다. 그는 아버지에게 공원의 회원권을 사 달라고 애걸했지만, 아버지는 그 대신 집 앞의 진입로에 램프를 만들어 주었다.

다음 해, 토니는 어머니를 끈질기게 조른 끝에 드디어  오아시스 공원에서 보드를 탈 수 있게 되었다. 오아시스 공원은 기술을 뽐내는 소년들로 늘 북적거렸고, 소년들은 금방이라도 서로 부딪칠 것처럼 위태위태했다. 토니는 보호 장구를 빌려야 했다. 보호 장구는 하루에 네 번이나 대출되곤 했다. 팔꿈치와 무릎보호대는 먼저 썼던 사람의 땀으로 늘 축축했고 역겨운 냄새가 진동했다. 그러나 토니는 고대의 검투사처럼 보호 패드를 두르고 스케이팅 구역으로 들어갔다. 거기엔 토니가 꿈도 못 꿀만큼 화려한 기술들을 구사하는 소년들이 있었다. 과연 토니도 저런 기술들을 구사할 수 있게 될까?

어쨌거나 토니가 보드의 모든 기술을 터득하는 데는 2년밖에 걸리지 않았다. 그뿐 아니라 자신만의 기술까지 여러 개 개발했다. 페이키 투 프론트사이드 록 fakie to frontside rock 과 프론트사이드 540/로데오 플립 frontside 540/rodeo flip(공중에서 보드가 거의 2회전을 한다)

처음 스케이팅을 시작했을 때 토니는 너무 말라서 정상적인 무릎 보호대를 착용할 수 없었다. 바로 흘러내렸던 것이다. 토니는 팔꿈치 보호대를 무릎에 착용했는데, 그것조차도 금세 흘러내리곤 했다.

등이 그가 만든 기술이다. 토니는 보드에 미친 듯이 몰입했다. 그는 자나 깨나 먹으나 오로지 보드 생각뿐이었다. 80년대 접어들어 사람들의 관심이 보드에서 떠나도 상관하지 않았다.

어느 날 한 무리의 보더들이 오아시스 공원에서 연습하고 있었다.

토니는 그들과 친구가 됐고, 곧 그들의 팀인 본스 브리게이드 Bones Brigade(*'백골 여단' 정도의 뜻 – 옮긴이)에 합류했다. 열세 번째 생일 직전이었다. 팀의 보더 대부분이 열일곱이나 열여덟 살이었고, 자신의 우상들과 함께하게 된 열두 살 토니는 조금 위축되는 느낌이 들기도 했다. 팀의 매니저인 전 세계 챔피언 스테이시 페랄타 Stacy Peralta는 한 해 동안 토니를 지켜보았고, 토니의 재능과 맹렬한 의지를 알아차렸다. 스테이시는 주저 없이 토니를 팀원으로 받아들였다.

토니는 본스 브리게이드 팀의 아마추어 팀원으로 시작했지만, 첫 경기 결과는 실망스러웠다. 그때의 심정을 토니는 이렇게 표현했다.

토니는 80개 이상의 보딩 기술을 개발했다!

"나는 한동안 형편없이 밀렸다."

당시 토니는 키 122cm에 몸무게는 36kg에 불과했다. 그는 자신을 '걸어 다니는 젓가락'이라 표현하기도 했다. 비록 최고의 보더는 아니었지만, 토니에게도 영광의 순간들이 있었다. 그가 가장 좋아하는 잡지인 '트래셔 Thrasher' 표지에 '리언투테일 lien-to-tail' 기술을 펼치는 자신의 사진이 실렸을 때였다. 토니는 누가 자기 사진을 찍을 거라고는 생각도 못 했었다!

1982년, 토니가 열네 살 때 마침내 꿈이 이루어졌다. 프로 스케이트보드 선수가 되었던 것이다. 그러나 아직 갈 길이 멀었다. 그는 높이 뛰어오르는 데 애를 먹었다. 몸이 너무 말라서 하프 파이프 half-pipe(*스케이트보딩 점프용으로 만들어진 U자형 구조물 – 옮긴이)의 끝에서 도약에 필요한 가속도를 만들기가 어려웠던 것이다. 그러나 토니에

겐 창의성이 있었다. 좀 더 높이 도약하기 위해 토니는 알리 Ollie 기술
(*보드 뒷부분을 한 발로 세게 눌러 도약하는 기술 – 옮긴이)로 공중에 뜬 다
음, 파이프의 끝에서 보드를 튀겨 올렸다. 일부 스케이터들은 토니의
그런 모습이 괴짜 같다고 생각했다. 하지만 토니가 그 기술을 써서 몇
번 승리하자, 모두가 열네 살배기 프로선수 토니 호크를 진지하게 받
아들이게 되었다.

　토니는 매일 오후와 주말마다 스케이트보딩 순위를 올리기 위해 몸
을 던지는 한편, 성적을 올리기 위해서도 사투를 벌였다. 스케이트보
딩이 별 인기가 없었기 때문에, 아무도 토니가 프로 스케이트보더라
는 사실을 몰랐다(혹시 알았더라도 신경 쓰지 않았을 것이다). 토니는 비웃
고 조롱하기 좋아하는 사람들에겐 손쉬운 먹잇감이었다. 그는 불쌍할
정도로 마른데다 기묘한 스케이터 복장을 하고 있었다. 잠시 당시로
돌아가 보자. 스케이트보딩 스타일이란, 해골 문양이 많이 들어간 상
의, 자루 모양의 헐렁한 반바지 baggy shorts에 강력 접착테이프를 붙인
신발을 뜻했다. 당시 대부분의 사람들은 몸에 밀착되는 디자이너 진
을 입고 다녔다!

　토니에겐 오로지 보드뿐이었다. 이후 몇 해 동안 토니는 더욱 많은
경기에 참가했고, 가끔 우승하기도 했다. 토니가 프로 대회에서 처음
으로 우승했을 때, 그 상대는 몇 년 전 토니에게 침을 뱉었던 듀에인
이었다.

　열여섯 살이 되자 토니는 경기에서 지는 일이 없었다. 그는 명실상
부한 스케이트보딩 세계 챔피언이었다. 그리고 외모도 많이 달라졌

다. 그는 더 이상 깡마르지 않았고, 키도 193cm까지 자라 동급생 중 가장 컸다. 이제 어떤 친구도 토니를 놀리지 않았다. 스케이트보딩도 다시 인기를 얻기 시작해서 토니는 스폰서들로부터 꽤 많은 돈을 받게 되었다. 고등학교 3학년 때는 자신이 모은 돈으로 집을 사기도 했다! 무엇보다 좋았던 것은 토니가 자신의 기준에 따라 자신만의 스케이팅을 할 수 있게 되었다는 것이다. 그는 모든 기술을 성공시키겠다는 목표를 달성했고, 자신만의 새로운 기술을 발명하기도 했다.

그는 여러 해 동안 스케이트보드 세계를 지배하다가 은퇴했고, 그 후 버드하우스 Birdhouse 란 이름의 스케이트보드 회사를 만들었다. 하지만 토니는 결코 조용히 지낼 수 있는 사람이 아니었다. 한 가지 필생의 기술을 개발하고 있었던 것이다. 그 기술의 이름은 '900'이었다.

900은 스케이트보딩 기술 중 최고의 난이도를 가지고 있다. 공중에서 3회전을 완벽하게 해내고, 성공적으로 착지해야 하는 것이다. 토니는 1986년부터 이 기술을 완성하기 위해 애썼고, 갈비뼈 하나가 부러지고 척추가 어긋나는 대가를 치렀다. 1999년 스케이트보더로는 골동품이라 할 수 있는 서른한 살의 나이에, 토니는 X게임에서 900 기술을 성공시켰다. 관중들은 환호했고 동료 보더들은 토니를 감싸 안고 뒹굴며 성공을 축하했다. 전 세계 보더 중 처음으로 900 기술을 성공시킨 것이다! 이 성공으로 인해 토니는 공식적으로 스케이트보딩의 신 神으로 등극했다.

그 이후로 토니는 더 많은 목표를 세웠고, 세운 목표를 하나하나 빠짐없이 달성했다. 그는 영화, 광고, 비디오게임에 출연했다. 그가 출연한 비디오게임으로는 '토니 호크 프로 스케이터 Tony Hawk Pro Skater', 토니 호크의 성능 시험장 Tony Hawk's Proving Ground 같은 것들이 있다.

다른 스케이트보더들을 지원하기 위해 토니는 재단 Tony Hawk Foundation을 만들었고, 미국 전역에 스케이트 공원을 만드는 프로젝트에 300만 달러를 기부했다. 토니는 '호크-직업: 스케이트보더 Hawk-Occupation: Skateboarder'와 '나는 어떻게 해서 여기까지 왔나? 믿기 힘든 CEO 승진 How Did I Get Here? The Ascent of an Unlikely CEO'이란 책도 썼다.

토니 덕분에 스케이트보딩은 그 어느 때보다 더 많은 인기를 얻고 있고, 스노보딩이나 서핑과 같은 유사 스포츠로도 확장되고 있다. 토니는 자신의 한계를 시험하고자 하는 사람 모두에게 훌륭한 롤 모델이 되고 있다.

## 지금 세상을 흔들고 있는 소년!

**나이자 휴스턴** Nyjah Huston

토종 남부 캘리포니아 소년인 나이자 휴스턴은 스케이트보드를 좋아했다. 그는 겨우 열한 살 때 X게임에 출전했는데, 그것은 지금까지도 사상 최연소 선수 기록이다. 열다섯 살 때 나이자는 X게임 스트리트 부문에서 은메달을 땄고, 심판과 관중들을 모두 감동시켰다. 2007년 나이자는 토니 호크의 비디오 게임인 '성능시험장 2007 Proving Ground in 2007'에 출연하기도 했다.

# 윌 스미스

## Will Smith

**1968년~ | 배우 | 미국**

이웃에서 흔히 열리는 파티였다. 월은 소년 시절부터 이런 파티에서 연주를 해 왔다. 하지만 그날 밤은 뭔가 달랐다.

월은 친구인 DJ '재지' 제프 'Jazzy' Jeff와 사회를 보고 있었다. 두 사람은 파티 분위기를 한껏 띄웠고, 사람들은 월의 노랫말과 제프의 비트를 좋아했다. 월과 제프, 둘이 함께라면 정말이지 뭐든 잘할 수 있을 것 같았다.

월은 무엇을 해도 인기가 있었고, 월 자신도 그걸 알고 있었다. 확실히 그는 매력이 넘쳤고 자연스럽게 사람을 끄는 힘이 있었다. 고등학교 때 담임선생님이 월에게 왕자라는 별명을 붙여준 것도 그런 까닭이었다. 하지만 얼마 전 그의 치명적인 매력도 여자 친구가 바람을 피우는 일을 막진 못했다. 그 사건 이후 윌은 그냥 착하게만 굴어선 안 되겠다고 다짐했다.

윌러드 크리스토퍼 스미스 주니어 Willard Christopher Smith Jr. 는 1968년 미국 필라델피아에서 태어났다. 냉동 기술자와 교육 전문가(그의 어머니는 필라델피아교육위원회에서 일했다) 사이에서 태어난 윌은 학교 공부를 잘했지만, 본인은 엔터테이너가 되고 싶었다. 윌은 열두 살 때부터 이웃들의 파티에서 랩 음악을 연주하기 시작했고, 이때부터 어린 시절 친구인 DJ '재지' 제프 타운스 Jeff Townes와 무대를 함께했다.

제프의 매니저인 제임스 래시터 James Lassiter가 윌을 눈여겨본 것도 이곳 파티장에서였다. 이후 22년 동안 제임스는 윌이 자신의 분야에서 성공할 수 있도록 도와주었다. 제임스는 윌이 다닌 고등학교의 이름을 딴 프로덕션 '오버브룩 엔터테인먼트 Overbrook Entertainment'를 설립했다.

윌 스미스와 그의 아내 제이다 핀켓 스미스 Jada Pinkett Smith 는 두 명의 자녀를 두었다. 제이든 크리스토퍼 시어 스미스 Jaden Christopher Syre Smith와 윌로우 카밀 레인 스미스 Willow Camille Reign Smith 역시 연예인의 길을 선택했다. 제이든은 세 번이나 연기상 후보에 올랐고, 윌로우는 'Whip My Hair' 란 노래로 2010년 빌보드 차트 11위까지 올랐다.

교육이 전부라고 생각한 윌의 어머니는 아들이 MIT에 지원하길 바랐다. 윌의 대학수능시험 SAT 점수는 꽤 높아서 MIT에서도 충분히 공부할 수 있었을 것이다. 하지만 윌의 꿈은 래퍼, 연주자, 엔터테이너였다. 그 길은 자신이 선택한 것이므로 망설이거나 돌아가지 않고 최선을 다할 수 있을 것이라 생각한 것이다.

윌의 어머니는 아들이 1년 동안 학업을 보류하고 음악을 해 보는 것에 동의했다. 1년 동안

하고 싶은 대로 음악을 해 봤는데도 일이 제대로 풀리지 않으면, 대학에 진학해 공부에 전념한다는 조건이었다. 윌은 제프와 함께 후레쉬 프린스 The Fresh Prince란 예명으로 첫 싱글 곡을 히트시켰다. 고등학교를 졸업한 지 한 달밖에 안 된 수줍음 많은 소년들이 한 건 터뜨린 것이다. 다음해인 1987년 윌과 제프는 첫 앨범 '집을 흔들자 Rock the House'를 냈고, 랩의 슈퍼스타 '런 디엠씨 Run DMC'와 함께 순회공연을 했다. 이 공연을 통해 윌은 성공의 맛을 봤고 예술을 통해 최대한 많은 사람들에게 다가가겠다고 마음을 굳혔다.

1988년 윌과 제프의 앨범 '그는 디제이, 나는 래퍼 He's the DJ, I'm the Rapper'는 200만 장 이상 팔렸고, 듀엣 부문에서 그래미상 Grammy Awards을 받았다. 그래미상에서 힙합 앨범이 상을 받은 최초의 사건이었다. 윌은 어머니에게 벤츠 300E를 선물했고, 더 이상 대학 진학은 거론되지 않았다. 윌이 가고 있는 방향은 분명했다. 그는 큰 성공을 향해 직행하고 있었다.

1991년 윌은 로스앤젤레스로 무대를 옮길 기회를 잡았다. '벨에어의 프레시 프린스 The Fresh Prince of Bel-Air'란 텔레비전 드라마의 주연을 따낸 것이다. 부유한 친척집에서 살게 된 시골 소년의 이야기를 그린 이 시트콤은 6년 가까이 방송되었고, 윌은 유명해졌다. 그 당시 윌은 제프에게 "헐리웃에서 성공하려면 한 가지 목표를 가져야 해!"라고 말했다고 한다. 그리고 윌의 목표는 단순했다. 바로 세계 최고의 영화배우가 되는 것이었다.

이런 목표를 치기 어린 생각이라 치부할 사람도 있겠지만, 매니저

2001년 윌 스미스는 전설적인 권투 선수 무하마드 알리를 그린 영화 '알리Ali'의 주인공 역으로 처음으로 오스카상 후보에 지명되었다.

제임스는 윌의 생각을 진지하게 받아들였다. 윌과 제임스는 영화의 트렌드를 분석하고, 개봉 영화의 흥행 정보와 티켓 판매량을 연구하기 시작했다. 히트하는 요소는 정확히 무엇일까? 어떤 영화들이 돈을 많이 버는가?

역대 흥행 베스트 10 영화들을 살펴보니, 10개 모두가 특수효과나 애니메이션을 썼고, 9개는 그 두 요소에 창조된 생명체를 추가했고, 8개는 특수효과, 애니메이션, 생명체의 3요소에 러브스토리를 버무려 넣었다는 분석이 나왔다. 이 연구를 토대로 그들은 1996년 '인디펜던스 데이 Independence Day'를 만들었고, 개봉 첫 주에 9천만 달러의 흥행 성적을 올렸다.

하지만 윌이 텔레비전 드라마에서 영화로 활동 무대를 옮기는 일은 쉽지 않았다. 영화감독들은 윌을 그저 래퍼(윌과 DJ 재지 제프는 1991년 두 번째로 그래미상을 수상했다)라 여겼다. 윌이 연기를 통해 얻은 인기는 요행에 불과하다고 생각한 것이다. 하지만 윌은 1993년 '5번가의 폴 포이티어 Six Degrees of Separation'에서 느물거리는 사기꾼 역을 연기함으로써 영화배우로서의 돌파구를 마련했다. 뛰어난 연기력으로 이목을 집중시킨 윌은 1995년 매혹적인 액션 영화 '나쁜 녀석들 Bad Boys'에 출연함으로써 감독들의 인식을 완전히 바꿔 놓았다. 프레시 프린스 윌 스미스는 아주 쓸 만한 흥행 카드였던 것이다.

그 후 윌은 끊임없이 흥행 대박을 터뜨렸다. 그는 전 세계의 팬들을 생각해 주의 깊게 배역을 선택했다. 그가 근래 출연한 영화는 미국 내

68

에서 벌어 들이는 수입보다 해외 수입이 더 많을 정도다.

'인디펜던스 데이 Independence Day', '맨 인 블랙 I과 II Men in Black I &
II', '와일드 와일드 웨스트 Wild Wild West', '아이, 로봇 I, Robot(제작에도
참여했다)', '나는 전설이다 I Am Legend', '핸콕 Hancock' 등이 윌이 주연해
히트한 액션 영화다. 하지만 윌은 액션 연기만 잘하는 것이 아니었다.
로맨틱 코미디인 'Mr. 히치 Hitch—당신을 위한 데이트 코치', 드라마
'행복을 찾아서 The Pursuit of Happyness'에서도 좋은 연기를 펼쳤고 '행
복을 찾아서'로 오스카상 후보에 두 번째로 지명되었다.

윌은 8개의 출연작이 연속해서 미국 내 흥행 수입 1억 달러를 돌파
한 기록을 갖고 있는 유일한 배우다. 또한 자신이 주연한 영화 8편이
연속으로 개봉 즉시 흥행 1위 자리에 오른 기록을 가진 유일한 배우
이기도 하다. 윌이 출연한 19개 영화 중 14개가 전 세계에서 흥행 수
입 1억 달러 이상을 올렸고, 그 중 4개는 전 세계 흥행 수입 5억 달러
이상을 기록했다.

윌은 골든 글로브상에 4번, 아카데미상에 2번 후보로 지명됐으며,
2개의 그래미상을 받았다. 또한 수많은 영화를 제작했다.

2007년 뉴스위크지는 윌을 헐리웃에서 가장 영향력 있는 배우로
선정했다. 헐리웃의 그라우만 차이니스 극장 Grauman's Chinese Theatre
밖 인도에는 윌의 손도장이 찍혀 있다. 그것은 수많은 헐리웃 스타들
의 손도장과 함께 영원히 남겨질 것이다.

# 지금 세상을 흔들고 있는 소년!

**제이든 스미스** Jaden Smith

제이든 스미스는 일찍부터 연기에 입문했다. 그의 부모는 유명한 영화배우 윌 스미스와 제이다 핀켓 스미스다! 그렇다고 해서 제이든이 무임승차했다는 얘기 아니다. 그의 아버지 윌 스미스가 '행복을 찾아서'의 대사를 읽는 것을 보고, 제이든 자신도 그 영화에 출연하고 싶다는 생각을 하게 됐다. 윌은 아들 제이든에게 오디션을 봐야 한다고 했고, 제이든은 다른 소년들과 똑같이 오디션을 보았다. 제이든이 맘에 들었던 영화 감독은 그에게 즉시 주연 자리를 맡겼다. 이후 제이든은 '지구가 멈추는 날 The Day the Earth Stood Still'과 '베스트 키드The Karate Kid'에 출연했다.

# 셔먼 알렉시
## Sherman Alexie

**1966년~** | 작가 | 미국

나는 10대들을 위해 글을 쓴다. 매일같이 많은 위험에 부딪히며 10대로 사는 것이
어떤 느낌인지 생생히 기억하기 때문이다.
나는 그들을 보호하려는 것이 아니다. 그러기엔 너무 늦다.
나는 10대들이 그들 내면의 괴물과 싸우는 데 도움이 되는 말이나 아이디어 형태의
무기를 주기 위해 글을 쓴다.

**셔먼 알렉시** Sherman Alexie

두 돌이 안 된 어린아이였지만, 셔먼은 빳빳하고 하얀 그림책이 마음에 들었다. 이것은 셔먼이 처음으로 읽는 새 책이었다. 이제까지 셔먼이 읽었던 책들은 거의 이삼십 년은 되어 보이는 구겨지고 지저분한 것들이었다. 셔먼이 이 책에 매력을 느낀 것은 어린 흑인 소년에 관한 것이었기 때문이기도 하다. 에즈라 잭 키이츠 Ezra Jack Keats가 쓴 '눈 내린 날 The Snowy Day'이라는 제목의 책은, 첫눈이 내린 후 피터라는 흑인 소년이 도시의 이곳저곳을 둘러보는 내용이었다. 셔먼은 책 속의 주인공이 친구처럼 느껴졌다.

셔먼은 흑인도 아니었고 도시에 살지도 않았다. 그는 인디언 보호구역에 살고 있는 아메리카 원주민이었다. 그는 지금 책 속에서 소수

인종의 아이를 만났다. 하얀 피부색을 가지지 않은 아이를 책에서 보게 되리라고는 상상도 한 적이 없다. 셔먼과 책 속의 주인공 피터는 다른 점보다 서로 비슷한 점이 더 많았다. 셔먼은 성장한 후에도 '눈 내린 날'을 처음 읽었을 때 흑인 소년 피터에게 느꼈던 친근감을 잊지 않았다. 그는 자신의 이야기를 쓰면서, 독자들이 유대감을 느낄 수 있는 등장인물을 만들어냈다.

흔히들 뇌수종을 '뇌에 물이 찼다'고 표현하지만, 실제로 뇌에 찬 액체는 뇌척수액이다. 모든 사람들이 이 액체를 뇌 속에 갖고 있고, 그 양이 많아지면 뇌조직에 손상을 입히게 된다. 뇌수종 초기에 수술을 받으면, 일시적인 손상에 그칠 수 있다.

셔먼 알렉시는 1966년 10월 7일 워싱턴 주의 스포케인 Spokane에서 태어났고, 부모님은 두 분 모두 아메리카 원주민이었다. 셔먼은 머릿속에 물이 찼다고 표현하는 뇌수종 hydrocephalus 상태로 태어났다. 생후 6개월에 뇌수술을 받았고, 의사들은 셔먼이 일생 동안 발달 장애를 겪을 것이라 말했다. 그러나 셔먼이 세 살이 됐을 때 의사들의 예측이 틀렸음이 밝혀졌다. 셔먼은 지능이 높았고, 그때 이미 글을 읽을 줄 알았다!

보호구역에서의 생활은 쉽지 않았다. 사람들 대부분이 가난했고, 많은 사람들이 술과 약물 중독에 빠져 있었다. 게다가 보호구역 안은 양아치들의 소굴이었다. 셔먼은 이런 환경에 좌절했다. 그는 뇌수종 후유증으로 발작을 일으키곤 했고, 평소에는 극도로 깔끔하고 똑똑했기 때문에 양아치들은 그를 괴롭힘의 대상으로 삼았다.

셔먼은 가까운 마을 리어던 Reardon에 있는 학교에 다니기 시작했는데, 그 학교 학생 중 유일한 아메리카 원주민이었다. 보호구역 안에 사는 이웃들은 셔먼이 인디언이란 정체성을 버리고 백인들만 다니는 학교에 다닌다고 생각했지만, 셔먼은 학교에서 외톨이였다. 이때의 경험은 후에 셔먼이 쓴 책, '짝퉁 인디언의 생짜 일기 The Absolutely True Diary of a Part-Time Indian'에 영감을 주었다.

셔먼은 아주 어려서부터 책 읽기를 좋아했지만, 글을 쓰는 일은 대학생이 되어서 시작했다. 우선 대학을 가는 것 자체가 큰일이었다. 당시에 인디언이 대학에 진학한다는 것은 있을 수 없는 일이었고, 그때까지 셔먼이 살던 보호구역에서 대학을 졸업한 사람은 아무도 없었다. 그러나 가족은 셔먼을 믿었고, 그의 형과 누나들은 그를 위해 학비와 책 값을 지원해 주었다.

처음에 셔먼은 의학에 관심이 있었지만, 워싱턴 주립대학의 시작 詩作 워크숍에 참석한 후 마음을 바꿨다. 그 때 한 교수가 미국 원주민인 레슬리 실코 Leslie Silko와 제임스 웰치 James Welch가 쓴 소설이 수록된 책을 셔먼에게 주었다. 셔먼은 한 인터뷰에서 이렇게 말했다.

"뭐가 됐든 인디언이 만든 독창적인 것을 본 것은 그게 처음이었다. 다른 것들은 모두 낡은 누더기 같은 문학이었다. 하지만 레슬리와 제임스는 부족의 집회, 고장난 차, 우리가 먹는 음식, 농구 등을 주제로 한 시편에서 인디언이기 때문에 느끼는 매일 매일의 절망을 살아있음의 마법과 결합시켰다. 그것은 하나의 계시였다."

셔먼은 고등학교 농구팀의 스타였다. 그는 학교 대표로 뛰었고, 지금도 농구를 좋아한다. 사실 농구는 스포케인 보호구역에서 최고의 인기 스포츠다.

스물다섯 살 때 셔먼은 글쓰기에 푹 빠졌고, 독자들은 셔먼의 글에 매료되었다. 그는 워싱턴 주 예술위원회가 주는 장학금을 받았고, 장학금을 받은 해에 'The Business of Fancydancing'이란 제목의 시집을 출간했다. 다음해엔 미국 국가 예술 기금 National Endowment for the Arts이 주는 시 부문 장학금을 받았다. 이는 미국의 시인이 받을 수 있는 최고의 영예다. 셔먼의 첫 번째 단편 모음집인 '론 레인저와 톤토족이 천국에서 주먹다짐하다 The Lone Ranger and Tonto Fistfight in Heaven(*론 레인저는 미국 서부극 시리즈 혹은 그 주인공으로 '고독한 보안관' 정도의 뜻. 톤토는 미국 원주민의 한 부족 – 옮긴이)'는 1993년, 최고의 첫 소설 부문 펜/헤밍웨이상 PEN/Hemingway Award for Best First Book of Fiction 을 받았다.

 셔먼의 단편 모음집에 실린 단편 소설 '이것이 진짜 애리조나 피닉스다 This Is What It Means to Say Phoenix, Arizona'는 아버지를 모른 채 자란 빅터 Victor라는 젊은이의 이야기다. 아버지의 죽음을 알게 된 빅터는 아버지가 자신 앞으로 남겨 놓은 트럭을 가져오기 위해 피닉스로 떠난다. 그렇게 피닉스로 가는 도중에 빅터는 자기 자신, 가족, 그리고 아들과 친구란 역할에 관해 많은 것을 생각하게 된다. 이 단편은 영화 '스모크 시그널스 Smoke Signals'의 원작이 됐고, 이 영화는 1998년 선댄스 영화제에서 관객상과 영화제작자 트로피를 수상했다.

 첫 장편 소설인 '인디언 보호구역 블루스 Reservation Blues'에서 셔먼은 블루스를 연주하는 인디언 밴드 이야기를 풀어 놓는다. 그는 시, 단편 소설, 장편 소설 각 분야에서 여러 권의 책을 냈다.

**시** '달 위의 첫 인디언 First Indian on the Moon', '물이 흐르는 집 Water Flowing Home', '연어를 사랑하는 남자 The Man Who Loves Salmon'

**단편 소설** '세상에서 가장 억센 인디언 The Toughest Indian in the World', '열 명의 작은 인디언 Ten Little Indians', '전쟁 춤 War Dances'

**장편 소설** '플라이트 Flight', '짝퉁 인디언의 생짜 일기 The Absolutely True Diary of a Part-Time Indian', '인디언 킬러 Indian Killer'


셔먼이 성공했다고 말한다면 오히려 그를 저평가하는 일이 된다. 셔먼은 인종차별과 기회 박탈 등 많은 인디언 공동체들이 경험하는 문제를 독자들에게 알리고, 독자들이 자신의 정체성과 삶의 목표라는 전투에서 승리할 수 있게 해 준다. 그는 많은 소년들이 자신의 작품에 등장하는 인물들에서 진실성을 발견하기를 바란다. 또한 빈곤과 중독을 이겨낸 자신의 사례로부터 영감과 힘을 얻기를 희망한다.

셔먼은 여전히 열성적으로 책을 읽는다. 그는 고급 승용차나 저택을 사는 일에 돈을 쓰지 않는다. 그는 부유함을 측정하는 자기만의 기준을 다음과 같이 밝히고 있다.

"내가 서점에서 읽고 싶은 책을 발견하면, 언제라도 그 책을 살 것이다. 내가 그 책을 살 돈이 있는지 없는지를 고민해 본 적이 없다. 나는 매일 책 한 권씩을 살 수도 있고, 하루에 두 권씩 살 수도 있고, 원하기만 하면 세 권씩도 살 수 있다. 사람들은 사치와 특권을 이야기하지만 특권이 무엇인가? 내게는 돈 걱정 않고 책을 살 수 있다는 것이 특권이다."

## 나는 이렇게 세상을 뒤흔들 거야!

나는 아동 책을 집필하는 작가가 되어 세상을 뒤흔들 작정이다. 그림책, 이야기책, 역사 이야기책 등을 가리지 않을 것이다. 나는 아무 때고 시를 쓸 수 있는 특별한 책을 갖고 있다. 나는 이미 '살아 있는 사막'이란 제목의 시와 '오리 케빈'이란 이야기를 써 놓았다. 내가 쓴 시 '오리는 운이 좋아 Ducky is Lucky'는 이미 출판되었다.

**주어 얼릭** Jure Erlic ● 8세

# 카메론 크로우

## Cameron Crowe

**1957년~** | **기자이자 영화감독** | **미국**

일을 사랑하라. 일이 되다.

**카메론 크로우** Cameron Crowe

열다섯 살 소년은 뼛속까지 얼어붙는 추위 속에 공연장 후문에 서 있었다. 그가 내뿜는 숨은 공중에 하얀 김을 만들었다. 소년은 작은 메모장과 펜을 움켜쥐고 있었고, 지금 20분 째 밴드가 도착하기를 기다리고 있는 중이다. 마침내 대형 은색 버스가 도착했고, 커다란 털가죽 외투를 입고 선글라스를 낀 네 명의 남자가 버스에서 내렸다. 그들이 열광하는 팬들을 뚫고 지나갈 때, 소년은 들고 있던 메모장 뭉치를 밴드 멤버 중 한 명에게 내밀었다.

"실례합니다, 저는 여기⋯⋯"

소년이 말을 끝내기도 전에, 멤버는 소년이 내민 메모장 가득히 화려한 사인을 휘갈겨 썼다. 소년은 메모장을 내려다보더니, 공연장 후

문을 통해 사라지고 있는 멤버들을 쫓아갔다.

"기다려요! 나는 당신들을 인터뷰하려고 롤링스톤 Rolling Stone Magazine에서 나왔어요. 사인을 받으러 온 게 아니라고요."

소년의 고함소리는 꽝하고 닫히는 문소리에 잘리고 말았다.

소년 카메론 크로우는 결국 인터뷰를 하는 데 성공했지만, 안으로 들어가기 위해 보안 요원을 설득하는 데 엄청난 노력을 들여야 했다.

그 후 밴드 멤버들이 열다섯 살짜리 소년의 인터뷰에 응하도록 설득하는 데는 그보다 더 많은 노력을 들여야 했다. 10대 소년이 최고의 록 잡지인 롤링스톤에 글을 쓴다는 것 자체가 믿기 어려운 일이었다. 하지만 그건 사실이었고, 카메론은 곧 유명해졌다. 천재적인 글 솜씨뿐만 아니라 밴드들이 믿을 수 있는 친구로서 유명해진 것이었다. 록스타들은 한 명의 소년이 엄청난 영향력을 발휘할 수 있다는 사실을 알아챘다.

놀랍게도, 이 어린 작가는 어린 시절에 로큰롤 음악을 듣는 것을 금지당했다. 대학 교수인 어머니는 로큰롤 음악이 '사탕으로 위장한 쓰레기'라고 생각했다. 카메론에게 로큰롤을 처음 소개한 사람은 누나였다. 누나는 대학에 진학하게 되자, 갖고 있던 금지된 음반들을 카메론에게 물려 주었다. 그는 자기 방문을 걸어 잠그고 느닷없이 얻게 된 보석들, 즉 레드 제플린 II Led Zeppelin II, 딥 퍼플 Deep Purple, 비치보이스의 펫 사운즈 Pet Sounds 같은 음반들을 몇 시간씩 들었다.

카메론은 록 음악을 사랑하게 됐고, 록 음악에 관련된 것이라면 뭐

카메론은 '하트'라는 그룹의 멤버인 로커 '낸시 윌슨 Nancy Wilson'과 결혼했다.

든지 찾아보았다. 1970년대 초반, 크림 Creem이나 롤링스톤Rolling Stone 같은 록 잡지를 사려면 18세 이상이 되어야 했다. 하지만 카메론은 록 잡지를 파는 상점 점원과 친구가 되어, 상점에서 시간을 보내며 잡지들을 볼 수 있었다.

누나가 지역의 대안 신문인 샌디에이고 도어 San Diego Door지의 미팅에 카메론을 데리고 갔을 때, 소년의 운명이 결정되었다. 미팅에 참석했던 모든 사람들은 카메론에게 기자가 되라고 권했다. 하지만 그들은 과연 열네 살짜리가 잡지에 음악평을 쓸 수 있을지는 확신하지 못했다. 어쨌든 그들은 카메론을 크림 Creem과 롤링스톤 Rolling Stone 의 작가 출신인 레스터 뱅스 Lester Bangs에게 연결해 주었다. 카메론은 뛸 듯이 기뻤다. 뱅스는 대단한 록 저널리스트였던 것이다!

뱅스는 카메론에게 많은 조언을 했고, 뱅스를 만난 지 1년 후 카메론은 롤링스톤에 자신의 글을 기고할 모든 준비를 끝냈다. 그는 자신의 나이가 열여덟 살이라고 속였다. 롤링스톤의 편집자는 카메론의 글 솜씨에 감탄했고, 그를 고용해서 밴드 포코 Poco의 멤버 리치 퍼레이Richie Furay를 인터뷰하게 했다(그룹 포코의 멤버 중에는 닐 영 Neil Young, 스티븐 스틸스 Stephen Stills 같은 위대한 뮤지션이 있었다. 그들은 나중에 크로스비, 스틸스, 내쉬 앤 영 Crosby, Stills, Nash and Young이란 그룹을 결성했다).

카메론의 첫번째 이동 취재 대상은 올맨 브라더스 Allman Brothers였다. 그의 어머니는 처음엔 기겁했지만, 이내 자기 아들이 일생일대의 기회를 잡았음을 알아차렸다. 올맨 브라더스는 불친절한 인터뷰로 악명 높았고, 롤링스톤 잡지 자체를 신뢰하지 않았다. 롤링스톤이 올맨 브라더스의 음악에 대해 가혹한 평가를 한 적이 있었기 때문이다. 그러나 카메론은 특별한 능력을 발휘했다. 열정적인 그에게 올맨 브라더스의 멤버들이 마음을 열었던 것이다. 다른 기자들에겐 결코 알려 주지 않았던 온갖 종류의 비밀을 그에게 말해 주었다.

기자 생활을 하는 동안 카메론은 레드 제플린, 예스 Yes, 더 후 The Who, 데이빗 보위 David Bowie, 엘튼 존 Elton John, 피터 프램튼 Peter Frampton, 레너드 스키너드 Lynyrd Skynyrd와 같은 록의 전설들을 인터뷰했다. 그는 읽는 사람의 흥미를 자극하면서도 실제 사실에 근거한 글을 썼다. 또한 밴드와의 신뢰 관계를 결코 배반하는 일도 없었다. 그런 점에서 록 밴드 모두가 카메론을 좋아했다. 많은 록 밴드들이 카메론 아닌 다른 기자와의 인터뷰를 거절할 정도였다.

1979년, 스물두 살의 카메론은 특별한 책을 쓰기 위해 거창한 계획을 세웠다. 그는 고등학교를 졸업하지 않았지만, 미국 10대 청소년들을 취재하기 위해 남부 캘리포니아의 고등학교에 위장 취학하기로 한 것이다. 그는 나이든 학생 데이브 카메론 Dave Cameron으로 위장하고 학교에 다니기 시작했다. 학생들은 추호도 의심하지 않았다. 카메론은 새로운 친구들과 어울려 방과 후 시간을 보냈고, 몰에도 가고 파티에도 가고 미식축구 관람도 했다. 뭔가 흥미로운 일이 일어나면, 화장실로 숨어 들어가 그 내용을 작은 목소리로 녹음했다. 1년 동안의

카메론이 쓴 책에는 '윌더와의 대화 Conversations with Wilder', '누설해 보자: 레스터 뱅스의 삶과 시대 Let it Blurt: The Life and Times of Lester Bangs', '미국의 위대한 록 비평가 America's Greatest Rock Critic' 등이 있다.

스파이 활동을 끝낸 후, 마침내 카메론은 '릿
지몬트 고교에서의 빠른 시간들 Fast Times at
Ridgemont High'이라는 제목의 책을 완성했다.

'올모스트 페이머스'에서 주인
공 소년 역을 연기한 패트릭 퓨지
트 Patrick Fugit는 그 영화가 데
뷔작이었다.

　1982년 유니버설 스튜디오가 그 책을 원작
으로 영화를 만들자, 사회적으로 상당한 파문이 일었다. 우리나라에
선 '리치몬드 연애소동'이란 제목으로 알려진 이 영화는 10대들의 생
활을 사실적으로 그려냈다. 카메론은 야성과 광기를 감추지 않고, 고
통스럽기도 했던 고등학교에서의 경험을 있는 그대로 그려냈다. 하지
만 학부모들은 그 영화를 싫어했다. 아니 거기 그려진 사실을 믿고 싶
어하지 않았다. 논란이 있었지만 영화는 히트했고, 컬트영화의 고전
으로 떠받들어지고 있다. 지금도 전 세계의 많은 청소년과 성인들이
이 영화를 보고 있다.

　카메론은 계속 영화 각본을 쓰고 연출
도 했다. '싱글즈 Singles', '제리 맥과이어 Jerry
Maguire', '바닐라 스카이 Vanilla Sky', '엘리자
베스타운Elizabethtown', '우리는 동물원을 샀
다 We Bought a Zoo', '올모스트 페이머스 Almost
Famous' 등이 그의 작품이다. 2000년에 개봉된

카메론이 최초로 감독한 영화는
각본도 자신이 쓴 것이었다. 1989
년 개봉한 영화 '세이 애니씽
Say Anything'은 존 쿠삭 John
Cusack이 주연했으며, 똑똑하고
인기 많은 소녀와 사랑에 빠지는
어리버리한 아웃사이더 이야기다.

'올모스트 페이머스'는 10대의 록 담당 기자로서의 자전적인 이야기
를 다룬 것이다. 이제 카메론은 꽤 유명한 사람이 아니라 엄청나게 유
명한 사람이 됐지만, 여전히 마음에서 우러난 작품을 만들고 있다. 카
메론의 일생은 대담한 도전으로 가득하다. 언론에 뛰어들었고, 소설

에 뛰어들었고, 그리고 영화로 도약했다. 그리고 매번 도약할 때마다 자기 자신을 신뢰하고 긍정적으로 미래를 보면 무엇이든 할 수 있다는 사실을 온 세상에 보여 주었다.

## 지금 세상을 흔들고 있는 소년!

**키샨 슈리칸드** Kishan Shrikanth

키샨 슈리칸드는 나이가 어리다고 움츠러들지 않았다. 아홉 살 때 키샨은 역사상 최연소 영화감독이 됐다! 그의 첫 영화 'C/o Footpath'는 한 여성에게 입양된 빈민가 출신 소년의 이야기다. 이런 성공에 힘입어 키샨은 자신의 삶을 바꾸기로 결심한다. 'C/o Footpath'는 인도 국립 영화제에서 '최고의 아동 영화상'을 받았다. 키샨은 이미 두 번째 영화를 작업 중이다. 이번 영화의 주제도 '10대 청소년들과 그들이 부딪히는 문제'에 관한 것이다.

# 스티브 잡스

## Steve Jobs

**1955~2011년 | 컴퓨터 프로그래머이자 발명가 | 미국**

눈앞의 물건을 들여다보며 스티브는 온몸에 전율을 느꼈다. 물건
의 모서리를 매끈한 플라스틱판이 감싸고 있었고, 키보드는 네 벌의
키로 구성되었으며, 화면의 폭은 몇 인치에 불과했다. 무게가 18kg에
불과한 휴렛패커드 9100A는 그때까지 스티브가 본 것 중 가장 작은
컴퓨터였다! 스티브는 그 순간을 이렇게 회상했다.

"정말 아름다운 놈이었습니다. 사랑에 빠지지 않을 수 없었지요."

당시 스티브는 열세 살, '휴렛패커드 탐험가 클럽 Hewlett-Packard
Explorers Club'의 회원이었다. 탐험가 클럽은 아이들이 전자공학에 흥
미를 갖게 하기 위해 만들어진 것이다. 나중에 스티브는 클럽에 대해
이렇게 말했다.

"클럽에서는 실험실에서 일하는 기술자들을 초청했어요. 그들은 자신이 지금 무슨 일을 하고 있는지 이야기해 주었지요."

그 특별한 일이 있었던 밤, 스티브는 한 기술자에게 부탁해 실험실 중 하나를 견학했고 거기서 문제의 물건, 데스크톱 컴퓨터 9100A를 보게 되었던 것이다. 그 이전까지 컴퓨터는 웬만한 방 하나를 몽땅 차지할 정도로 부피가 컸다. 하지만 스티브가 세상을 떠난 해인 2011년, 컴퓨터는 주머니에 넣고 다닐 정도로 작아졌다.

스티브 잡스는 캘리포니아 주 샌프란시스코에서 태어났다. 그의 어머니는 위스콘신 대학의 대학원생이던 조앤 쉬블 Joanne Schieble 이었다. 당시 그녀는 아주 심각한 곤경에 처

> 1970년, 미국 내에서 175,000명의 아이가 입양됐고, 이 기록은 오늘날까지 최고 기록으로 유지되고 있다.

해 있었다. 조앤은 스티브의 생물학적 아버지인 압둘파타 '존' 잔달리 Abdulfattah 'John' Jandali(*시리아 출신 유학생이었다 – 옮긴이)를 사랑했지만, 스티브를 임신한 상태에서 완고한 아버지의 결혼 반대에 부딪혔던 것이다. 독일계 혈통에 독실한 기독교도였던 조앤의 아버지는 무슬림인 압둘파타와 결혼하면 조앤을 집에서 쫓아내고 절연하겠다고 협박했다. 조앤은 압둘파타와의 결혼을 단념하고, 아기를 낳기 위해 샌프란시스코로 갔고, 거기서 아이를 입양시키기로 했다. 조앤은 입양 부모를 선정하는 일은 대행 기관에 맡겼지만, 그 부모가 반드시 대학 졸업자여여 한다는 조건을 단호히 요구했다. 대행 기관은 조앤의 그 같은 요구 조건을 고려해 입양 가족을 선정했다.

하지만 스티브가 태어나자, 아이를 입양하기로 했던 변호사 가족은

아들보다는 딸을 원한다며 스티브의 입양을 거부했다. 갓난아기 스티브는 오갈 데 없는 신세가 됐다! 입양 대행기관은 서둘러 대기자 명단에 있던 다른 부모에게 연락했다. 10년 째 아이를 갖지 못한 잡스 Jobs 부부였다. 남편 폴 Paul Jobs은 기계공, 부인 클라라 Clara Jobs는 경리 일을 했으며, 두 사람 모두 대학 졸업자는 아니었다. 스티브가 잡스 씨 부부에게 입양된 얼마 후, 생모 조앤이 이 사실을 알게 됐다. 조앤은 불같이 화를 냈지만, 스티브는 이미 새로운 가정에 정착한 상태였다. 조앤은 입양을 거부하는 대신, 잡스 씨 부부로부터 반드시 스티브를 대학에 보내겠다는 서약서를 받아냈다.

스티브의 양부모는 이 약속을 성실하게 지켰다. 두 사람은 돈을 많이 벌지는 못했지만, 최대한 절약해서 자신들이 감당할 수 있는 최고의 학교에 스티브를 보내려고 노력했다. 중학생이었던 스티브를 좋은 학교에 보내기 위해 양부모는 싼 집으로 이사 가기도 했다. 스티브의 아버지는 낡은 차를 싼 가격에 구입해 수리한 다음 더 높은 가격에 되파는 일을 계속했다. 스티브는 이렇게 말했다.

"저의 대학 학자금은 아버지가 고장 난 중고차를 50달러에 산 다음, 몇 주 동안 그걸 고쳐서 250달러를 받고 되팔아 모은 돈이었습니다."

스티브의 기업가 마인드도 거기서 시작되었다. 그 역시 벼룩시장에서 중고 회로판을 사서 수리한 다음 전자제품 상점에 팔아 이윤을 남겼던 것이다.

그러나 스티브는 양부모나 생모만큼 교육을 진지하게 여기지 않았다. 그는 수업시간에 반 친구나 선생님에게 농담하고 장난치는 일에 정신을 팔곤 했다. 스티브의 장난 중 하나는 '애완동물을 데리고 학교 오는 날' 가짜 포스터 사건이었다. 학교 구석구석마다 붙어 있는 포스터를 본 학생들은 애완동물을 데리고 등교했고, 교실과 복도마다 고양이를 쫓는 개들로 난장판이 됐다. 스티브의 부모님과 선생님은 그가 공부에 집중할 수 있도록, 보다 수준 높은 과제가 필요하다고 판단했다. 스티브는 5학년 과정을 마치지 않고 바로 중학교에 입학했다.

당시는 캘리포니아 주에 기술 산업 열풍이 불던 때였다. 휴렛팩커드, 미국항공우주국 에임스 연구센터 NASA Ames Research Center, 록히드사의 미사일과 우주 부문 Lockheed Missiles and Space Division 등이 하루가 멀다 하고 새로운 전자제품을 쏟아내고 있었다. 스티브의 집 주변에도 그런 회사에 다니는 사람들이 많이 살고 있었다. 그런 이웃 중 휴렛팩커드의 기술자인 래리 랭 Larry Lang 씨가 스티브의 재능을 알아보고 휴렛팩커드의 탐험가 클럽에 초대했다. 스티브는 그 기회를 놓치지 않았다.

열다섯 살의 스티브는 탐험가 클럽의 프로젝트로 전자신호 측정기기인 '주파수 계수기 frequency counter'를 만들기로 했다. 그런데 스티브에겐 필요한 부품 중 일부가 없었다. 근처 전자제품 상점으로 부품을 사러 가는 대신, 그는 휴렛팩커드의 최고 경영자 빌 휴렛 Bill Hewlett에게 전화를 걸었다. 스티브 잡스의

1970년대엔 컴퓨터에 사용되는 마이크로프로세서의 수요가 많았다. 마이크로프로세서를 만드는 주소재가 실리콘이고, 마이크로프로세서 대부분이 산타클라라 밸리 Santa Clara Valley에서 제조됐기 때문에, 캘리포니아 주의 이 지역 일대는 곧 실리콘 밸리 Silicon Valley라는 별명을 얻게되었다.

행동은 상식에서 벗어난 대담한 짓이었다. 놀랍게도 빌은 젊은 열성 팬의 전화를 반겼고, 그 젊은이와 20분이나 통화했다. 빌은 스티브에게 부품을 주기로 약속했을 뿐만 아니라, 그에게 휴렛팩커드 입사를 제안했다.

스티브는 휴렛팩커드의 주파수 계수기 조립 라인에서 일하게 됐지만, 이내 조립 라인의 노동자보다는 기술자들과 시간을 보내는 것이 낫다는 결론을 내렸다. 매일 아침 열 시, 기술자들은 조립 라인 위층에서 커피와 도넛을 먹었다. 그 시간이 되자 스티브도 위층으로 올라가 기술자들과 어울려 도넛을 먹었다. 조립 라인의 노동자들은 절대 위층에 올라가지 않는다는 사실은 신경 쓰지 않았다. 스티브는 사회 규범을 무시하거나 변칙을 적용하는 것이 최선이라고 생각되면 거침없이 그렇게 했다.

당신은 타자기를 쳐본 적이 있는가? 글자는 모두 크기가 같고, 글자들이 어떤 모습으로 찍힐지에 대해 선택지가 아무것도 없었다. 1980년대 들어 프로그래머들이 새로운 글자체를 디자인하기 시작했다. 또한 사용자 입장에서도 글자체의 모양을 바꿀 수 있게 되었다. 즉 원하는 만큼 글자 크기를 키우거나, 이탤릭체로 기울여 쓰거나, 볼드체로 굵게 만들 수가 있게 되었다. 이제 컴퓨터 사용자들은 각자 나름의 예술적 요소를 갖고 있는 수천 가지의 글자체를 사용할 수 있다.

고등학교 1학년 때 스티브는 스티브 워즈니악 Steve Wozniak을 만나게 됐다. 스티브 워즈니악은 스티브 잡스보다 몇 살 위였고, 전자 장치 만들기와 장난치기라는 관심사가 같았다. 두 사람이 친 장난 중 하나는 그 두 가지 관심사가 결합된 것이었다. 워즈니악과 잡스는 텔레비전 신호를 방출해 화면에 뜨는 영상의 선명도를 마음대로 제어할 수 있는 장치를 만들었다. 친구들이 모여 텔레비전을 보던 중에 영상이 흐려지자, 한 친구가 지붕으로 올라가 안테나를 조절했고, 그 사이

두 명의 스티브는 영상을 선명하게 만들었다. 안테나를 조절하러 갔던 사람이 돌아와 앉으면, 두 둘은 다시 영상을 흐려지게 했다. 친구들은 밤새도록 안테나를 조정하기 위해 지붕에 올라갔다 내려오는 일을 반복해야 했다.

두 스티브는 단짝 친구가 됐다. 그리고 가장 성공적이고 혁신적인 회사를 함께 발전시켰다. 그 회사가 바로 애플 Apple이다.

고등학교를 졸업한 뒤 스티브는 정말이지 대학에 가고 싶지 않았다. 하지만 부모님은 스티브의 생모와 한 약속을 지키기 위해 스티브의 나이와 같은 세월 동안 절약하며 저축을 해 왔다. 스티브는 오레곤 주 포틀랜드에 있는 리드 대학에 입학하기로 결정했다. 그 대학엔 시대에 앞선 사람들이 많다고 들었기 때

> 픽사 Pixar는 '스타워즈'로 유명한 조지 루카스 George Lucas가 시작한 애니메이션 스튜디오다. 1986년 스티브 잡스는 이 스튜디오를 1천만 달러에 구입했고, 2006년 디즈니사에 74억 달러를 받고 팔았다. 세상에 이런 투자가 또 있을까?!

문이다. 스티브는 대학에 가게 되면 관심 있는 강의는 무엇이든 아무 때나 들을 수 있을 거라고 생각했다. 그런데 놀랍게도 그렇게 진보적인 대학에도 엄격한 필수 이수 과목이 있었다. 스티브는 학교에서 정해진 수업을 강제로 받아야 한다는 사실이 마음에 들지 않았다.

다행히 대학 학장이 스티브의 잠재력을 알아보고 특별 혜택을 주었다. 어떤 강의든 청강할 수 있게 해 준 것이다. 대학 과정을 청강하는 것은 수강료가 할인된다는 의미도 있지만, 청강한 학생은 학사나 준학사 학위 associate's degree를 딸 수 없다는 뜻이기도 하다. 스티브는 신경 쓰지 않았다. 그는 자신이 어떤 직업을 가질 것인지도 몰랐고,

따라서 어떤 학위를 따야 할지도 알 수 없었던 것이다.

스티브가 청강했던 강의 중 하나가 서예 calligraphy였다. 이 때 들은 강의는 스티브가 애플에서 컴퓨터 서체 디자인을 할 때 큰 도움이 되었다!

열아홉 살 때 스티브는 캘리포니아로 돌아가 최초의 비디오 게임 회사인 아타리 Atari에 들어갔고, 스티브 워즈니악과 다시 브레인스토밍을 하기 시작했다. 둘이 브레인스토밍을 시작한 지 꼭 2년 후, 두 명의 스티브는 사업을 시작하기로 결정했다. 두 사람은 1976년 출시된 애플 I을 판매해 77만 4천 달러를 벌었다. 애플 II로는 1억 3,900만 달러를 벌어 들였고 대중의 관심을 끄는 데 성공했다. 상식적으로 다음 단계는 기업을 공개하고 주식을 발행하는 것이지만, 그것은 스티브와 스티브가 더 이상 자신의 회사를 마음대로 할 수 없게 된다는 의미이기도 했다.

1980년대에 애플은 매출 감소와 주력 제품 부재로 어려움을 겪었다. 스티브 잡스와 이사회 사이에 긴장이 높아졌고, 그는 결국 1985년 애플을 떠났다. 스티브는 넥스트사 NeXT, Inc.를 만들었고 픽사 애니메이션 스튜디오 Pixar Animation Studios처럼 90년대와 2000년대에 붐을 일으키게 될 애니메이션 스튜디오를 사 들였다.

1997년 애플을 떠난 지 12년 만에 스티브는 새로운 비전을 갖고 돌아왔다. 그는 애플을 전자업계의 선두로 복귀하게 만들 신제품 개발에 전념했다. 그리고 스티브의 그런 노력은 효과가 있었다. 아이맥 iMac, 아이팟 iPod, 아이폰 iPhone, 아이패드 iPad로 애플은 수십억 달러를 벌었고, 애플은 미국의 존경받는 회사 1위에 오르게 되었다.

2003년 스티브는 췌장암 진단을 받았다. 그는 종양 제거 수술을 받았지만, 2011년에 병세가 다시 악화되었다. 그는 56세를 일기로 세상을 떠났다.

## 나는 이렇게 세상을 뒤흔들 거야!

나는 컴퓨터를 설계하는 기술자가 되어 세상을 뒤흔들 작정이다. 컴퓨터에 대해 많이 알고 있고, 아빠와 함께 조립도 여러 번 해 봤기 때문이다. 나는 수학을 좋아하고 추리에 능해서 문제 해결이나 창조적 해결책에 자신 있다. 나는 훌륭한 컴퓨터를 설계할 수 있을 것이다.

**제프리 알렌 해스켈** Jeffrey Allen Haskel ● 11세

# 빌 게이츠

## Bill Gates

**1955년~** \* 소트트웨어 개발자 \* 미국

소프트웨어의 창작은, 예술과 과학의 혼합이다.

**빌 게이츠** Bill Gates

열여섯의 소년 빌은 자신의 집 거실에서 일생일대의 일을 앞에 두고 있었다. 시에서 나온 담당 공무원은 빌의 시연을 기다리며 초조한 듯 헛기침을 했다. 드디어 빌이 작업 명령이 들어 있는 종이를 트라포데이터 Traf-O-Data에 집어넣었다. 트라포데이터는 단 몇 분의 작업으로 복잡하고 번거로운 교통량 데이터를 분석할 수 있게 설계된 기계로, 빌이 친구 폴 Paul과 함께 발명한 것이다. 그런데 기계가 몇 차례 윙 소리를 내더니 멈춰 버린 것이다. 아무것도 나오지 않았다. 당황한 빌은 엄마를 향해 도와 달라고 애원했다.

"엄마, 이 분께 말 좀 해 줘요. 이게 정말로 작동한다고!"

그러나 시에서 나온 남자는 떱은 표정으로 자리에서 일어나며 말했다.

"얘야, 난 더 이상 시간을 낼 수 없구나. 고등학교 졸업하면 한번 보자."

당시 시청 공무원은 울먹거리며 자신 앞에 서 있던 그 소년이 미국 역사상 최연소 억만장자가 될 거라고는 상상조차 못 했을 것이다. 하지만 빌은 알고 있었다. 그는 스물다섯이 되기 전에 백만장자가 될 거라고 이미 많은 친구들에게 말한 바가 있다. 빌은 열여섯 살에 컴퓨터 회사를 설립했고, 트라포데이터 기계를 발명했다.

윌리엄 헨리 게이츠 3세(혹은 트레이 Trey, 가족들은 빌을 그렇게 부른다)는 1955년 시애틀에서 태어났다. 그의 부모님은 매우 엄격했고 집에서 지킬 규칙 몇 가지를 만들어 시행했는데 '자기 방을 깨끗이 유지해야 한다, 주말 밤에 텔레비전 시청은 절대 안 된다' 등이었다. 텔레비전 대신, 빌은 헤아릴 수도 없이 많은 책을 읽어 치웠다. 특히 공상과학 소설을 좋아했다. 그러나 아무리 부모님이 닦달을 해도 빌의 방은 거의 쓰레기장 수준을 면치 못했다. 이 어수선한 모습은 나중에 마이크로소프트사에서 일할 때 빌의 트레이드마크 중 하나가 되었다.

게이츠 가문 사람들은 함께 어울려 보드 게임을 즐겼는데, 빌은 게임에 강했다. 사실 빌은 모든 분야에서 경쟁력이 있었다. 선생님이 4~5쪽을 써 오라고 숙제를 내면 빌은 30쪽을 써 냈다. 그러나 빌의 열성이 성적을 올리는 데는 크게 도움이 되지 않는다는 것을 안 부모

'버그'는 1945년 실험적으로 만들어진 최초의 컴퓨터에서 연구 조수가 나방 한 마리를 발견한 사건으로부터 시작된 말이다.

님은 빌을 사립학교로 전학시켰다. 7학년(*우리나라의 중1 - 옮긴이) 때였다. 빌은 전학 간 새 학교에서 몹시 힘든 시절을 보내고 있었다. 그는 또래 친구들에 비해 체구가 훨씬 적은데다 발만 13 사이즈(*미국 성인 신발 사이즈 13은 310mm - 옮긴이)로 어마어마하게 컸다. 다행히도 빌은 켄트 에반스 Kent Evans 등 몇 명의 친구를 사귀는 데 성공했다. 빌과 켄트는 두 사람 다 수학과 과학을 좋아했고, 포춘지 Fortune를 함께 읽었다.

"우리 둘이 함께하면 세상도 정복할 수 있을 거야."

빌이 켄트에게 한 말이었다.

사립학교에서 2년을 보낸 후 빌은 자신의 특별한 장점을 찾아냈다. 그 해 학교에서는 텔레타이프 기기를 구입했다. 당시에 세상에 존재하는 컴퓨터는 대형 메인프레임 컴퓨터뿐이었고, 그 컴퓨터의 가격은 수백만 달러에 달했다. 텔레타이프 기기는 시내에 있는 메인프레임 컴퓨터와 학교를 연결하는 역할을 했고, 학생들은 컴퓨터에 접속한 시간에 따라 비용을 지불했다. 빌은 아예 컴퓨터실에 죽치고 살다시피 했고, 곧 프로그래밍 언어인 BASIC(Beginner's All-purpose Symbolic Instruction Code)을 배워 메인 컴퓨터와 의사소통을 하게 되었다. 빌이 그의 첫 컴퓨터 프로그램 '틱-택-토 게임 tic-tac-toe game'을 만든 것은 열세 살 때였다! 빌은 계

1985년 빌과 폴 알렌은 두 사람이 졸업한 고등학교의 수학 과학 센터 설립에 220만 달러를 기부했다. 센터엔 두 사람의 친구였던 켄트 에반스의 이름이 붙여졌다.

빌과 그의 아내 멜린다는 빌과 멜린다 게이츠 재단을 설립했다. 재단은 역사상 가장 큰 규모의 자선 기부를 하고 있다. 2010년 재단은 전 세계 극빈 지역 주민을 위한 백신 개발과 보급을 위해 100억 달러를 기부했다.

속 새로운 게임을 만들어냈다. 달 착륙 게임 lunar landing game을 만들었고, 자신이 좋아하던 보드 게임인 리스크 Risk(*군사 전략 게임 – 옮긴이)와 모노폴리 Monopoly(*재산 불리기 게임 – 옮긴이)를 컴퓨터 버전으로 만들었다.

빌은 컴퓨터에 중독되다시피 몰입했고, 곧 폴 알렌 Paul Allen을 비롯한 다른 컴퓨터광들을 만나게 되었다. 9학년 때 빌의 성적은 엄청나게 향상되었다. 빌은 이렇게 말했다.

"나는 새로운 형태의 반란을 창조했다."

컴퓨터가 빌의 창의성과 수학적 재능을 분출시켜 주었지만, 컴퓨터에 너무 몰입한 나머지 말썽도 있었다. 빌의 프로그램 중 일부는 전체 메인프레임과 충돌을 일으켰고, 빌과 친구들은 종종 컴퓨터의 보안시스템에 침입해 자신들의 컴퓨터 사용 기록을 바꾸기도 했다. 비용을 적게 내기 위해서였다. 빌을 비롯한 이 해커 일당은 결국 꼬리가 잡혔고, 빌은 학교에서 쫓겨날 뻔 했다!

빌이 프로그래밍을 잘 한다는 소문이 퍼져나감에 따라, 그는 가끔 선생님들께 불려가 컴퓨터에 관련된 문제를 해결해 주기도 했다. 학교는 수업 일정을 짜는 컴퓨터 프로그램을 만들기 위해 빌과 켄트에게 수고비를 지불하겠다고까지 했다! 하지만 1주일 후 비극이 닥쳤다. 등산을 갔던 켄트가 추락사했던 것이다. 빌은 가장 친한 친구의 죽음에 망연자실했다. 두 사람은 처음 만났을 때부터 지금까지, 아무도 갈라놓을 수 없을 만큼 끈끈한 사이였던 것이다. 몇 주 동안 빌은 몸과 마음이 마비된 듯, 아무것도 할 수 없었다. 빌은 결국 수업 일정을 짜는 프로그램 작업에 복귀했고, 폴 알렌에게 도움을 받아 프로그램을 완성했다.

빌과 폴은 트라포데이터를 만드는 일을 계속했다. 트라포데이터는 완벽하다고는 할 수 없었지만, 성공작이었다. 마침내 미국 북서부 전역의 도시와 캐나다 도시들이 교통량 데이터를 분석하고 교통체증을 완화하기 위해 트라포데이터를 쓰게 됐다. 회사에 지금이 들어오자, 빌은 사업 수완을 발휘하기 시작했다. 빌은 친구와 동급생들을 회사에 고용했다. 트라포데이터 발명 덕에 빌과 폴은 2만 달러(1970년 10대 소년들에게 2만 달러는 어마어마하게 큰 금액이었다!)를 벌었다. 그들은 또한 보네빌 전력관리국 Bonneville Power Administration(BPA)을 위해 미국 북서부 전역의 전력망을 제어하는 프로그램을 설계하기도 했고, 방위산업 청부업체인 TRW에 프로그램을 제공하기도 했다.

성적이 좋았던 빌은 미국 국립성적장학금 National Merit Scholarship을 받게 됐고, 하버드 대학에 입학할 수 있었다. 하버드 대학에서 빌은 문학, 사회과학, 수학, 화학을 공부했다. 하지만 빌의 마음은 늘 컴퓨터에 가 있었다. 언젠가는 우리 모두가 자신만의 개인용 컴퓨터를 갖게 될 거라는 빌의 예측에, 사람들은 그가 제정신이 아니라고 생각했다.

빌의 예측은 1975년 에드 로버츠 Ed Roberts가 알테어 Altair를 발명했을 때, 실현 가능의 길로 들어섰다. 알테어는 오늘날의 컴퓨터와는 비

처음 회사를 시작했던 고등학교 시절, 빌과 친구들은 가끔씩 비어 있는 건축 공사장에 숨어 들어가 불도저 경주를 하곤 했다!

교도 할 수 없을 만큼 성능이 떨어졌지만(4K 메모리에 키보드도 없었다) 진정한 최초의 PC였다. 기술 혁명이 시작됐고, 빌과 폴은 그 기술 혁명에 앞장서고자 했다. 두 사람은 마이크로소프트(마이크로컴퓨터 소프트웨어를 줄여 표현한 것이다)라는 이름의 회사를 차리고, 알테어를 위한 베이직 프로그램을 만들기로 했다. 이후 7주 동안 빌과 폴은 밤낮을 가리지 않고 일했다. 마침내 그들은 프로그램을 완성했고, PC를 위한 첫 번째 소프트웨어가 탄생했다. 빌이 열아홉 살 때였다.

그들이 만든 새로운 소프트웨어를 사겠다는 주문이 밀려들었고, 판매 첫 해 수익이 100만 달러를 넘었다! 1977년 1월 빌은 하버드 대학을 중퇴했다. 마이크로소프트사에 전념하기 위해서였다. 빌과 폴은 옛 컴퓨터 친구 몇 명을 고용했다. 마이크로키즈 Microkids라고 알려진 이 컴퓨터 프로그래머 일당은 기존의 틀에 얽매이는 사람들이 아니었다. 그때까지 대부분의 회사는 양복과 넥타이 차림으로 근무했다. 청바지와 티셔츠를 입은 장발의 마이크로키즈들이 록음악을 들으며 일하는 마이크로소프트사는 사람들에게 충격을 주기에 충분했다.

1981년 빌은 IBM 측과 일생일대의 미팅을 가졌다. IBM은 마이크로소프트에게 자신들이 출시하는 새 PC의 운영체제(OS)를 만들어 줄 수 있냐고 문의했다. 빌은 그 미팅에 늦기는 했지만(넥타이를 사야 했기 때문이다), IBM을 설득해서 마이크로소트와 손을 잡도록 했다. IBM의 새 PC는 엄청나게 팔렸고, IBM의 모든 컴퓨터에는 마이크로소프트의 소프트웨어 MS-DOS가 장착됐다. 그런데 스물네 살의 빌은 세기의 흥정을 했다! IBM를 위해 만든 MS-DOS를 다른 회사에도 팔 수 있게 한 것이다. 이는 당시 상황으로서는 파격적인 조건이었다. 곧이어 다른 컴퓨터 회사들이 IBM PC의 복사판을 만들기 시작했고, 그들은 모두 마이크로소프트의 소프트웨어를 사용했다. 1987년 서른두 살의 빌 게이츠는 미국에서 가장 나이 어린 억만장자(10억 달러대의 자산가)가 됐다.

마이크로소프트사는 컴퓨터 산업의 초창기 때부터 컴퓨터 산업에 관여해 왔고 오늘날에도 여전히 최강자다. 유명 제품으로는 MS-DOS, 윈도우즈, 인터넷 익스플로러, 마이크로소프트 오피스 등이 있다. 2008년 빌은 현업에서 절반쯤 발을 뺐다. 필요할 때 가끔씩 일하는 정도로 일을 줄임으로써, 빌과 멜린다 게이츠 재단 Bill and Melinda Gates Foundation의 자선 활동에 좀 더 집중할 수 있게 된 것이다. 빌과 그의 아내 멜린다의 생각은 다음과 같다.

> 빌은 어릴 적 꿈꾸던 저택을 지었다. 집 안에 극장과 120개의 좌석이 있는 식당, 트램폴린 방, 수영장 등이 있다. 그리고 그의 스포츠카 20대를 주차시킬 주차 공간이 있다.

'세상의 장벽을 없애는 혁신적 아이디어, 개발도상국 농민들이 더 많은 식량을 생산하고 더 많은 돈을 벌게 만드는 새로운 기술, 치명적인 질병을 예방하는 새로운 수단, 학생과 교사를 지원하는 새로운 방법 등에 자금을 지원해야 한다. 자선 활동의 핵심적 역할은 정부나 기업이 감당할 수 없는 유망한 해결책에 자금을 투입하는 것이다.'

# 지금 세상을 흔들고 있는 소년!

**네이트 스태포드** Nate Stafford

장거리 도보 여행을 즐기던 소년 네이트는 해마다 2억 명 이상이 말라리아에 걸린다는 사실을 알게 되었다. 2010년 그는 자신이 좋아하는 일과, 자신이 해야 할 일을 결합하기로 결심했다. 9일간 160여 킬로미터를 여행하며 기금을 모아 1,000개의 모기장을 아프리카로 보내기로 한 것이다. 모기장이 말라리아를 옮기는 모기에 물리는 것을 막아주기 때문이다. 네이트의 도보 여행 모금은 대성공이었다. 몇 개의 지방 신문과 뉴스 방송국이 네이트의 미션을 소개했다. 당신도 nothingbutnets.net에 접속해서 모기장을 기부할 수 있다.

BOYS
14

# 요요마
## Yo-Yo Ma

1955년~ | 첼리스트 | 프랑스, 미국

무대 위에서 다섯 살배기 꼬마가 연주를 하고 있었다. 작은 손이 첼로의 현 위에서 춤을 추었고, 다른 손은 능숙하게 현을 켰다. 연주는 어느새 바하의 무반주 첼로 조곡 제1번 말미에 이르렀다. 제1번 조곡을 끝낸 후 잠시 연주를 멈출까 했지만, 음악 영재 요요의 머릿속에 다음 번 곡의 악보가 떠올랐다. 작년에 그 악보를 모두 외워 뒀던 것이다. 요요는 콘서트 프로그램과 상관없이 6개의 조곡을 내리 연주하기로 마음먹었다. 마침내 전곡의 연주가 끝났을 때 관중들은 전율했고, 요요 자신도 마찬가지였다. 파리대학에서 있었던 요요마의 첫 공식 연주는 훌륭하게 끝났고, 이후 그가 얼마나 훌륭한 뮤지션이 될지 충분히 짐작할 수 있었다.

요요의 부모님은 가난한 음악가였다. 그들은 조국인 중국을 떠나 파리로 왔지만, 제2차 세계대전이 끝난 후 전쟁으로 찢긴 프랑스에서는 누구라도 생계가 막연했다. 요요가 태어날 무렵, 오페라 단원으로 훈련 받고 있던 어머니가 일을 할 수 없게 되자, 아버지는 2가지 일을 해야 했다. 파리 대학에서 음악을 가르치는 한편 개인 레슨도 시작한 것이다. 요요

와 누나, 부모님까지 4명의 가족이 난방도 되지 않는 방 한 개짜리 아파트에서 살아야 했다! 하지만 요요의 가족은 고전 음악, 특히 바하와 모차르트가 주는 소박한 즐거움에 둘러싸여 살았다.

요요는 말을 시작할 때부터 자신의 노래를 지어 불렀다. 그는 개구리를 소재로 만든 노래를 좋아했다. 요요는 엄청나게 예민한 귀를 가지고 있었다. 요요가 세 살 적 일이다. 바이올린 연주회를 마친 누나가 연주가 어땠냐고 묻자, 요요는 이렇게 대답했다.

"연주는 괜찮았지만, 음조가 좀 벗어났어."

부모님은 그 말을 듣고 깜짝 놀랐다. 요요의 말이 사실이었기 때문이다. 어떻게 알았냐고 묻는 부모님을 향해 요요는 어깨를 우쭐하는 것으로 대답을 대신했다. 그냥 저절로 알았던 것이었다.

요요의 부모님은 아들을 뮤지션으로 키워야 할지 말지 고민이었다. 부모님 모두 훌륭한 뮤지션이었지만, 가족에게 필요한 음식과 주거를 간신히 해결하고 있었기 때문이었다. 부모님은 아들이 믿기 어려울

정도의 재능을 갖고 있다는 사실을 알고 있었고, 그 재능을 억압해서는 안 된다고 결론 내렸다. 결국 부모님은 아들 요요에게 음악을 가르치기는 하되, 음악을 직업으로 하라고 강요하지는 않기로 했다.

예상했던 것처럼 요요는 아주 빠른 속도로 음악을 배웠다. 하지만 그는 아버지가 권한 바이올린을 거부했다. 요요는 이렇게 말했다고 한다.

"바이올린 소리가 맘에 안 들어요. 큰 악기를 하고 싶어요."

몇 달 후, 아버지는 레슨에 작은 첼로를 포함시켰다. 요요는 뛸 듯이 기뻐했다! 그때부터 요요는 첼리스트로 알려지게 되었다.

요요가 일곱 살 때, 아버지는 저축한 돈을 모두 털어 비행기 표를 샀고, 가족을 데리고 미국에 있는 형제를 방문했다. 친지들이 운영하는 사업을 돌보기 위해 요요의 가족은 한동안 뉴욕에 머물러야 했다. 아버지는 자녀들을 위해 세 차례의 콘서트 기회를 만들었다. 파리 대학에서의 콘서트와 마찬가지로 미국의 청중들도 요요의 연주를 좋아했다. 두 번째 콘서트가 끝난 후, 자녀들의 연주에 흡족해 하고 있던 아버지에게 뉴욕 시의 트렌트 스쿨 Trent School 관계자가 찾아왔다. 그는 요요의 아버지에게 학교에서 음악을 가르치고 어린이로 구성된 교향악단의 지휘를 맡아 달라고 제안했다. 파리에서의 빈곤한 생활과 아메리칸 드림은 굳이 비교할 필요도 없었다. 요요의 아버지는 바로 그 제안을 받아들였다.

요요는 미국 생활이 마음에 들었다. 그는 즐겁게 공부하고 맘껏 첼로를 연주했다. 그는 유명한 첼리스트 야노스 숄츠 Janos Scholz에게 레슨을 받기 시작했고, 명성 높은 뮤지션인 파블로 카잘스 Pablo Casals 의 연주회에서 연주했다. 파블로 카잘스는 요요에게 워싱턴 시에서 열릴 연주회에 참가해 달라고 요청했다.

　그 연주회는 보통 연주회가 아니었다. 미국 대통령 존 F. 케네디가 워싱턴 시에 국립문화센터 설립을 위한 기금을 모으기 위해 추진한 행사였고, 레너드 번스타인이 지휘하는 교향악단이 참가했다. 연주 실황은 TV로 중계되었다. 이 연주회는 요요가 교향악단과 협연으로 첼로를 독주한 첫 무대이기도 하다. 미국의 청중들도 요요의 연주에 매료되었다! 얼마 후 요요는 '투나잇 쇼(*미국 NBC의 장수 인기 프로그램 – 옮긴이)'에도 출연하게 되었다.

　요요가 아홉 살일 때 아버지는 프랑스 학교인 에꼴 프랑세즈 Ecole Francaise로 직장을 옮겼고, 요요도 그 학교를 다니게 됐다. 학교의 교사들과 학부모들은 학교를 위한 기금 모금 콘서트를 계획했고, 미국에서 가장 유명한 카네기홀이 연주회 장소로 결정되었다. 학부모 중에는 아이작 스턴 Isaac Stern(*우크라이나 출신 바이올린 연주자 – 옮긴이)처럼 유명한 뮤지션들이 있어서 그들이 먼저 연주했다. 그리고 나서 요요의 아버지가 학생 교향악단을 지휘해서 연주했고, 마지막으로 요요와 누이가 '사마르티니 Sammartini의 첼로 소나타 G장조'를 연주했다. 객석에 앉아 이 연주를 들은 뉴욕타임즈의 기자는 나중에 이렇게 썼다.

중국어로 '요'는 친구(友)다. 이름에 요를 중복해서 쓴 까닭은, 요요마의 부모님들 생각에 '요' 하나만으로는 별로 음악적인 느낌이 들지 않기 때문이다. 그렇게 해서 요요마란 이름이 탄생했다.

"아이들을 위한 곡이 아니었고, 그 아이들도 아이처럼 연주하지 않았다. 연주는 자신감이 넘쳤고, 침착했으며, 미묘한 음악성을 최고조로 표현했다."

사춘기로 접어들면서, 요요는 자신의 배경인 엄격한 중국식 문화와 자유로운 미국식 생활 방식 사이에서 혼란을 느끼게 되었다. 집에서는 조용히 지내야 했지만, 학교에선 뭐든 말로 표현하라고 요구 받았다. 줄리어드 음악학교의 새로운 첼로 선생님인 레너드 로즈 Leonard Rose 교수도 여느 미국 선생님들과 다를 바가 없었다. 요요는 처음 로즈 선생님을 만났을 때 너무 기가 죽어 첼로 뒤로 숨으려고 했다고 한다. 하지만 시간이 흐름에 따라 요요는 이 모든 환경에 적응했고, 그의 음악적 재능은 계속해서 자라고 피어났다.

열다섯 살 때 요요는 카네기홀에서 자신의 프로 데뷔 연주회를 했다. 이후 그는 전 세계의 유명한 콘서트홀을 돌면서 프로 뮤지션으로서 연주를 계속하고 있다. 이제 요요는 30년째 소니 클래시컬사 Sony Classical와 독점 계약 중인 예술가이다. 그는 75개의 정규 앨범을 냈고 (2012년 현재), 앞으로도 계속 앨범을 낼 예정이다. 그는 그래미상을 15회나 수상했다!

하지만 요요는 자신이 그랬던 것처럼 음악 선생님을 절실히 필요로 하는 전 세계의 많은 어린이들을 결코 잊지 않았다. 요요마는 자신이 방문하는 도시에서 연주뿐만 아니라 교육 프로그램도 실시한다. 고급 뮤지션들을 위한 프로그램은 물론, 이제 막 음악을 시작한 어린이들을 위한 워크숍도 실시한다. 요요마는 카네기홀에서 진행되는 가족

콘서트 프로그램을 만드는 일에도 참여했다. 이 프로그램은 부모들이 자녀들에게 전 세계의 음악을 소개할 수 있도록 해 주는 저비용 콘서트다.

## 나는 이렇게 세상을 뒤흔들 거야!

내게는 세상을 확실하게 뒤흔들 계획이 있다. 의술의 힘으로 그렇게 할 것이다. 나는 소아과 의사가 되어서 부모님들을 안심하게 만들 것이다. 나는 아이들이 곧 미래이고, 세상이라고 생각한다. 우리가 세상을 떠난 뒤 남겨지는 것은 우리의 혈통뿐이다. 나는 소아과 의사가 되어서, 미래와 미래에 살 사람의 안전을 지킬 작정이다.

**보비 라짜라** Bobby Lazzara ● 14세

# 매트 그레이닝
## Matt Groening

1954년~ | 만화가 | 미국

어른이 되면 사람들 대다수가 어린이로 사는 것이 어떤 것인지 잊는다.
나는 결코 잊지 않겠다고 맹세했다.

**매트 그레이닝** Matt Groening

교실 뒷줄에 앉아 있는 바트 심슨 Bart Simpson은 등을 구부린 채, 공책의 여백에 자신의 강아지를 그리고 있었다. 선생님이 교실의 통로를 위협적으로 걸어 오며 말했다.

"여러분, 오늘 곱셈 시험 결과를 알려 주겠어요. 여러분 대부분이 합격했어요. 그렇지만 몇 명은……"

선생님인 크라바펠 부인 Mrs. Krabappel은 말을 끊고 고개를 홱 돌려 바트를 노려보았다. 그녀는 무서운 표정으로 으르렁댔다.

"바트, 난 애완동물 초상화를 숙제로 낸 적이 없다. 당장 그만 두지 못해? 꼬마 미켈란젤로야!"

"열 받지 마세요, 선생님~"

미국 오레곤 주 포틀랜드 시는 '심슨가족'이 점령하고 있다. 그곳엔 플랜더스 거리, 러브조이 거리, 터윌리거 대로, 그리고 킴비 거리가 있다. 그 길들은 모두 심슨가족의 캐릭터 이름에서 따왔다.

바트는 이렇게 말하며 자신의 걸작을 그리는 일을 계속했다. 크라바펠 부인은 한숨을 쉬고 바트를 벌주기 위해 스키너 Skinner 교장 선생님 방으로 데려갔다.

인기 애니메이션 '심슨가족 The Simpsons' 에 나오는 한 장면인 것 같지만, 이름 몇 개만 바꾸면 심슨가족을 만들어낸 매트 그레이닝의 어릴 적 실제 모습이다. 지금 매트는 유명하고 상당한 존경도 받고 있지만, 어릴 적 그는 그저 말썽꾸러기 아이 중 한 명, 그것도 아주 심하게 말썽을 부리는 아이일 뿐이었다.

'심슨가족'은 오레곤 주의 포틀랜드 Portland에서 어린 시절을 보낸 매트의 이야기에서 영감을 얻었다. 매트의 아버지는 만화가였고, 보통의 부모들처럼 아들의 낙서하는 습관을 제지한 것이 아니라 오히려 격려했다. 매트는 고등학교에 가서도 낙서의 길을 나아갔다. 매 수업 시간마다, 심지어는 체육 시간에도 만화를 그렸다. 매트의 회고에 따르면 평행봉에 낙서를 하다가 떨어져서 심하게 다친 적도 있었다고 한다. 학교에서 매트는 만화에 미친 말썽꾼이었다. 매트는 열네 살이 되었을 때, 낙서를 하지 않고는 못 배기게 만드는 자신의 에너지를 모두 쏟아 부을 수 있는 통로를 찾았다. 자신이 다니는 고등학교 신문에 연재만화를 그리기 시작한 것이다. 하지만 심슨가족의 주인공 바트와 똑같이, 매트는 자신의 유별난 유머 감각 때문에 자주 말썽을 일으켰고 결국은 학교 신문사에서 쫓겨나고 말았다. 매트를 쫓아냈던 학교 신문사는 나중에 매우 애석해 했을 것이 틀림없다!

고등학교 졸업 후, 매트는 워싱턴 주의 올림피아 Olympia에 있는 에버그린 대학 Evergreen College에 입학했다. 그가 왜 그 대학을 선택했는지는 분명치 않다. 괜찮은 미술과가 있어서

'심슨가족'의 주인공 바트 BART의 철자 순서를 바꾸면 BRAT(*버릇없는 녀석 - 옮긴이)가 된다.

일 수도 있고, 성적 평가를 하지 않는 대학이기 때문일 수도 있고, 혹은 두 가지 다일 수도 있다. 당시 매트는 자신을 작가로 여기는 쪽이었다. 그는 스스로 만화가로서는 엉망이라 생각했고, 친구들 누구라도 자신보다는 더 잘 그린다고 느꼈다. 하지만 한 친구, 동료 만화가인 린다 배리 Lynda Barry(인기 있는 캐릭터 말리스 Marlys의 창안자)는 그의 재능을 알아보았다. 매트가 미술을 그만두려 할 때도 절대 포기하지 못하게 말렸다. 매트는 낙서를 계속했고, 마침내 그의 그림 실력은 점점 나아졌다. 이제는 전 세계의 만화가들이 매트의 단순한 스타일을 흉내낸다.

1977년 대학을 졸업한 후, 매트는 작가가 되겠다는 꿈을 안고 짐을 꾸려 로스앤젤레스로 떠났다. 새벽 두 시 막 시내에 도착하는 순간, 그의 차가 고장나 헐리웃 고속도로 Hollywood Freeway의 추월 차선에 서 버렸다. 이 악몽 같은 경험이 또 하나의 연재만화 '지옥에서의 삶'에 영감을 주었다. 그는 친구들에게 로스앤젤레스의 생활에 대한 불평을 담은

고등학교 시절 매트와 가까운 친구 몇 명은 '품위를 지키는 10대의 당 Teens for Decency'이란 정치 단체를 만들었다. 단체의 슬로건은 '당신이 품위를 지키지 않으면, 도대체 뭘 할 건데?'였다. 후일 품위라고는 눈을 씻고도 찾아볼 수 없는 텔레비전 코미디를 쓰게 되는 매트는, 그 슬로건을 앞세워 학생회장에 당선됐다!

편지를 보내는 대신, 자신의 연재만화에 그 내용을 쏟아 담았다. 늘 울적하고, 삶이 불공평하다고 끊임없이 투덜대는 주인공 캐릭터 빙키 Binky는 토끼였다. 매트가 가장 쉽게 그릴 수 있는 것이 토끼였기 때문이다. 어느 날 매트가 일하는 신문사 로스앤젤레스 리더 Los Angeles Reader의 편집자 몇 명이 이 만화 '지옥에서의 삶'을 보게 되었고, 아주 재미있다는 평가를 내렸다. 만화가 신문에 연재되기 시작하자, 매트에겐 수많은 팬이 생겼다. 곧 '지옥에서의 삶'은 전 세계 250여 개 신문에 연재되었다.

1985년엔 '지옥에서의 삶'을 본 텔레비전 PD 한 명이 매트에게 '트레이시 울만 쇼 The Tracy Ullman Show'라는 코미디 프로그램에 애니메이션을 그려 줄 수 있겠냐고 제안했다. 하나의 전설이 된 사건은 이렇게 시작되었다. 거대 텔레비전 방송사의 간부들과 만나기 15분 전에, 매트는 뭔가 새롭고 독창적인 아이템이 필요하다는 말을 들었다. 대기실에서 미팅을 기다리는 동안, 매트는 미친 듯이 한 가족의 캐릭터들을 스케치했고, 그 캐릭터들에게 호머 Homer, 마지 Marge, 리사 Lisa, 마기 Maggie라는 자신의 가족 이름을 붙여 주었다. 자신의 이름만 매트 Matt에서 바트 Bart로 살짝 바꿔 놓았다. 미팅에서 한 간부가 '호머는 무슨 일을 해서 먹고 사느냐'고 물었고, 매트는 머리에 처음 떠오른 생각을 그냥 말해 버렸다.

매트는 아들에게 호머(*심슨가족의 주 캐릭터 – 옮긴이)라는 이름을 지어주었다.

"호머는 원자력발전소에서 일하죠."
간부들 모두 웃음을 터뜨렸다. 바로 '심슨가족'이 탄생한 순간이다!

첫 원작의 분량은 2분에 불과했고, 등장하는 캐릭터들은 오늘날 우리가 아는 모습과는 많이 달랐다. 바트의 머리 모양은 좀 더 삐죽삐죽했고, 마지의 머리는 더 길었으며, 리사는 그저 주책바가지일 뿐이었고, 호머는 한 번도 "도 D'oh"라고 말하지 않았다. 시청자들

바트의 옥소리 연기는 소녀들이 맡았다. 낸시 카트라이트 Nancy Cartwright에서 넬슨 Nelson, 토드 플란더스 Todd Flanders, 랄프 위검 Ralph Wiggum 순으로 이어지고 있다.

은 트레이시 울만 쇼에는 시큰둥했지만, 심슨 가족에는 열광했다. 폭스 텔레비전은 1989년 심슨 가족만을 소재로 30분짜리 프로그램을 만들었다.

'심슨가족'의 대본을 아무 페이지라도 한 번 훑어보기만 하면, 매트가 왜 자신을 만화가라기보다는 작가로 여기는지를 쉽게 알 수 있다.

**바트** 이 공장 노동자들은 기계에 손이 잘린 적이 없나요?

**안내인** 없어!

**바트** 손들이 바닥을 기어 다니면서 사람들의 목을 조르려고 한 적도요?

**안내인** 아니, 그런 일은 절대 없다고!

**바트** 튀어나온 눈알은요?

**안내인** 네가 공장을 어떤 식으로 생각하는지 이해가 안 가는구나. 여긴 그냥 상자를 만드는 공장일 뿐이라고.

— '바트 유명해지다' 에피소드 중 '공장견학'

'심슨가족'은 황금시간대에 편성된 최초의 애니메이션 프로그램이

라는 기록을 세웠다. 폭스 텔레비전의 경영자들은 '심슨 가족'을 아이들이 학교에서 돌아오는 오후 시간이 아니라, 어린이와 어른이 함께 볼 수 있는 저녁 시간에 편성하는 도박을 했다. 그리고 그 도박은 훌륭하게 성공했다. 불쾌하고 역겹다는 비난도 있었지만, 각 편의 만화를 시작할 때 바트가 칠판에 쓰는 메시지엔 거의 모든 사람들이 웃음을 터뜨렸다. '나는 바지를 다른 사람과 교환하지 않을 거야', 혹은 '콩은 뮤지컬도 아니고 과일도 아니다'와 같은 메시지는 확실히 무례하고 거칠었지만, 사람들을 배꼽 빠지게 웃긴 것도 사실이었다.

'심슨가족'은 많은 상을 받았다. 프라임타임 에미상 Primetime Emmy Awards을 25회 이상, 애니상 Annie Awards(*애니메이션 분야의 아카데미상으로 불린다 – 옮긴이)을 30회 가까이 받았으며, 피버디상 Peabody Award까지 수상했다. 2012

1998년 매트 그레이닝이 만든 또 하나의 애니메이션 시리즈 퓨처라마 Futurama가 방영되었는데, 서기 3000년의 생활을 다룬 공상과학물이었다.

년 현재 '심슨가족'은 여전히 방영되고 있고, 시청자들을 웃기고 있다. '심슨가족'은 수없이 재방송되고 있기 때문에 방영이 종료될 날이 올 수 있을지 의문이다. 아마 '심슨가족'이 전 세계를 지배하게 되고, 바트가 지상의 통치자가 되면 방영이 끝날지도 모른다. 아마 그 뒤엔 번스 씨 Mr. Burns(*심슨가족에 등장하는 캐릭터 – 옮긴이)처럼 손을 부들부들 떨며 미친 듯이 웃어대는 매트가 있을 것이다.

# 지금 세상을 흔들고 있는 소년!

**에이먼 레먼** Aman Rehman

에이먼 레먼은 만 세 살이 되기 전에, 춤추는 알파벳 글자들이 등장하는 첫 번째 컴퓨터 애니메이션 작품을 완성했다. 가난한 오토바이 기술자였던 에이먼의 아버지는 어린 아들을 데리던 인터랙티브 예술대학 Dehra Dun's College of Interactive Arts에 데리고 갔다. 대학 관계자들은 세 살짜리가 강의를 들으러 왔다는 말에 코웃음을 쳤다. 어쨌든 대학은 에이먼에게 기회를 주었고, 그는 자기 실력을 당당히 보여 주었다. 강의를 들은 지 5개월 만에 에이먼은 자신만의 소프트웨어 프로그램을 만들었던 것이다! 그는 여덟 살 때부터 컴퓨터 애니메이션을 제작하는 방법을 성인 학생들에게 가르치고 있다. 에이먼은 하루 여덟 시간씩 컴퓨터 작업을 하고 있다.

BOYS
16

# 스티비 원더
## Stevie Wonder

1950년~ | 가수 | 미국

"모두 손뼉을 쳐요!"

스티비 원더는 자신의 첫 히트곡인 'Fingertips'를 연주하면서 관객들의 호응을 유도했다. 관객들이 박자에 맞춰 손뼉을 치자 그는 음악에 맞춰 머리를 흔들었다. 스티비는 다시 관객을 향해 "Say yeah~"라고 외쳤고, 무대는 후끈 달아올랐다. 관객들 모두는 이 '스무 살 천재'의 음악적 재능에 놀라움을 금치 못했다.

스티비 원더란 이름은 모타운 레코드사 Motown Records의 베리 고디 주니어 Berry Gordy Jr.가 붙여준 것이었다. 스티비의 본명에 대해서는 논란이 많다. 미시간 주의 병원 기록에는 스티블랜드 모리스 Steveland Morris라고 돼 있지만, 그의 아버지의 성은 저드킨스 Judkins이고 어머

미숙아 망막증(후수정체 섬유증식 Retrolental fibroplasia)은 1941년부터 1953년까지 미숙아들을 괴롭혔다. 1953년이 되어서야 의사들은 산소가 원인임을 알게 되었다. 지금은 미숙아의 신체는 발육시키면서 눈에는 손상을 주지 않는 적절한 산소량을 계산할 수 있게 되었다.

니의 성은 하다웨이 Hardaway였다. 어디서 모리스란 성이 나왔는지 모르겠지만, 스티비는 그 기록을 바로잡지 않았다.

그의 성은 수수께끼였지만, 스티비의 탄생은 기적이라 할 만했다. 어머니는 스티비를 임신하고 있는 동안 끊임없는 통증에 시달렸다. 온몸에 격렬한 통증이 왔을 때 그녀는 뭔가 심각하게 잘못됐음을 깨달았다. 결국 스티비는 예정일보다 두 달 빨리 미숙아로 태어났다. 체중은 1.8kg으로 정상 신생아의 절반밖에 안 됐다. 의사와 간호사들은 아기를 급히 인큐베이터로 옮겼다. 스티비는 병원의 플라스틱 상자 안에서, 몸이 정상으로 발육할 때까지 지내야 했다. 그는 인큐베이터 덕분에 목숨을 건졌지만, 또한 그 때문에 시력을 잃었다.

당시 의사들은 인큐베이터 안에 펌프로 공급되는 산소가 연약한 아기의 시력에 손상을 가져 온다는 사실을 몰랐다. 스티비는 영영 시력을 잃고 말았다. 비록 시력을 잃었지만 소년 스티비는 움츠러들지 않았다. 스티비가 젖먹이였을 때 가족은 미시간 주의 새기노에서 디트로이트 Detroit로 이사했다. 그들은 도시의 동부, 빈민촌에 있는 작은 아파트에 자리잡았다. 그 곳은 가난했지만, 음악이 넘치는 곳이었다. 클럽에서 전기 기타로 연주하는 블루스 음악이 길거리까지 흘러나왔고, 길거리의 아이들은 그 음악에 자기 색깔을 입혀서, 자신들만의 두왑 doo-wop(*흑인 음악 리듬앤블루스의 한 종류 – 옮긴이)을 만들어냈다. 아파트 안에서 스티비와 두 명의 형은 숟가락으로 병을 두드리고, 하모니카를 불며, 자신들만의 노래를 불렀다. 스티비의 아버지는 집에 있는 적이 거의 없었고 가족에게 애정을 표현하지도 않았지만, 그는 걸음도 떼지 못한 스티비에게 봉고 드럼 bongo drum 한 세트를 사 주었다. 스티비는 끊임없이 그 북들을 두드리며 놀았고, 북을 품에 안고 잠드는 날도 많았다.

그의 어머니는 아들이 앞을 못 본다는 사실에 낙담하지 않도록 애썼다. 그녀는 사내아이라면 밖에서 뛰어놀며 커야 되고, 친구들을 사귈 줄 알아야 한다고 생각했다. 그래야 다른 아이들과 섞여 세상을 살아갈 수 있다는 것이었다. 스티비는 집, 길, 나무, 바위, 시소, 미끄럼틀과 같은 사물들 간의 거리를 걸음 수로 기억했고, 자신이 뛰어노는 장소에 대한 지도를 머릿속에 만들었다. 그는 다른 또래 남자아이들처럼 활발하고 시끄럽게 놀았고, 다른 아이들도 스티비와 함께 놀고 싶어 했다.

아홉 살이 되자 그는 교회 성가대에서 노래하기 시작했다. 스티브는 노래도 좋아했지만, 교회의 피아노에도 관심이 많았다. 스티비가 교회 음악 감독에게 피아노를 쳐 보고 싶다고 했을 때, 음악 감독 여선생님은 기꺼이 그러라고 했다. 선생님은 벌써부터 스티비의 타고난 음악 재능을 눈치챘던 것이다. 스티비는 교회 예배가 없을 때마다 찬송가와 블루스, 그리고

스티비의 엄마는 아들이 자신을 믿게 하기 위해, 아들에게 현관에서 나가지 말라고 말한 적이 있었다. 만 세 살이 채 안 된 스티비는 엄마 말을 들을 필요가 없다고 생각했다. 그는 엄마가 자신을 지켜보지 않는다고 생각될 때까지 기다렸다가, 현관 밖으로 나갔다. 그리고 개똥 더미 속으로 직행했다! 그 꼴을 본 엄마가 말했다. "난 말했다, 나가지 말라고."

자신이 연주하고 싶은 음악들을 연주하곤 했다. 스티비가 피아노 연주를 시작할 때면, 그 음악을 들으려는 사람들이 주위에 몰려들곤 했다.

열한 살 때 스티비는 리듬앤블루스와 소울 그룹인 미라클즈 The Miracles에서 활동하던 로니 화이트 Ronnie White를 알게 됐고, 로니의 소개로 모타운 레코드사의 베리 고디 주니어를 만났다. 모타운 레코드사는 곧바로 스티비의 앨범 2개를 냈고, 앨범이 나온 지 2년 만에 'Fingertips—Pt. 2'는 미국 전역 어디서나 들을 수 있을 정도로 히트했다.

그러나 시간이 흐르자, 어린 스티비 Little Stevie의 앨범은 더 이상 예전처럼 팔리지 않게 되었다. 모타운 레코드사 측은 스티비와의 계약을 유지할지 말지를 고민하기 시작했다. 결국 모타운 레코드사는 스티비의 이름 앞에 붙였던 '어린 Little'이란 수식어를 떼고, 자신의 음악뿐 아니라 다른 가수들의 곡도 써 준다는 조건으로 전속 계약서에 서명했다. 스티비가 다른 아티스트를 위해 작곡한 곡 중에 가장 유명한 것이 레이 찰스 Ray Charles의 'Living for the City'다. 레이 찰스는 스티비의 우상이자 롤 모델이었으므로, 레이가 자신의 노래를 불러 준다는 것은 스티비에게 엄청난 영광이었다. 더구나 레이가 그 곡으로 1975년 그래미상 Grammy Award을 받게 되자 스티비는 자랑스러워 미칠 지경이었다.

스티비는 1979년대에 자기 명의로 된 레코드회사를 만들었고 전쟁, 기아, 인권 등 세상의 문제에 관심을 표하는 노래를 만들기 시작했다. 그는 이들 노래를 통해 그래미상 전 부문을 석권했다. 스티비는 장애인 올림픽 Paralympics, 에이즈 퇴치, 남아프리카공화국의 아파르트헤이트 종식, 시각장애아를 위한 지원과 같은 인도주의적 활동을 위해 모금 운동을 지속했다. 그러던 중 1972년, 스티비는 끔찍한 자동차 충돌 사고를 당했고 4일 간 혼수상태에 있었다. 혼수상태에서 깨어난 스티비는 더 이상 냄새를 맡지 못했고, 음식 맛도 느낄 수 없었다. 그에게 남은 감각이라곤 청각과 촉각뿐이었던 것이다. 다행히도 잃었던 미각과 후각은 얼마 후 돌아왔다.

스티비 원더는 1980년대에 이전보다 더 많은 앨범을 팔아 치웠다. 'Hotter than July'란 곡은 100만 장 이상이 팔린 플래티넘 앨범이 되었고, 스티비가 부른 버전의 'Happy

유명한 맹인 뮤지션들로는 레이 찰스, 안드레아 보첼리, 호세 펠리치아노 등이 있다.

Birthday'는 마틴 루터 킹 주니어 목사에게 바치는 헌정 음악으로 사용되었다. 스티비는 다른 아티스트들과 함께 작업하여 베스트셀러 곡을 만들기도 했다. 마이클 잭슨과 만든 'Get It', 폴 매카트니 Paul McCartney와 함께 작업한 'Ebony and Ivory'가 가장 인기 있는 곡이다. 그는 1989년 로큰롤 명예의 전당에 헌액되었고, 1996년에는 평생업적상 Lifetime Achievement Award을 받았다.

스티비는 오늘날까지도 여전히 인기 있는 아티스트이다. 그는 스눕독 Snoop Dogg과 안드레아 보첼리 Andrea Bocelli 같은 인기 스타와 듀엣으로 노래하기도 했다. 2007년에 미국 전역을 돌며 13회의 콘서트를 했고, 2008년에는 버락 오바마 상원의원이 대통령 후보를 수락한 미국 민주당 전당대회에서 공연했다.

그는 50년이 넘는 기간 동안 청중들을 놀라게 했다. 폭넓은 음악 스타일과 다양한 주제 덕분에 스티비는 여러 해에 걸쳐 수많은 상을 받았지만, 그가 이룬 업적 중 가장 인상적인 것은 시력을 잃은 것이 장애는 아니라는 사실을 사람들이 깨닫게 만든 것이다.

### 나는 이렇게 세상을 뒤흔들 거야!

우리는 걷는 것을 당연하게 여긴다. 몸이 마비되면 당신의 삶이 어떻게 될지를 생각해 본적이 있는가? 나는 프로 농구선수가 돼서 버는 돈을 모두 마비된 사람들에게 기부할 작정이다. 내 자유 시간에는 몸이 마비된 사람들을 방문해서 도와 주고 친구 역할을 하는 자원봉사를 할 작정이다. 은퇴 후에는 물리 치료사로 석사 학위를 따서 몸이 불편한 사람들을 도울 것이다.

**헌터 더푸이스** Hunter Dupuis ● 13세

BOYS
17

# 스티븐 킹

## Stephen King

**1947년~** | 작가 | 미국

고등학교 2학년인 스티븐은 자신이 만든 사설 신문 '구토 마을 The Village Vomit'을 반 친구들에게 넘겨주었다. 이 신문은 리스본펄즈 고등학교를 구토 마을로 표현하고, 학생과 교사들, 치어리더와 범생이, 문제아들까지 모든 사람들을 조롱하고 희화화한 내용으로 채워졌다. 스티븐은 자신의 이야기가 재미있고 유쾌하다고 생각했지만, 다른 아이들도 그 얘기를 좋아해 줄지 의문이었다.

그러나 스티븐의 걱정은 기우였다. 실제 여교사인 미스 레이팩과 미스 마기탄을 모델로 한 미스 잉여 Miss Rat Pack(*Rat Pack은 '별로 필요도 없는 것을 모아 놓는 사람'이란 뜻 – 옮긴이)와 미스 구더기 Miss Maggot의 풍자 글이나 '암소들의 방귀대회' 같은 가상 뉴스가 실린 '구토 마을'은

대 히트였다!

얼마 가지 않아 학교의 모든 사람들이 스티븐의 신문을 읽었고, 스티븐이 장담했던 것처럼 '배꼽이 빠졌다'. 선생님들 대부분은 스티븐의 신문을 농담으로 받아들였지만 '미스 구더기'만큼은 마음이 상했다. '구토 마을'은 압수당했고, 스티븐은 방과 후에 교장실에서 반성문을 쓰는 벌을 받게 되었다.

다행히도, 교장 선생님은 스티븐의 유머 감각보다는 글 쓰는 능력을 인정했다. 그에게 반성문을 쓰게 하는 대신, 고등학교 스포츠를 다루는 리스본 엔터프라이즈 Lisbon Enterprise에 실제 기사를 쓰도록 배려해 준 것이다. 미식축구를 좋아하던 스티븐에게 이 일은 안성맞춤이었다. 그는 금세 이 전문적인 글쓰기에 통달했고, 단어마다 1센트씩의 고료를 받으며 행복해 했다.

1947년 9월 21일, 미국 메인 주 포틀랜드 Portland 해안에서 태어난 스티븐 킹은 태어날 때부터 기적의 소년으로 여겨졌다. 의사는 스티븐의 어머니 루스 Ruth가 임신할 수 없을 거라 말했기 때문에, 루스가 아기를 갖게 된 것은 뜻밖의 행운이었다. 그러나 스티븐이 두 살일 때 아버지가 집을 나가 버렸고, 그때부터 어머니 혼자서 가족의 생계를 해결해야 했다. 이후 10여 년 동안 어머니와 스티븐, 그리고 형 데이비드 David는 여러 번 이사했다. 인디애나 주, 코네티컷 주, 위스콘신 주 등등, 어머니 루스를 써 주는 일자리가 있는 곳이면 어디든 가야

듀어행은 너무 작은 마을이라서, 리스본펄스 고등학교까지 다니는 학교 버스가 없었다. 그래서 스티븐은 고등학교 다니는 내내 택시를 타고 다녀야했다. 그 택시는 보통 택시가 아니었다. 장의차를 개조한 것이었다!

믿거나 말거나 호러물의 제왕 스티븐 킹이 두려워한 것은 쥐, 곤충, 장례식이었다.

했다. 마침내 그들의 이사 여행은 메인 주의 듀어햄 Durham에서 끝이 났다. 그곳에서 루스는 자신의 부모님을 돌보게 되었던 것이다. 루스와 스티븐은 수도도 없는 2층짜리 농가로 이사했다. 아무리 그때가 1950년대라 하더라도 스티븐 가족은 우물에서 마실 물을 길어 오고, 화장실이 없어 밖에서 용변을 해결하는 궁핍한 생활을 해야 했다!

듀어햄은 한적하고 작은 마을이었다. 농가에 고립되어 늘 심심하게 지내던 스티븐은 곧 만화책에 빠져들었다. 독서가였던 어머니는 아들이 책을 읽고 글을 쓰는 일을 격려했고, 스티븐이 이야기를 만들어낼 때마다 25센트씩 용돈을 주었다. 일곱 살 때 처음으로, 스티븐은 공룡 한 마리가 작은 마을을 쓸어 버리는 무서운 이야기를 완성했다. 스티븐은 공포 만화, 과학 소설, 그리고 '반지의 제왕 The Lord of the Rings' 같은 판타지 소설에 특히 끌렸다.

스티븐 킹은 전 세계최고의 베스트셀러 작가다.

스티븐이 중학생이 되자 그는 이야기꾼으로 유명해지기 시작했다. 그는 학생 몇 명이 학교를 접수하는 이야기를 썼고 한 장이 끝날 때마다 학급 친구들에게 넘겨주었다. 친구들은 애가 달아 다음 장을 기다렸고, 스티븐이 좀 더 빨리 쓰기를 바랐다. 당연히 이 서스펜스 넘치는 이야기는 학생들을 주인공으로 했고, 스티븐의 친구들은 이야기 속에 등장하는 자신이 다음번에는 무슨 일을 벌일지 궁금해 미칠 지경이었던 것이다.

고등학생이 된 스티븐은 미식축구 팀에서 공격 포지션을 맡았고, 문스피너즈 MoonSpinners라 불리는 록밴드에서 기타를 연주했다. 그는 학교 수업에는 별 관심이 없었지만, 여전히 글 쓰는 일에 몰두했다. 스티븐은 친구 크리스 첼시 Chris Chelsey와 함께 자신의 걸작인 '저주받은 탐험 The Cursed Expedition', '우물 바닥에 있는 그것 The Thing at the Bottom of the Well'이 포함된 호러 물들을 모아 책으로 만들었다. 두 사람은 낡은 등사기를 써서 '사람, 장소, 그리고 사물-제1권 People, Places, and Things-Volume 1'을 만들어 판매한 것이다. 책의 서두에는 이렇게 쓰여 있었다.

당신에게 경고한다. 당신이 침대에 누워 있을 때 괴이하게 삐걱대는 소리나 쿵쿵거리는 소리가 들린다면, 그 이유를 설명하기 어려울 것이다. 스티브 킹과 크리스 첼시가 이 책에서 그 이유를 자세히 설명해 줄 것이다.

고등학교 졸업 전에 스티븐은 첫 소설 '후유증 The Aftermath'을 완성했을 뿐만 아니라, 자신이 쓴 글을 출판사에 보내기 시작했다. 그가 쓴 단편 중 하나인 '나는 10대의 무덤 도굴꾼이었다 I Was a Teenage Graveyard Robber'가 출판되었고, 한 잡지의 에세이 공모전에 입상하기도 했다.

그 후 메인 대학에 입학한 스티븐은 학생회 일에 적극 참여했고 베트남 전쟁 반대 시위에도 참여했다. 그는 글쓰기를 계속했고 대학 신문에 '킹의 쓰레기 트럭 King's Garbage Truck'이란 제목으로 매주 칼럼을 쓰기도 했다. 그는 영화, 책, 정치, 뭐가 됐든 자신의 상상력을 자극하는 주제에 관해 썼다. 그러는 동안 스티븐은 또 하나의 이야기를 팔게 되었다. 단편 '유리 바닥 The Glass Floor'이 35달러에 팔린 것이다. 큰돈은 아니었지만, 스티븐은 글쓰기가 돈이 된다는 사실에 흥분했다.

그러나 작가로서 생계를 꾸려가는 일은 그리 쉽지 않았다. 대학 졸업 후 그는 결혼해서 딸 하나를 두었고, 가족의 생계를 위해 세탁소에서 일했다. 다행히도 1년 동안 세탁 일을 한 후에, 스티븐은 자신이 좀 더 좋아하는 일을 구할 수 있었다. 고등학교에서 영어를 가르치는 일이었다. 그는 매일 글 쓰는 일을 계속했고, 자신이 쓴 이야기가 팔려서 가계에 보탬이 됐으면 하는 희망을 버리지 않았다. 스티븐은 '러닝 맨 The Running Man'이란 소설을 수십 개 출판사에 보냈지만, 모두 거절당했다(몇 년 후 이 소설은 아놀드 슈왈츠제네거와 샤론 스톤 주연의 영화로 만들어졌다). 단지 더블데이 출판사 Doubleday Publishing가 스티븐의 잠재력을 알아보고, 다른 소설들을 더 보내 달라고 요청했다.

스티븐은 편집자들을 미국 프로야구팀 뉴욕 양키즈의 홈인 양키 스타디움으로 부르곤 했다. 거기서 핫도그와 땅콩을 먹으면서 편집자와 일 이야기를 했던 것이다.

그러나 그는 쉽게 다음 작품을 완성하지 못했다. 다음 작품은 '캐리 Carrie'였는데, 텔레파시를 이용해 자신을 괴롭히는 반 친구들에게 복수하는 어느 소녀의 이야기였다. 스티븐은 자신이 쓰고도 그 이야기를 아주 싫어해서 쓰레기 더미 속에 던져 버렸다! 다행히도, 스티븐의 아내가 그 원고를 쓰레기 속에서 찾아냈고 그것을 더블데이 출판사에 보내자고 남편을 설득했다. 더블데이 출판사는 그 이야기가 마음에 들었다. 출판사로부터 전보를 받았을 때 스티븐은 기뻐서 거의 기절할 지경이었다.

"캐리의 저작권은 더블데이에 있음. 선인세 2,500달러. 축하, 앞날을 기대하겠음." 출판사로부터 선인세가 입금되었다. 사실 당시 스티븐은 파산 직전으로, 집에 전화도 놓지 못하는 형편이었다.

스티븐은 자신의 첫 소설이 출간된 것을 보고 힘을 얻었다(집에 전화도 놓았다!). 하지만 2,500달러는 그가 낮에 하는 일을 그만둘 수 있을 정도로 충분한 돈은 아니었다. 1973년 더블데이 출판사는 '캐리'의 보급판 판권을 다른 출판사에 넘겼고, 스티븐은 또 한 번 놀라게 되었다. 그 판권 매매로 스티븐에게 20만 달러가 돌아왔던 것이다! '캐리'는 스티븐의 가장 인기 있는 소설 중 하나가 됐고, 1976년에는 시시 스파섹 Sissy Spacek과 존 트라볼타 John Travolta 주연, 브라이언 드 팔마 감독 연출로 영화화 되었다. 스티븐은 "영화가 책을 만들었고, 책이 나를 만들었다."고 말했다. 스티븐은 마침내 전업 작가가 될 수 있었다.

그 후 40여 년 동안 스티븐은 역사상 가장 공포스럽고 잘 팔리는 이야기들을 썼다. '살렘스 롯 Salem's Lot', '샤이닝 The Shining', '애완동물 공동묘지 Pet Sematary', '미저리 Misery', '그린 마일 The Green Mile', '자루 속의 뼈 Bag of Bones', '드림캐처 Dreamcatcher' 등, 그는 쓰는 소설마다 수백만 달러씩을 벌었다. 킹의 가족은 한 때 집이라고 불렀던 트레일러를 떠나 고풍스러운 대저택으로 이사했다. 이 저택엔 23개의 방이 있었고, 검은 색 강철 담장은 박쥐들과 거미줄로 장식돼 있었다. 늙은 육군대장의 유령이 출현한다는 괴담까지 돌고 있는 집이었다!

스티븐은 80권 이상의 책을 썼고, 그 중 상당수가 30개 이상의 언어로 번역 출간되었다. 또한 많은 소설이 영화화됐다. '캐리', '샤이닝', '스탠 바이 미 Stand by Me', '쇼생크 탈출 The Shawshank Redemption', '그린 마일' 등이 그것이다. 고등학교 시절 반 친구들처럼 수백만 명의 열광적 팬들이 스티븐이 만든 이야기에 빠져 있다. 스티븐 킹에게 글쓰기란, 첫 이야기를 완성해서 엄마에게 25센트를 받았을 때부터 늘 인생을 건 도전이었다.

 ## 지금 세상을 흔들고 있는 소년!

**알렉 루어즈** Alec Loorz

샘 스턴 Sam Stern은 주방에서 어머니를 도우면서 일찍부터 요리를 시작했다. 샘이 10대가 되었을 때, 다른 소년들도 요리하기를 좋아할지 모른다는 생각을 하게 됐다. 그는 요리하는 소년들을 위한 책 '폭풍처럼 요리하기 Cooking Up a Storm'를 썼다. "그 책에는 나와 친구들이 잘 먹는 종류의 음식을 간단하고 맛있게 요리하는 법이 가득해요." 샘의 말이다. 그는 스무 살이 되기 전까지 4권의 요리책을 더 썼다!

# 치코 멘데스

## Chico Mendes

**1944~1988년 | 사회운동가이자 환경운동가 | 브라질**

나무가 쓰러지는 어마어마한 굉음이 땅을 흔들었다. 치코는 자신을 따르는 50명의 일행에게 소리쳤다.

"동지들, 두려워하지 마세요! 우리는 괜찮을 겁니다. 떨어지는 나뭇가지를 조심하세요."

그들이 무성한 열대우림을 뚫고 나아가자 전기톱의 윙윙거리는 소리는 더욱 커졌다. 치코를 따르는 사람들은 대부분 고무 채취꾼들이었다. 그들은 삶의 터전을 빼앗겼고 지금 그 땅들은 파괴되고 있었다.

나무가 모조리 벌채된 장소에 접근하자 전기톱이 내는 소리에 귀가 먹먹해졌다. 그들 눈에 황폐해진 땅 위에 검게 그을리거나 숯이 된 채 솟아 있는 나무 그루터기들이 보였다. 마치 검은 색 묘비가 늘어선 공동묘지 같았다. 총을 들고 있는 사람들도 보였다. 그들에겐 벌채를 중단시키려는 사람은 총을 쏴서라도 막으라는 명령이 내려져 있었다. 비무장 상태인 치코 일행은 파괴의 현장을 향해 계속 나아갔다. 그들이 바라는 것이 있다면, 남들 눈엔 자신들이 좀 더 용감한 사

람들처럼 보였으면 하는 것뿐이었다. 그들은 서로 몸을 밀착시켰고, 여인들은 아이를 잡은 손에 힘을 주었다.

끊이지 않는 굉음 속에서 행진하던 일행 중 한 사람이 소리쳤다.

"제발 멈춰요!"

경비원과 벌목꾼들의 눈이 휘둥그레졌다. '도대체 여자와 애들이 여기서 뭐 하는 거야?'라고 생각하는 듯 했다. 경비원은 치코 일행에게 총을 겨누며 당장 꺼지라고 명령했다. 팽팽한 긴장과 불안 속에서 몇 분이 흘렀다. 마침내 경비원은 총을 내렸다. 그는 자신이 해고된다고 해도, 차마 여인과 아이들을 향해 총질을 할 수는 없었던 것이다. 벌목꾼들도 거대한 톱을 끄고 밀림 속으로 사라졌다. 벌목은 끝났다.

치코 멘데스는 엠파테스 empates 라 불리는 평화적 저항 행동을 이끌었다. 그는 브라질의 밀림에서 살아가는 사람들을 격려해서 자기네 땅과 고유한 생활 방식을 지키기 위해 일어나 싸우도록 격려했고, 자신의 뒤를 따르는 환경주의자들을 위해 용감하게 길을 개척했다.

치코가 성장한 곳은 지구상에 남은 가장 큰 열대우림 지역이다. 485만km²에 이르는 면적은 지구상에서 일곱 번째 넓은 나라보다 넓

고무나무 중 한 종류는 열매를 터트
린다! 열매가 터질 때 튀어나온 씨앗
은 150미터 넘게 날아간다고 한다.

다(*영토 면적 7위는 인도로 328.7만km², 6위는 호
주로 774.1만km²이다 – 옮긴이). 열대우림은 많은
비가 내리기 때문에 붙여진 이름이며, 그곳에
선 건기 때조차 매일 비가 내린다. 그런 환경
으로 인해 단위 면적 기준으로 지구상 다른 어떤 곳보다도 많은 종의
동식물이 서식할 수 있게 된다. 열대우림의 헤아릴 수 없을 만큼 많은
나무들이 이산화탄소(자동차를 비롯해 인간이 만든 여러 가지 기계가 방출한
다)를 흡수하고 산소를 내 놓는다. 그런 나무들 덕분에 지구가 건강하
게 유지되고 있는 것이다.

치코가 왜 그렇게 열성적으로 이 지역을 지키려 애쓰는지 상상하
기 어렵지 않을 것이다. 그는 1944년 브라질 북부에서 태어났다. 어
린 시절 그는 마천루만큼이나 높은 나무들 아래서 뛰어놀고, 자기 머
리보다 큰 나비를 쫓아다니며 시간을 보냈다. 치코의 부모님은 고무
채취를 생업으로 했고, 가족들에게 밀림에서의 생활은 몹시도 고달팠
다. 그들은 해 뜨기 전에 일어나 저녁 늦게까지 일해야 했다.

아홉 살이 되자 치코도 고무를 채취했다. 그는 하루에 30km씩 걸
었고, 150그루 내지 200그루의 나무로부터 수액을 받았다. 고무나무
의 줄기에 조심스럽게 V자 모양의 금을 내서, 하얀 수액이 밑에 놓인
양철 컵 속으로 흘러내리게 하는 것이다. 긴 시간 밀림을 걷는 동안,
치코는 열대우림에 감사하게 됐고, 세상의 모든 생명체엔 그 존재 이
유가 있다는 사실을 이해하게 되었다. 동물이며 나무들, 곤충들까지
모든 생명은 연결되어 있으며, 생명의 그물을 유지하는 중요한 역할

을 맡고 있는 것이다.

'고무 귀족'이라 불리는 부유한 사람들이 고무 농장을 운영했다. 거기서 일하는 노동자는 대부분 아마존 원주민들이었고, 돈을 많이 벌 수 있다는 꼬임에 넘어가 고무 채취자가 된 사람들도 있었다. 하지만 약속처럼 좋은 시절은 결코 오지 않았다. 사장은 노동자들에게 급여는 눈곱만큼 주고 식품과 주거비는 과다하게 받아, 노동자들은 빚에서 헤어날 수 없었다. 오래 일할수록 돈을 벌기는커녕 사장에게 진 빚만 늘어나는 식이었다. 노동자들은 아무리 노력해도 빚에서 벗어나거나 그 농장을 떠날 수 있을 만큼의 돈을 모을 수가 없었기 때문에 노예처럼 되어 갔다.

설사 고무농장을 떠날 수 있다고 해도 대부분은 갈 곳이 없었다. 그들은 글자를 읽을 줄 몰랐고, 별다른 기술도 없었다. 고무 귀족들은 노동자들이 글을 배우는 것을 원치 않았다. 교육을 받게 되면 자신들이 어떤 식으로 속고 있는지 알아차릴지 몰랐기 때문이다. 하지만 치코의 아버지는 글을 조금 읽을 줄 알았고, 매일 밤 긴 노동이 끝나면 아들에게 글을 가르쳤다. 치코가 열두 살 무렵, 에우클리데스 타보라 Euclides Tavora라는 이름의 브라질 기자가 치코네 집을 방문했다. 그는 소년 치코의 글 읽는 재주에 감동해, 그를 직접 가르치겠다고 제안했다. 치코는 주말마다 책이 가득한 타보라 씨 집에서 시간을 보낼 수 있었다.

아마존 지역의 열대우림이 없으면 사람들은 숨쉬기 힘들어질 것이다. 아마존의 열대우림은 끊임없이 이산화탄소(우리가 뱉어내는 기체)로부터 산소(우리가 들이마시는 기체)를 재생산하기 때문에 '지구의 허파'라 불린다. 아마존 열대우림은 전 세계 산소의 20퍼센트 이상을 생산한다.

지구 생명체 중 절반 이상의 종이 열
대우림에서 살고 있다!

스무 살이 됐을 때, 치코는 쉬는 시간을 이
용해 다른 노동자들에게 글 읽기를 가르치기
시작했다. 그는 고무 귀족의 비리와 부패를 알
고 있었고, 노동자들이 고무 귀족에게 대항하기 위해서는 교육을 받
아야 한다는 사실 역시 알고 있었다. 5년 후 치코는 고무 채취 일을
그만두었다. 그는 교육에 전념하면서 노동자들의 저항 조직을 만들기
시작했다.

1970년대 인공 고무가 개발되자, 브라질의 천연 고무 수요는 급격
히 줄어들었다. 고무 귀족들은 목축에 눈을 돌렸다. 그들은 소를 기르
기 위한 초지를 확보하기 위해 수십만에서 수백만 헥타아르(ha)의 열
대우림을 벌채하고 태워 버렸다. 미국의 캘리포니아 주 면적(*우리나
라 남한 면적의 4배, 40만km²가 조금 넘는다 – 옮긴이)의 숲이 불에 타 사라
졌고, 그 지역에 살던 사람들 모두가 집을 잃고 떠나야 했다. 치코는
행동해야 할 시점임을 깨달았다.

그는 고무 채취자 국민회의 National Council of Rubber Tappers를 만들
어, 비폭력 시위를 이끌었다. 치코는 브라질 정부에 맞서 여러 해 동
안 투쟁하면서, 아마존 열대우림을 보호하고 고무 채취자들이 그곳에
서 살 수 있도록 하기 위해 애썼다. 하지만 목장주들은 정부를 자기들
손아귀에 넣고 주무르고 있었다. 그들은 땅을 보호할 생각이 전혀 없
었고, 마치 치코와 고무 채취 노동자들이 그 땅에 살고 있지 않은 것
처럼 행동했다.

1987년 치코는 열대우림 파괴를 우려하는 환경보호주의자들의 초

청으로 미국을 방문했다. 치코는 고무 채취자들이 환경에 해를 끼치지 않는 방식으로 살고 있음을 설명하고, 브라질 정부가 더 이상 땅을 파괴하지 않도록 설득해 달라고 부탁했다. 그때까지 우리나라 남한 면적의 8배가 넘는 지역이 파괴되었다. 그 많은 땅을 모두 태워 버림으로써 심각한 문제가 발생했다. 불태울 때 이산화탄소가 과도하게 배출되면서 지구의 온도가 전체적으로 상승했고, 지구 행성의 동식물 생태계가 교란된 것이다. 이것이 바로 온실효과다.

치코는 두 개의 상을 받았는데, 하나는 유엔환경프로그램 United Nations Environmental Program으로부터, 다른 하나는 더 나은 세계 협회 Better World Society로부터의 상이었다. 치코가 미국에서 회의를 끝내고 브라질로 돌아왔을 때, 목장주들의 분노는 극에 달해 있었다. 자신들의 행동이 전 세계에 까발려졌기 때문이었다. 목장주들이 분노할수록 치코는 좀 더 전진해야겠다는 각오를 다졌다. 그는 더 많은 평화적 저항 운동(empates)를 이끌었고, 1988년 한 해에만 8,000ha가 넘는 땅이 불태워지는 것을 막았다.

세계에서 가장 긴 강인 아마존 강은 브라질의 열대우림 지역을 통과하며 수천 km를 흐른다. 그리고 대서양 전체에 있는 종의 수보다 더 많은 종류의 물고기가 아마존 강에 살고 있다!

치코의 노력 덕에 열대우림을 보호해야 한다는 쪽으로 분위기가 반전되기 시작했다. 그러나 1988년 12월 22일, 치코는 한 무리의 목장주들로부터 총격을 받고 사망했다. 누가 치코를 살해했는지 모두가 알고 있었지만, 사람들은 두려운 나머지 입을 열 수 없었다.

치코의 죽음은 전 세계 뉴스의 첫머리에 올랐고, 목장주들의 환경

파괴에 대해  더 많은 사람이 주목하게 됐다. 1989년 몇몇 미국 상원 의원이 브라질로 날아가 환경 문제를 거론했다. 언론 매체들까지 합세해 압력을 가하자 브라질 정부는 숲이 파괴된 100만ha의 땅에 나무를 심는 계획을 발표했다. 또한 치코가 지키고자 했던 지역의 대부분에서 벌목을 중단하고, 자연 보전을 위한 조치를 취하기로 했다. 브라질 정부는 최초로 지정된 97만ha의 보호지역을 '치코 멘데스 채취 보전지구 Chico Mendes Extractive Reserve'로 명명했다.

아마존 원주민은 고무나무를 '카오우쵸욱 caoutchouc'이라 부르는데 '우는 나무'란 뜻이다.

1992년, 전 세계 지도자들이 유엔 환경 회의 United Nations Conference on the Environment에 참석하기 위해 브라질에 모였다. 가슴 아프게도 치코는 그 자리에 참석할 수 없었다. 하지만 모든 사람들이 치코를 열대우림 보호에 있어 가장 위대한 챔피언으로 기억했다. 그를 일생 동안 그가 사랑했던 땅을 보전하기 위해 투쟁했다. 그리고 지금도 전 세계 사람들이 빠른 속도로 사라져 가고 있는 열대우림을 구하기 위해 투쟁하도록 격려하고 있다.

## 나는 이렇게 세상을 뒤흔들 거야!

나는 뉴올리안즈나 아프리카에서 집을 짓는 일을 돕고 싶다. 사람들이 살기 위해서는 의식주, 즉 물, 음식, 집이 꼭 필요하다. 세 가지 중 한 가지만 없어도 생활은 아주 고달파질 것이다. 그래서 나는 집이 없는 사람들에게 집을 지어 주고 그들의 생활을 행복하게 만들어 줄 것이다.

**헨리 매키천** Henry MacEachern ● 13세

# 밥 딜런

## Bob Dylan

**1941년~** | **가수** | **미국**

3명의 어린 소년들로 구성된 '골든 코드 Golden Chords 밴드'는 다른 지원자들과 함께 무대 뒤에 있었다. 탭 댄서, 곡예사, 그리고 아코디언을 들고 있는 소녀 등 다른 지원자들이 의심스러운 눈초리로 그들을 위아래로 훑어보았다. 번쩍이는 금색 상의를 입은 이 깡마른 13세 소년들은 도대체 뭘까? 무대로 나가면서 골든 코드 밴드의 소년들은 모두가 긴장했지만, 밥 짐머맨 Bob Zimmerman이 그 중 최고였다. 밥은 최근 한쪽 다리에 경련이 일어났고, 긴장하면 그 다리가 말을 안 들었다. 방청객 몇 명이 점잖게 박수를 쳤고, 밥의 다리가 거칠게 떨리기 시작했다. '이런, 안 돼!' 밥은 속으로 소리쳤다. 하지만 연주가 시작되자, 밥은 음악 속으로 빨려들어갔다. 그는 긴장에서 벗어나 자유로워졌고, 피아노 건반을 두드리며 괴성을 지르고 몸을 흔들었다.

골든 코드 밴드는 자기들의 노래에 완전히 몰입했다. 불안은 어디론가 날아가 버렸고 관중들도 시야에서 사라졌다. 연주를 끝내고 몰아의 상태에서 빠져나온 소년들은 팬들의 환호와 기립 박수를 기대했다. 그러나 전혀 예상 밖의 반응이 나왔다. 청중들은 헛웃음을 지으며 마지못해 예의상의 박수를 쳤을 뿐이었다. 1957년 미네소타 주의 히빙 Hibbing은 아직 밥 짐머만(나중에 밥 딜런 Bob Dylan으로 알려졌다)과 그의 혁명적인 로큰롤을 받아들일 준비가 안 되어 있었다.

히빙 중학교에서 좀 노는 애들은 모두 학교 밴드에서 활동했다. 열두 살 밥은 혼자 악기점에 가서 트럼펫을 샀다. 그는 여러 날 동안 트럼펫을 불고 또 불었지만, 좀처럼 소리가 나지 않았고, 소음만 날 뿐이었다. 밥은 트럼펫을 색소폰으로 바꿨다. 색소폰은 더욱 한심했다. 밥은 색소폰을 악기점에 반납했다. 그 후 두 가지 악기 연주에 더 실패한 끝에, 밥은 싸구려 기타를 하나 빌렸다. 그 기타가 밥의 세계를 바꿔 놓았다. 밥은 손가락이 까질 때까지 오랜 시간 여섯 줄 기타를 실험했다. 마침내 그 기타는 밥의 조수이자 떼어놓을 수 없는 친구가 됐다. 그 후로 밥은 늘 그 기타를 어깨에 비스듬히 메고 다녔다.

밥의 첫 여자 친구는 빈민가 출신이었다. 두 사람은 옷을 차려입고 번화가를 걷는 것을 좋아했다. 여자 친구는 빨간 립스틱에 표범 무늬 타이즈를 신었고, 밥은 가죽 모자를 쓰고 옷깃을 세웠다. 두 사람이 히빙 시내를 걸으면 사람들이 사방에서 수군거렸다.

1950년대, 히빙은 보수적인 작은 마을이었다. 히빙에는 라디오방송국이 딱 하나 있었는데, 그 방송국은 절대로 청소년을 위한 음악을

틀지 않았다. 프랭크 시내트라 Frank Sinatra나 빙 크로스비 Bing Crosby
처럼 주부들이 좋아하는 남자 발라드 가수의 노래와 폴카만 틀었다.
맑은 날 밤이면 밥은 미시시피 강을 따라 몇 킬로미터씩 걸으며, 대도
시의 방송국으로부터 수신되는 로큰롤을 라디오로 듣곤 했다.

　하지만 시대는 변하고 있었다. 밥이 열여섯 살이 됐을 때 히빙에 새
로운 라디오방송국이 생겼고, 일주일에 한 번씩 짐 댄디 Jim Dandy란
이름의 DJ가 방송을 진행했다. 짐은 하울링 울프 Howlin' Wolf나 라이
트닝 홉킨스 Lightnin' Hopkins와 같은 블루스 대가의 음악을 틀어 주었
다. 이전까지는 히빙 마을에서 흑인 뮤지션의 음악이 전파를 탄 적이
없었다. 그 프로그램의 열성 팬이었던 밥은 아버지의 차를 빌려 짐 댄
디를 만나기 위한 순례 여정을 떠났다.

　마침내 그를 만났을 때 밥은 엄청나게 놀랐다. 짐 '댄디' 리즈 Jim
'Dandy' Reese가 흑인이었던 것이다! 리즈는 1950년대의 인종 차별
을 뚫고 라디오방송국에 입성했다. '검둥이 노래를 불렀다'는 이유로
아버지에게 벌을 받은 적이 있었던 밥은, 리즈의 격려를 받았다. 리즈
는 밥에게 완전히 새로운 음악 세계를 소개해 줬다. 이때 접한 음악들
은 나중에 밥이 포크 음악을 재정립하는 일에 영감을 주었다. 1960년
대, 성인이 된 밥은 흑인을 비롯한 소수 인종에게 가해진 부당한 처사
에 반대하는 노래를 많이 불렀다.

　고등학교를 졸업한 후 밥은 히빙을 떠나 미네아폴리스 Minneapolis에
있는 대학에 입학했다. 거기서 마음 맞는 사람들을 만나게 되었다. 그
는 딩키타운 Dinkytown이라 불리는 히피 구역에서 커피를 홀짝거리고

포크 음악을 들으며 시간을 보내는 정치 운동 그룹과 어울려 지냈다. 1950년대 말과 1960년대 초 미국에서 포크 음악은 저항의 목소리였다. 낡고 부패한데다 쓸모없는 정부, 그리고 부당한 현실에 대한 젊은 이들의 좌절이 노래로 표현되었다. 딩키타운에서 이러한 강력한 음악을 접한 밥은 이름을 밥 딜런으로 바꾸고, 포크 싱어로서의 새로운 인생을 시작했다.

하지만 그는 딩키타운에 안주하기엔 너무 큰 인물이었다. 1960년 그는 뉴욕 시로 갔다. 당시 포크 음악의 중심지는 뉴욕의 그리니치 빌리지 Greenwich Village였기 때문이다. 열여덟 살 밥은 모든 시대를 통틀어 가장 위대한 포크 싱어가 되기로 결심했고, 큰 음반회사 중 하나와 계약을 하겠다는 목표도 정했다. 밥은 하루 15달러씩을 받으며 작은 카페에서 연주했고, 때로는 새벽 네 시까지 연주하는 날도 있었다.

밥의 노래 중 하나인 '허리케인 Hurricane'은 루빈 허리케인 카터 Rubin Hurricane Carter의 이야기를 소재로 했다. 흑인인 루빈은 부당하게 살인죄로 기소되고 투옥됐다. 루빈 이야기는 덴젤 워싱턴 Denzel Washington 주연의 '허리케인'이란 영화로도 만들어졌다.

밥이 자신의 곡을 쓰기 시작하자, 히트곡이 생겨났다. 당시에 포크 음악을 하는 사람들 중 창작곡을 쓴 사람은 한 명도 없었다. 포크 싱어가 새로운 곡을 쓴다는 것은, 국가를 새로 작곡하는 것과 마찬가지로 신성 모독이었다! 그러나 밥은 배짱이 있었다. 그의 첫 대규모 공연은 블루스의 거장 존 리 후커 John Lee Hooker의 곡으로 막을 열었고, 우디 거스리 Woody Guthrie의 노래 두 곡을 부른 다음, '우디에게 바치는 노래 Song for Woody'라는 제목의 자작곡을 불렀다! 일부 청중은 감동했지만, 대부분 청중은 끔찍해 했다. 뉴욕타임즈에 밥의 음악성을 극찬하는 논평이 실리자, 사람들은 여기저기서 이를 화제로 삼았다. 좋든 나쁘든, 나이 스물도 안 된 밥에 의해 포크 음악계가 바뀌기 시작했던 것이다! 몇 달 후, 밥의 소원이 이루어졌다. 컬럼비아레코드 Columbia Records사와 계약에 성공한 것이다.

밥의 첫 앨범 '밥 딜런 Bob Dylan'은 당시 라디오에서 들을 수 있었던 어떤 음악과도 달랐다. 오늘날 같으면 성난 저항의 노래는 흔하고 흔하다. 하지만 60년대로 돌아가 보면 팝 가수 대부분이 가볍고 즐거운 사랑 노래를 불렀다. 밥은 확실히 달랐다. 자신이 열정을 품고 있던 문제, 즉 전쟁, 인종차별, 빈곤 같은 문제를 노래로 만든 것이다. 그는 사람들을 흔들어 깨우고 싶었고, 세상을 바꾸고 싶었다.

첫 앨범은 완전한 실패였다. 몇백 장이나 팔렸을까? 컬럼비아사는 계약 기간이 끝나기만 하면 바로 밥을 내칠 속셈이었지만, 밥의 사내 대리인이었던 존 하먼드 John Hammond는 맹렬히 화를 내며, 밥을 쫓아내면 자신이 죽는 꼴을 보게 될 거라고 다른 임원들을 압박했다. 하먼드는 실제로 심장병을 앓고 있었기 때문에, 컬럼비아사는 하먼드의 협박을 웃어넘길 수 없었다. 유능한 최고 경영자를 잃고 싶지 않았던 컬럼비아사는 밥에게 두 번째 기회를 주기로 했다. 그러는 동안 밥은 저조한 판매 실적에 낙담하지 않고, 곡을 계속 고쳐 쓰는 작업을 했다. 마침내 밥은 사회 문제를 언급한 '블로잉 인 더 윈드 Blowin' in the Wind'를 만들었고, 그로 인해 스타의 자리에 오

소문에 따르면, 밥은 20세기의 위대한 시인 딜런 토머스 Dylan Thomas에게서 자신의 성을 따왔다고 한다.

르게 되었다.

밥은 시골 커피숍에서 이 곡을 완성했다. 그곳에서 연주하고 있던 밥의 친구는 밥이 악보를 만지작거리는 것을 보고는, 무대에 올라가 청중들에게 말했다.

"신사 숙녀 여러분, 위대한 작사가 겸 작곡가가 만든 새 노래를 들려 드리고 싶군요. 방금 완성된 따끈따끈한 노래죠. 자, 갑니다."

'블로잉 인 더 윈드'의 첫 공연이 끝났을 때, 모든 청중이 벌떡 일어나 환호성을 질렀다. 그 노래는 나중에 앨범으로 출시되어 밥 딜런의 첫 번째 히트곡이 되었다.

밥은 삽시간에 유명해졌다. 그의 노래는 미국 전역에서 불려지고, 전 세계로 퍼져 나갔다. 그러나 밥은 스물다섯 살이 되자 탈진했다. 스타로 사는 것에 대한 압박이 너무 커서 견디기 힘들었던 것이다. 밥은 음악계에서 사라졌고, 이후 4년 동안 모습을 드러내지 않았다! 공식적으로는 밥이 오토바이 사고를 당해 회복 기간이 필요하다는 이유였다. 하지만 그 얘기가 사실인지, 아니면 광기 어린 록스타의 생활에서 탈출하기 위한 변명인지는 아무도 모른다.

어쨌든 대중과 언론의 관심에서 벗어나 있던 그 시간은 밥에게 좋은 영향을 미쳤다. 밥과 그의 아내는 두 명의 아이를 가졌고, 아빠란 역할이 그에게 새로운 기쁨과 즐거움을 주었다. 활동 중단과 잠적은 밥의 명성에 전혀 해가 되지 않았다. 오히려 더 많은 인기를 얻게 되었다! 밥은 그냥 유명하기만 한 싱어 송 라이터가 아니라 신비하기까지 한 사람이었다. 1968년 그는 자신의 우상인 우디 거스리를 기리는 밥의 아들 제이콥 딜런 Jakob Dylan은 그룹 월플라워즈 The Wallflowers(밥 딜런이 1971년 쓴 곡명을 따른 것이다)의 리드 싱어다. 제이콥의 히트곡 '핸드 미 다운 Hand Me Down'은 유명한 아버지의 그늘에서 성장하는 일을 소재로 한 것이다.

기념 공연을 계기로 당당하게 음악계에 복귀했다. 그 이후 밥은 전기 기타를 사용하는 로큰롤로 갔다가 자신의 첫 음악 장르인 블루스로 돌아오는 등, 온갖 종류와 형식의 음악들을 실험했다. 밥 딜런의 음악은 여전히 전 세계에서 연주되고 있고, 그 역시 오늘날까지 녹음과 연주를 계속하고 있다. 소년 시절 그는 음악을 통해 뭔가 남들과 다른 일을 하기를 꿈꿨다. 밥이 만든 저항의 노래들은 많은 사람들에게 감동을 주었다. 밥이 1996년 이래 반복적으로 노벨 문학상 후보에 오르고 있다는 것이 그 반증이다. 노벨상 위원회는 그에게 다음과 같은 찬사를 보냈다.

시와 사회의식을 음악에 버무린 그의 작업은 노벨상의 취지와 완전히 일치한다. 밥의 노래들은 인권, 세계 평화, 환경 보존, 그리고 다른 여러 가지 중요한 전 지구적 문제에 대해 열정적인 관심을 보여 왔다.

밥 딜런의 음악은 여전히 열정, 희망, 아름다움을 격려하며 듣는 사람을 변화시키며, 우리 스스로 자신의 독특함을 창조해야 한다는 사실을 환기시키고 있다.

# 지금 세상을 흔들고 있는 소년!

**미야자와 유토** Yuto Miyazawa

세 살 때, 미야자와 유토는 아버지가 기타 연주하는 것을 보았고 자신도 기타를 배우겠다고 결심했다. 유토가 하고 싶은 것은 오로지 기타 연주뿐이었다. 시간이 얼마 지나지 않아, 유토는 아버지의 솜씨를 넘어섰고, 고급 수준의 헤비메탈 곡까지 연주하게 되었다. 아홉 살이 됐을 때, 그는 엘렌 드제네레스 쇼에 출연해 오지 오스본 Ozzy Osbourne의 노래 '크레이지 트레인 Crazy Train'을 연주했다. 경이로운 연주가 끝나고 열광했던 청중들이 잠잠해졌을 때, 유토는 깜짝 놀랐다. 오지가 자신을 만나러 와 있었던 것이다! 오지나 밥 딜런이 그랬듯이, 유토 역시 음악계를 제대로 한번 뒤집어 놓을 것이다.

# 펠레
## Pelé

**1940년~ | 축구선수 | 브라질**

건축 공사장에 흙먼지가 날아다니고 있었다. 하지만 그 먼지는 공사 때문에 생긴 것이 아니었다. 그곳에선 축구 경기가 한창 진행되고 있었다. 땀으로 범벅이 된 4명의 남자들이 숨을 헐떡거리며, 공을 몰고 가는 맨발의 작은 소년을 따라잡기 위해 애쓰는 중이었다.

그 옆에서 옷을 잘 차려입은 남자 하나가, 어른 네 명과 아이 한 명이 벌이는 이 이상한 경기를 지켜보고 있었다. 4명의 남자 중 수비수가 공을 향해 돌진했지만 소년은 공을 발등으로 살짝 튀겨 올려 수비수를 손쉽게 제치고는 골문을 향해 공을 몰았다. 소년이 다른 수비수한 명을 더 제쳤을 때, 또 다른 한 명이 뒤쪽에서 슬라이딩 태클을 감행했다. 그러나 소년은 마치 뒤통수에도 눈이 달린 것처럼 슬라이딩

한 남자의 발이 자기 발뒤꿈치에 닿기 직전 오른쪽으로 살짝 피하면서 두 개의 기둥 사이로 왼발 슛을 날렸다. 골인! 이 광경을 지켜보던 잘 차려입은 남자는 프로축구팀의 스카우트였는데, 소년의 멋진 골에 놀라 자기도 모르게 소리를 질렀다. 그는 옆에 있던 공사장 인부에게 물었다.

"저 아이가 누구죠?"

"펠레라고 부르던데요."

그 열한 살 소년이 후에 세계에서 가장 유명한 축구선수가 된 펠레였다. 펠레는 팬들로부터 엄청난 사랑을 받았다. 펠레가 경기장에 들어설 때면 팬들은 "엘 레이 El Rey! 엘 레이!"를 연호했다. 엘 레이는 왕이란 뜻이다.

펠레는 1940년 브라질의 작은 마을에서, 전직 축구선수의 아들로 태어났다. 그의 본명은 에드손 아란테스 두 나시멘투 Edson Arantes do Nascimento였다. 축구의 나라 브라질에서는 대부분의 소년들이 축구선수가 되길 꿈꾼다. 펠레도 예외가 아니었다. 하지만 펠레의 집은 가난해 공을 사 줄 돈도 없었다. 펠레의 아버지는 낡은 양말에 헝겊 조각을 채워서 공을 만들고, 아들에게 축구를 가르치기 시작했다. 다섯 살이 되자 펠레는 길거리를 마구 휘젓고 뛰어다니며 임시로 만든 골대에 양말로 만든 공을 차 넣었다.

학교는 지루했다. 펠레는 종종 수업을 빼먹고 축구 연습을 하곤 했다. 4학년이 되자 펠레는 수업을 너무 많이 빼먹어 학교에서 쫓겨났다. 그건 펠레에게 별일이 아니었다. 축구할 시간이 더 많아졌으니까. 펠레는 구두 수선공으로 일하며 한 달에 2달러를 벌었다. 점심시간과 일과 후의 시간엔 이웃에 있는 다른 노동자들과 축구를 할 수 있었다. 경기는 거칠었다. 선수들 모두가 맨발로 뛰었으며, 아무도 파울에 신경 쓰지 않았다. 펠레는 그게 좋았다. 그는 하루 일을 끝내고 축구 경기까지 한 뒤, 집에 돌아오면 너무 피곤해서 저녁 식사를 할 기운도 없었다.

함께 축구하는 사람들 가운데 펠레가 제일 어렸지만, 그는 누구보다 축구를 잘했다. 이 축구 천재에 대한 소문이 발데마르 지 브리투 Waldemar de Brito의 관심을 끌었다. 지 브리투는 브라질의 축구 스타였고, 몇 개 프로축구팀의 스카우트이기도 했다. 그는 건축 공사장에서 축구를 하는 펠레를 보고 엄청나게 감동했다.

"그때 펠레가 보여준 움직임과 공을 다루는 기술은 어린 소년이 할 수 있는 수준이 아니었다. 정말이지 내 눈을 믿을 수가 없었다."

지 브리투는 몇 년 동안 이 소년을 가르쳤다. 그는 펠레가 열여섯 살이 되자 이제 큰 경기에 나갈 준비가 됐다고 판단하고, 프로축구팀의 선수 선발 테스트에 내 보내기로 결정했다. 펠레가 산투스 Santos 축구팀의 오디션에 참가했을 때 지 브리투는 산투스팀 감독에게 이렇게 큰소리쳤다.

"저 애는 세계 최고의 축구선수가 될 거요."

외국의 축구팀이 펠레를 데려가기 위해 산투스 팀에 거액을 제의했다는 소문이 돌자, 브라질 정부는 펠레를 국보로 선포하고, 국보는 외국에 수출할 수 없다며 펠레의 외국 팀이적을 막았다.

펠레는 그를 실망시키지 않았다. 펠레가 몸을 움직이자, 다른 선수들은 연습을 멈추고 거의 넋을 잃고 펠레를 쳐다보았다. 산투스는 그날 바로 펠레와 계약했다. 경기에 출전한 첫 시즌에 열여섯 살 펠레는 리그 득점왕이 됐으며, 득점왕 타이틀은 그 후로도 여러 해 동안 펠레의 차지가 됐다.

아직 어리고 경험도 적었지만 펠레의 가장 큰 소원은 1958년 월드컵에 국가대표로 출전하는 것이었다. 하지만 막상 월드컵 사상 최연소 선수로 월드컵에 나가 보니, 그가 조국을 위해 공헌할 기회는 거의 없어 보였다. 브라질의 우승 가능성은 희박했고 팀은 기회를 잡을 능력도 없어 보였다(*브라질은 1차전에서 오스트리아에 3 대 0으로 승리했지만, 2차전에서 잉글랜드와 0 대 0으로 비겼기 때문에, 당시 강팀이었던 구소련과의 조별 리그 경기를 남겨둔 상황에서 8강전에 진출할 수 있을지 여부가 불투명했다 – 옮긴이). 그런데 모든 사람들의 예상을 깨고 브라질은 조별 리그를 통과했고, 불리한 상황을 뚫고 결승전까지 진출했다. 펠레의 연속 득점 덕분이었다(*8강전에서 브라질은 웨일즈에 1대 0 승리, 4강전에서는 프랑스에 5 대 2로 승리했다. 펠레는 웨일즈 전에서 결승골을 넣었고, 이 골은 역대 월드컵 최연소 골(17세 239일)이었다. 또한 그는 프랑스와의 경기에서 해트트릭을 기록했다 – 옮긴이). 드디어 스웨덴과의 결승전이 치러졌다. 스웨덴의 골문을 등지고 있는 펠레에게 공이 패스됐고 펠레는 가슴으로 공을 받았다. 그리고는 곡예하듯 현란한 동작을 선보였다. 가슴으로 공을 트래핑하며 수비수 한 명을 제치고, 떨어진 공을 살짝 차 올려 달려드는 수비수 뒤로 넘기고는 그대로 몸을 돌려 공이 땅에 떨어지기 전에 골문 안으로 강하게 차 넣었다! 스웨덴 골키퍼는 멍하니 얼어붙었고, 수천 명의 관중들은 박수를 치며 열광적으로 환호했다. 스웨덴 관중들까지도 이 멋진 골에 환호하며 기립 박수를 보냈다.

"나는 그와 비슷하기라도 한 골을 본 적이 없었고, 앞으로도 다시 볼 수 있을지 의문이다. 정말 믿기 어려울 만큼 훌륭한 골이었다."

나중에 스웨덴 골키퍼가 한 말이다. 많은 사람들이 스웨덴 전에서 넣은 펠레의 골을 월드컵 역사상 가장 멋진 골 중 하나로 꼽는다. 결승전이 끝난 뒤 펠레는 브라질 팀의 최우수 선수로 선정되었다. 열일곱 살에 펠레는 축구의 전설이 되었던 것이다.

펠레는 브라질 팀을 이끌고 두 번 더 월드컵에서 우승했고(1962, 1970년), 월드컵에서 세 번 우승한 유일한 선수가 되었다. 또한 열한 차례의 브라질 내셔널 챔피언십 대회에서 자신의 소속팀 산투스를 아홉 번이나 우승시켰다. 펠레가 나타나기 이전까지는 한 선수가

펠레 Pele란 이름은 별 뜻이 없고, 축구를 같이 하던 친구들이 부른 별명이었다. 펠레 본인은 이 이름을 아주 싫어했고, 미국의 발명가 에디슨처럼 위대한 인물이 되라고 아버지가 지어준 이름 에드슨 Edson을 훨씬 더 좋아했다.

통산 1,000골을 기록하는 것은 불가능한 일로 여겨졌다. 하지만 펠레는 불가능한 일을 해냈다. 펠레는 22년의 선수 생활 동안 1,281골을 기록했던 것이다!

펠레는 어떻게 믿기 어려울 정도의 대단한 기록을 만들 수 있었을까? 진부하긴 하지만 열심히 했기 때문이라는 것이 대답이다. 펠레는 자신이 최선의 경기력을 보여 주지 못했다고 느끼면, 경기가 끝난 후에 혼자 남아 여러 시간씩 연습했다. 수천 시간에 달하는 이 고독한 연습을 통해 펠레는 아주 정확한 킥을 완성했고, 스피드를 향상시켰으며, 헤아릴 수 없이 많은 기술을 습득할 수 있었던 것이다.

브라질 사람들은 축구를 아주 심각하게 받아들인다. 1966년 런던 월드컵에서 브라질이 조별리그도 통과하지 못하고 탈락하자(*1승2패라는 월드컵 출전 사상 최악의 성적. 펠레는 2경기에 출전해 1골을 넣었고 2경기 째 당한 부상으로 더 이상 뛰지 못했다―옮긴이), 온 나라가 슬픔에 빠졌다. 창마다 검은 깃발이 걸렸고, 자살하려는 사람들을 막기 위해 많은 다리들이 폐쇄됐다.

펠레는 몇 가지 비밀 무기를 갖고 있었다. 축구 팬이 보기엔 펠레가 마치 초감각적 지각(ESP) 능력을 가진 것처럼 보인다. 그는 늘 다른 선수들이 어떻게 움직일지를 정확히 예측하고 있다. 펠레의 이런 능력은 너무나 비범해서, 브라질의 과학자들이 실제로 펠레를 연구했다고 한다. 과학자들이 알아낸 것은 펠레의 반응 시간이 보통 사람들보다 0.5초 정도 빠르다는 사실이었다. 그리고 펠레의 주변 시야 peripheral vision(앞쪽을 보면서 자신의 옆과 뒤를 볼 수 있는 능력)는 보통 사람보다 25% 정도 넓었다. 이러한 슈퍼맨의 시각을 갖고 있었기 때문에 펠레는 앞을 보는 상태에서도 측면에 있는 팀 동료에게 패스할 수 있었고, 상대 수비를 농락할 수 있었던 것이다.

5년 넘게 최고 수준의 기량을 유지하는 축구 선수는 아주 드물다. 하지만 펠레는 무려 22년 동안 세계 최고 수준의 기량을 과시했다! 오늘날의 축구 스타 중 한 시즌에 50골

이상을 기록하는 선수는 거의 없다. 꿈도 꾸지 못할 일이다. 하지만 1974년 펠레는 52골을 넣었다. 이전 세 시즌에서 100골 이상을 넣었기 때문에, 52골이란 기록은 펠레에게 은퇴할 시간이 됐다는 의미로 다가왔다. 펠레는 이미 엄청난 부자였고 어린 시절의 꿈을 충분히 이룬 상태였다. 미국 프로축구팀인 뉴욕코스모스 팀이 미국 내 축구 저변을 넓히기 위해 매년 280만 달러 연봉으로 3년 계약을 제의했다. 펠레는 뉴욕코스모스 팀을 미국 축구의 챔피언 자리에 올려놓았고, 그 후 영원히 은퇴했다.

펠레는 세계 축구 역사상 가장 위대한 선수였다. 일부 팬들은 모든 운동선수를 통틀어 가장 위대한 선수라고 주장하기도 한다. 펠레의 놀라운 재능으로 인해 축구가 각광을

받게 되었고, 곧이어 전 세계에서 가장 인기 있는 스포츠가 되었다. 1980년 국제부 기자들은 펠레를 세기의 스포츠맨으로 선정했고, 브라질 정부는 그를 체육부 장관에 임명했다. 1998년 펠레는 세계 인도주의 스포츠 명예의 전당 World Sports Humanitarian Hall of Fame에 헌액되었고, 브라질의 히우지자네이루 Rio de Janeiro에 있는 마라카냥 경기장 Maracana Stadium에는 그의 발도장 footprints이 영원히 보관되었다. 더

이상 축구 경기에 나서지는 않지만 펠레는 책을 쓰고, 연기하고, 작곡하고, 자신 소유의 국제적 사업을 관리하면서 바쁘게 살고 있다.

## 나는 이렇게 세상을 뒤흔들 거야!

나는 세상을 더 살기 좋은 곳으로 바꿀 수 있는 과학 분야의 새로운 발견을 하고 싶다. 그리고 평화를 위한 축구 경기에서 선수로 뛸 것이다. 나는 사람들의 생각을 바꿀 수 있는 영화도 만들고, 사람들이 세상의 사물을 보는 방식을 바꿔줄 소설도 쓸 것이다.

**브렌던 웨이던** Brendan Wathen ● 13세

# 이소룡

## Bruce Lee

**1940~1973년** │ 무술인이자 배우 │ 중국, 미국

밤하늘에서 떨어지는 빗줄기에 소룡의 머리칼이 얼굴에 달라붙었다. 소룡은 자기 학교의 어두운 옥상에 서 있는 열두 살배기 백인 소년들을 노려보았다. 그들이 비웃고 조롱하자 소년은 주먹을 꽉 움켜쥐었다. 이 싸움을 구경하기 위해 아이들이 모여들기 시작했고 몇 명은 건물 측면을 기어오르기도 했다. 지금 한 무리의 중국 소년들이 영국 소년 패거리와 맞서고 있었다.

"홍콩은 너희 것이 아냐!"

중국 소년 가운데 한 명이 소리쳤고, 두 패거리 간에 싸움이 시작되었다. 소룡은 이리저리 몸을 움직이며 피했다. 많은 친구들이 싸우는 것이 보였고 주먹과 발이 난무했다. 실컷 두들겨 맞고 땅에 쓰러지기 전까지 소룡이 제대로 된 주먹을 날린 것은 겨우 한 번뿐이었다. 정신을 잃어 가던 소룡에게 떠오른 마지막 생각은 '자신을 지키는 법을 더 배워야겠다'는 것이었다.

이것은 유명한 쿵푸 영화의 한 장면이 아니다. 이소룡의 첫 번째 실전 무술 경험이었다.

용의 해(1940년), 용의 시간에 샌프란시스코의 차이나타운에서 한 아기가 태어났다. 중국 사람들에게 행운과 힘을 상징하는 용이 둘이나 겹친 날이었다. 영어로는 브루스 리 Bruce Lee, 중국 이름은 전판(振藩)이었다. 그의 중국 이름은 그의 미래를 암시하는 바가 있었다. '외국을 뒤흔든다'는 뜻이었으니까.

브루스가 아직 젖먹이였을 때, 그의 부모는 브루스를 데리고 고향인 홍콩으로 이주했고, 이내 4명의 아이가 더 태어나 그들이 사는 아파트는 아이들로 북적거리게 됐다. 브루스의 고모가 다섯 명의 아이들과 하녀 한 명, 고양이와 개 몇 마리를 데리고 합류하자 아파트는 더 비좁아졌다! 브루스가 사람들과 동물들로 붐비는 방에서 다른 방으로 공이 튀듯 지칠 줄 모르고 뛰어다니자, 가족들은 그에게 '모시팅(가만히 앉아 있지 못하는 아이)'이란 별명을 붙여 주었다. 힘이 넘치는 이 아이를 한 자리에 붙잡아 둘 수 있는 것은 재미있는 책뿐이었다. 브루스는 지독한 근시라서 두꺼운 안경을 끼고 있었지만, 책 읽기를 아주 좋아했다.

아버지가 유명한 광동 지방 경극단의 배우였기에, 브루스는 태어나면서부터 배우들 사이에서 자라났다. 브루스가 처음 영화에 등장한 브루스는 기운이 너무 넘쳐서 잠자는 동안에도 가만히 있지 못했다. 그는 자고 있던 2층 침대에서 내려와 아파트 주위를 어슬렁거리기도 했다. 몽유병이었다!

것은 태어난 지 겨우 석 달이 됐을 때였다! 그때부터 열여덟 살 때까지 브루스는 20편이 넘는 중국 영화에 출연했다! 관객들은 브루스를 작은 용이란 뜻의 '소룡'이란 애칭으로 부르며, 그의 생생한 표현력과 강렬한 감정 연기를 사랑했다. 그러나 이때까지의 관심과 사랑은 이후 그가 얻게 될 인기와 명성에 비하면 아무것도 아닌 것이나 마찬가지였다.

브루스가 10대 소년이었던 시절, 홍콩은 팽팽한 긴장 상태에 있었다. 영국 식민지였던 홍콩에 거주하는 중국인들의 불만이 높아졌던 것이다. 중국 사람들은 식민지 지배자 영국인들로부터 많은 차별대우를 받았고, 영국계 소년들과 중국계 소년들 간의 싸움은 흔히 있는 일이었다. 열두 살 때 벌인 싸움에서 혼이 난 후 브루스는 무술을 배우기로 결심했다.

브루스는 번개처럼 빨랐다. 한번은 10센트짜리 동전을 기자의 손 위에 올려 놓고, 자신이 그 동전을 잡기 전에 빨리 주먹을 쥐어 보라고 했다. 기자는 재빨리 주먹을 쥐었지만, 주먹을 다시 풀고 보니 손바닥엔 10센트짜리 동전 대신 1센트짜리 동전이 있었다! 브루스의 동작이 너무 빨라 기자는 그가 자신의 손바닥 위에서 동전을 바꿔치기하는 것을 제대로 보지 못했다.

홍콩의 소년들이 쿵푸를 배우는 것은 미국 소년이 야구를 배우거나, 한국 소년이 태권도를 배우는 것만큼이나 흔한 일이었다. 열두 살 이후 5년 동안 브루스는 하루 6시간씩 매일 쿵푸를 배웠다. 열일곱 살 때 그는 문제아를 소재로 한 렌하이구훙(*人海孤鴻, 고아학교 교장 아들의 납치 사건을 다룬 영화. 1960년 홍콩에서 개봉해 대히트. 1989년 유덕화, 막소총 주연으로 리메이크되어 우리나라에는 '도시의 아이들'이란 제목으로 소개

됨 – 옮긴이)이란 중국 영화에 주연으로 출연했다. 렌하이구홍에서 브루스는 자신의 싸움 기술을 유감없이 보여 주었다. 영화는 성공했고, 이내 브루스는 더 많은 액션이 필요한 배역을 제의받는다. 하지만 그의 어머니는 아들이 액션 영화에 출연하는 것을 반대했다. 어머니는 아들이 학교에서 문제를 일으키고, 싸움질이나 하고 다니는 것이 늘 불안했던 것이다. 결국 브루스의 어머니는 아들을 미국으로 보내 자신의 친구와 함께 살게 했다. 브루스가 미국으로 떠났을 때 그의 나이는 열여덟, 가진 것이라곤 단돈 100달러뿐이었다.

브루스는 워싱턴 주 시애틀로 갔고, 거기서 부모님 친구가 운영하는 식당에서 일했다. 식당 일과 쿵푸 수련, 고등학교 공부를 하는 사이사이 브루스는 친구들에게 무술을 가르쳤다. 워싱턴 대학에 입학할 무렵에는 무술 제자들이 많이 늘어서 브루스는 자신의 무술 도장을 시작할 수 있었다.

그러던 중 사랑에 빠진 브루스는 또 다른 종류의 싸움을 해야 했다. 그가 사랑한 린다 에머리 Linda Emery는 백인이었고, 1960년대 당시 미국 백인 사회는 다른 인종과의 사랑이나 결혼을 용납하지 않는 분위기였기 때문이다. 어쨌거나 브루스와 린다는 서로 사랑했고, 결국 결혼에 성공했다. 두 사람 사이에선 아들 브랜든 Brandon이 태어났고, 부르스 가족은 샌프란시스코로 옮겨 갔다. 브루스는 그곳에서 무술 도장을 하나 더 열게 된다.

'용쟁호투'에서 브루스는 한 번도 상대를 진짜로 가격한 적이 없었다. 그는 불과 몇 센티미터 차이로 주먹이나 발을 빗나가게 했다. 음향을 녹음할 때는 닭 뼈를 부러뜨려 주먹질이나 발길질의 음향을 살렸다.

그의 쿵푸 실력은 소문이 났고, 브루스는 금방 헐리웃의 영화제작자들 눈에 띄었다. 텔레비전 시리즈인 '그린 호넷 The Green Hornet'에서 쿵푸를 잘하는 운전기사 역인 카토 Kato를 연기했고, 이후에도 몇 가지 배역을 더 따냈다. 하지만 브루스는 쇼 비즈니스 업계에 만연한 인종차별에 심한 좌절을 느꼈다. 아시아계 배우에게 주어질 배역은 거의 없었고, 각본에 아시아 사람이 하게 되어 있는 배역조차 백인들에게 주어지는 경우가 흔했다.

1970년 브루스는 등에 부상을 입게 되고, 배우로서의 경력도 주춤하게 되었다. 의사는 그가 다시는 무술을 할 수 없을 거라고 말했지만, 브루스는 그 말을 무시하고 재활을 위해 자신만의 방식으로 몸을 단련했다. 부상 때문에 꼼짝 못하는 동안 브루스는 싸움에 대한 자신의 철학을 정리해 집필했는데, 그 철학이 바로 절권도(截拳道 Jeet Kune Do)다. 절권도는 이소룡의 방식으로, 쿵푸의 신체 기술과 무술을 통해 내면의 조화를 이루는 법을 다루고 있다. 그 책은 지금 '절권도의 도 Tao of Jeet Kune Do'란 제목의 베스트셀러다.

아시아인에 대한 헐리웃의 차별대우에 좌절한 브루스는 홍콩으로 돌아가 영화를 만들기 시작했다. 그는 자신이 홍콩에서 스타가 돼 있었다는 사실에 놀랐다. '그린 호넷'은 홍콩에서 어마어마한 인기를 얻고 있었던 것이다. 등의 부상에서 완전히 회복된 브루스는 그의 첫 번째 히트작 '당산대형 The Big Boss'를 만들었고, 그 영화는 홍콩은 물론 아시아 전역에서 선풍적인 인기를 끌었다. 다음 작품인 '정무문 The Chinese Connection-Fist of Fury'에서는 인종차별주의자인 일본인들과 싸우는 무술 사범 역을 연기했다. '정무문'은 엄청난 성공을 거뒀고, 브루스는 중국인의 영웅이자 스타가 되었다. 브루스는 다음 작품 맹룡과강 The Way of the Dragon의 각본, 캐스팅, 연출, 주연을 도맡아 할 수 있었다.

　이제는 헐리웃 쪽에서 굽실거릴 차례였다. "넌 황인종에 불과해." 라고 브루스를 무시했던 미국 영화제작자들이 이제는 구걸하듯 자기네 영화에 출연해 달라고 애걸했다. 브루스는 딱 한 편의 미국 영화 '용쟁호투 Enter the Dragon(*홍콩의 골든하베스트사와 미국의 워너브러더스사의 공동 제작 – 옮긴이)'에 출연했지만, 아쉽게도 그가 출연하는 영화는 더 이상 볼 수 없게 되었다. '용쟁호투' 촬영을 마친 직후 브루스는 심각한 두통으로 쓰러졌다. 의사 말로는 알 수 없는 원인 때문에 브루스의 뇌가 부풀어 올랐다는 것이다. 브루스는 두통을 멎게 하려고 약을 먹고 잠이 들었고, 다시는 깨어나지 못했다. 그는 자신이 그 약에 알레르기가 있는지 몰랐다. 그 약은 브루스의 뇌를 더욱 팽창시켜 죽음에 이르게 만들었다. 인기의 절정기를 누리던 그는 서른셋의 나이에 세상을 떠났다.

　브루스는 불굴의 용기와 화려한 재능으로 사실상 쿵푸 영화를 발명하다시피 했다. 또한 헐리웃의 소수 인종 배우들이 활동할 수 있는 길을 만들었고, 성룡 Jackie Chan이나 제이슨 스타뎀 Jason Statham 같이 현재 잘나가는 액션 배우들에게 스타가 되는 문을 활짝 열어 주었다. 브루스는 새로운 쿵푸 철학인 절권도를 창안했을 뿐만 아니라 무술에 대한 일반 사람들의 생각을 혁명적으로 변화시켰다. 그는 다른 사람들의 편견이나 부당한 행동이 자신의 꿈을 방해하도록 내버려두지 않았다. 브루스는 전 세계 영화 팬들의 마음을 열고 들어갔으며, 그의 이름 전판 振潘에 걸맞게 '다른 나라들을 뒤흔드는' 삶을 살았다.

## 나는 이렇게 세상을 뒤흔들 거야!

나는 어릴 때부터 영화를 좋아했다. 그래서 나는 배우가 되어 세상을 뒤흔들 작정이다. 나는 자신이 정말로 연기에 소질이 있다고 믿고 있고, 배우는 정말 좋은 직업이라고 생각한다. 내가 따르고 싶은 영웅은 성룡이다. 그의 연기는 정말 쿨하고 재미있기 때문이다.

**마이클 맥고너걸** Michael McGonegal ● 12세

# 엘비스 프레슬리

## Elvis Presley

**1935~1977년 | 가수 | 미국**

젊은이는 기타를 움켜쥐었지만 여전히 손을 떨고 있었다. 이런 이런, 긴장한 거야? 그는 천장에 붙어 있는 방음 타일, 벽에 붙어 있는 타일, 그리고 그 앞에 있는 마이크 등을 둘러보았다. 그는 지금 그 유명한 '썬 레코딩 스튜디오'에 와 있었다. 그는 엄마에게 생일 선물로 줄 노래를 녹음하기 위해 스튜디오에 4달러를 지불했다. 당연히 스튜디오에선 그가 누군지 몰랐다. 하지만 그래도 여긴 썬 레코드사였고, 미국에서 제일 유명한 컨트리 가수며, 블루스 가수들이 녹음을 한 곳이었다.

"누구처럼 노래하고 싶은가요?"

녹음 부스 안에 있던 여자가 물었다.

"나는 누구하고도 달라요."

그가 대답했다. 그녀는 기름 바른 긴 머리와 구레나룻을 하고 진땀을 흘리는 이 10대 소년이 우스꽝스러웠지만, 그가 노래를 시작하자 그의 걸걸한 목소리가 점점 좋아지기 시작했다. 그녀는 메모지에 휘갈겨 썼다. '괜찮은 발라드 가수. 잡자!'

그가 녹음을 마치고 떠난 후 대기실에 있던 어떤 여자가 그녀에게 물었다.

"방금 노래한 사람이 누구죠?"

"몰라요, 그냥 어떤 앤데……"

"그가 누구건 간에 난 그 노래를 듣고 소름이 돋았어요!"

그녀가 엘비스 프레슬리의 노래를 듣고 소름이 돋았던 마지막 여자는 아니었다. 얼마 지나지 않아 그는 세상에서 가장 유명한 가수가 되었으니까. 엘비스가 입을 열기만 하면 여자들은 괴성을 지르고 머리를 쥐어뜯었다. 스튜디오에서 초조해 하던 이 아이는 나중에 로큰롤의 제왕이 된 엘비스 프레슬리였다.

로큰롤의 제왕은 찢어지게 가난한 집에서 태어났다. 프레슬리네 가족은 미국 미시시피 주의 투펄로 Tupelo에 있는 방 두 개짜리 '엽총 판잣집 shotgun shack(앞문과 뒷문을 열어 놓으면 아무 거치는 것 없이 그 사이로 총을 쏠 수 있다는 뜻에서 붙여진 이름이다)'에서 살았다. 그의 어머니 글래디스 Gladys는 목화 따는 일을 했고, 아버지 버논 Vernon은 일정한 직업이 없었다. 1935년 1월 어느 진눈깨비 내리던 날 새벽, 글래디스는 산통을 느꼈다. 글래디스는 너무 가난해 제대로 된 의료 서비스를 받을 수 없었고, 그날 새벽에 태어난 아이 제시 가론 Jesse Garon은 태어난 지 몇 시간이 안 돼 사망했다. 왕진 왔던 의사는 집으로 돌아갈 준비를 하다가 글래디스의 뱃속에 또 한 명의 아기가 있다는 것을 알고 깜짝 놀랐다. 이 때 뱃속에 있던 아이가 엘비스였다. 엘비스가 태어난 순간, 투펄로를 덮고 있던 검은 구름이 사라지고 아침 햇살이 환하게 비쳤다. 프레슬리 씨 부부는 이것이 하늘이 보낸 신호라고 확신했다. 신은 자신들의 아들을 위해 뭔가 계획을 갖고 있음이 틀림없어 보였다.

걸음마를 시작할 때부터 엘비스는 음악을 좋아했다. 그는 흑인들이 대부분인 동네에 살았고, 이웃인 흑인들이 부르는 노래와 음악을 들으며 자랐다. 글래디스는 엘비스를 교회에 데려가서, 아들이 미국 남부의 아름다운 복음성가를 들으며 뛰어놀 수 있도록 했다. 나중에 엘비스는 교회 음악이 자신의 음악에 영향을 주었다고 회고하며 이렇게 말했다.

"일부 성가들은 록큰롤처럼 크고 강한 리듬과 박자를 갖고 있었어요."

엘비스가 아직 어린 소년이었을 적에 비극이 가족을 덮쳤다. 가난에 허덕이던 엘비스의 아버지 버논이 수표를 위조했던 것이다. 경찰이 버논을 체포하자 글래디스는 "가족이 굶고 있어서 그랬던 거예요."라고 울부짖었다. 엘비스와 어머니는 친척집에 얹혀 지내게 되었고, 돈은 씨가 말랐다. 음악만이 엘비스의 탈출구가 돼 주었다. 그는 싸구려 주점에 숨어 들어가 흑인 뮤지션들이 연주하는 블루스를 들었다. 집으로 돌아와서는 자신이 골판지로 만든 기타를 두드리며 노래를 부르곤 했다.

"오, 아가야, 너 그러다가 이빨 다 망가질라!"

엘비스가 처음 노래를 불렀을 때, 삼촌이 건넨 말이었다.

열한 살이 되는 생일날, 엘비스는 부모에게 자전거를 사 달라고 했다. 돈이 없었던 부모는 대신 7.95달러짜리 기타를 선물했다. 새 기타를 갖게 된 엘비스를 말릴 사람은 아무도 없었다. 그는 누가 듣든 말든 기타를 치며 노래하고 또 노래했다. 초등학교를 졸업하기 전에 엘비스는 미시시피 주에서 주최한 박람회의 노래자랑 대회에 참가했고, 거기 모인 청중 200여 명은 엘비스의 노래에 열광했다. 엘비스는 지역 라디오 방송국 밖에 앉아서, DJ가 방송국 안으로 들어오라 할 때까지 방송국에서 틀어주는 노래를 따라 부르기도 했다. 열한 살짜리 소년 엘비스의 노래에 감동한 DJ는 그를 자신이 진행하는 쇼에서 노래하게 해 주었다.

1948년 프레슬리 부부는 더 나은 일자리를 찾아 테네시 주의 멤피스 Memphis로 이사했다. 엘비스는 친구가 없었고, 또래 소년들은 그를 가난한 동네에 사는 촌놈으로만 여겼다. 엘비스는 말 수가 적었고 다른 애들과 잘 어울리지 않았으며, 수업 시간에도 조용히 앉아 있었다. 이 시골 소년이 스타가 되겠다는 꿈을 갖고 있으리라고는 아무도 짐작하지 못했다.

외톨이로 지내긴 했지만 엘비스는 사람들 속에서 단연 돋보였다. 당시 젊은 남자들 사이에서 유행했던 머리 모양은 군인 스타일로 짧게 자른 소위 크루 컷 crew cut이었는데, 엘비스는 칠흑처럼 검은 색으로 염색한 긴 머리에 기름을 발라 올백으로 넘겼다. 당시 인기 있는 남자들은 스포츠를 즐겼고, 프레피 룩처럼 깔끔한 옷차림을 선호했다. 고등학교 교실을 보면 사내애들 대부분이 청바지에 티셔츠를 입고 페니 로퍼 penny loafers(*로퍼란 끈이 없어 신고 벗기 쉬운 남성용 구두, 그 중에 반달 모양 구멍이 뚫린 혀 장식이 달린 것을 페니 로퍼라고 한다 – 옮긴이)를 신었다. 그러나 엘비스는 달랐다. 교실에서도 단연 눈에 띄었다. 검은 머리, 검은 눈에 분홍색과 검정색이 섞인 바지, 거기에 분홍색 스포츠 코트를 걸치고 표정은 늘 냉소적이었다.

"너 그딴 식으로 입으면 아무하고도 어울릴 수 없어."

친구 하나가 엘비스에게 말했을 때, 엘비스는 씩 웃으며 이렇게 대답했다.

"그게 내가 바라는 거야."

고등학교를 졸업한 뒤, 엘비스는 트럭 운전사로 일하며 쇼 비즈니스 업계에 들어갈 길을 찾고 있었다. 어머니 생신 기념 음반을 선물한 지 1년도 안 돼서 엘비스는 큰 기회를 잡았다. 썬레코드사는 발라드 곡 음반을 하나 만들어야 했는데, 노래 부를 가수가 없었다. 썬레코드는 구레나룻을 길렀던 한 아이를 기억해냈고, 그에게 기회를 주기로 했다. 열아홉 살 엘비스는 세 시간 내에 녹음실로 오라는 썬레코드 측의 전화가 믿기지 않았다. 20분 후 숨이 턱에 찬 10대 청년 한 명이 스튜디오에 도착했다. 엘비스는 전화를 끊자마자 녹음실까지 내리 달려왔던 것이다.

엘비스는 전 세계에서 가장 악명 높은 춤꾼이었지만, 자신이 주최한 파티나 무도회에서는 절대로 춤추지 않았다. 나중에 그는 젊은 시절 춤을 옷줘서 망쳐 버린 데이트 사건을 고백하기도 했다.

그러나 회사 측이 자신이 부른 노래를 마음에 들어 하지 않자 엘비스는 공황상태에 빠졌다. 하지만 그는 '괜찮아요 (엄마) That's All Right (Mama)'라는 노래를 불러서 레코드사 사람 모두를 한방에 보내 버렸다. 그 노래는 복음성가, 컨트리, 블루스를 혼합한 것이었는데, 엘비스 특유의 목소리가 완전히 새로운 느낌을 만들어냈다. 멤피스 라디오 방송국은 신이 났다. '괜찮아요'를 틀 때마다 방송국에 전화가 쇄도했던 것이다.

엘비스에 대한 소문은 멤피스를 넘어 미국 전역으로 퍼져 나갔다. 엘비스가 라디오 쇼에 출연하고 콘서트를 하며 남부 지방을 돌자, 그의 노래를 듣고 매료되어 비명을 지르는 팬이 계속해서 늘어났다. 1955년 RCA레코드사로부터 연락이 왔다. RCA레코드는 썬레코드에 40,000달러를 지불하고 떠오르는 스타 엘비스를 전속시켰고, 엘비스에게는 5,000달러의 보너스를 주었다. 엘비스가 받은 돈은 그때까지 팝 가수에게 지불된 최고 액수였고, 엘비스 입장에서도 난생 처음 만져 보는 큰돈이었다. RCA레코드사로서는 엄청난 도박을 한 것이다.

1950년대 미국인들은 프랭크 시나트라 Frank Sinatra 나 도리스 데이 Doris Day 와 같은 소위 빅밴드 스타(오케스트라와 유사하게 편성된 밴드와 함께 노래하는 가수)의 노래를 즐겨 들었다. 음악은 흠잡을 데 없었지만, 결코 진보적이라 할 수는 없었다. 새로운 형식의 음악 로큰롤 rock 'n' roll 이 태동하고 있었지만, 대개는 척 베리 Chuck Berry, 리틀 리처드 Little Richard, 팻츠 도미노 Fats Domino 와 같은 흑인 뮤지션들만 관심을 갖고 있었다. 대부분의 백인들은 로큰롤을 몰랐다. 백인이 운영하는 라디오 방송국에선 흑인 뮤지션들의 음악을 틀어 주지 않기 때문이다. 10대들은 뭔가 새로운 것, 뭔가 좀 더 위험한 것에 굶주려 있었고, 엘비스는 완벽한 시점에 음악계를 강타했다. 엘비스에 관련된 모든 것이 색다르고 반항적이었다. 엘비스가 입는 옷에서부터 머리 스타일, 음악, 춤까지 정말이지 모든 것이 새로웠다. 뮤지션 밥 딜런 Bob Dylan 은 말했다.

"엘비스의 노래를 처음 듣는 순간, 마치 감옥을 부수고 탈출한 것 같았어요."

당시의 엘비스는 오늘날의 레이디 가가 Lady Gaga 와도 같은 논란을 불러일으켰고, 부모들 역시 지금의 레이디 가가를 싫어하는 만큼이나 그를 싫어했다.

스물한 살이 된 직후, 엘비스는 RCA에서 첫 싱글 음반 'Heartbreak Hotel'을 녹음했다. RCA레코드의 모든 임원이 그 노래를 싫어했고 그 노래를 확실한 '폭탄 bomb(*대실패를 의미하기도 한다 – 옮긴이)' 이라고 불렀다. 그러나 모두의 예상을 깨고 RCA의 도박은 성공했다. 'Heartbreak Hotel'은 차트 1위를 차지했고, 100만 장 이상 팔렸다. 텔레비전 쇼로부터 출연 요청이 쇄도했다. 엘비스를 진짜 스타로 만든 것은, 미국 1위의 텔레비전 프로그램인 '에드 설리번 쇼 The Ed Sullivan Show'였다.

5,400만 명이 시청하는 가운데, 이제 막 유명세를 탄 가수가 기타를 치며 짐승처럼 소리쳤다.

"I'm ready to rock and roll!(나는 로큰롤을 할 준비가 되어 있어!)"

방청석의 10대들이 흥분하기 시작했다. 남자애들은 발을 구르며 아우성을 쳤고, 여자애들은 비명을 지르고 머리를 쥐어뜯었다! 그러나 쇼를 시청하는 부모들은 장발에다 불량소년 같은 엘비스를 보고 돌아 버릴 지경이었다. 엘비스의 춤은 너무 충격적이어서 TV 카메라는 엘비스의 허리 위쪽만을 화면에 잡았다. 그의 춤은 마치 통제할 수 없는 경련이 양쪽 다리를 타고 오르내리는 것 같았다. 이 다리의 경련이 엘비스의 몸통을 요동치게 했고, 마치 감전이라도 된 듯 떨게 만들었다.

엘비스는 '골반왕 엘비스 Elvis the Pelvis', 혹은 '더럽게 저속하다'는 말로 조롱당했다.

그러나 쇼가 끝날 무렵, MC 에드 설리번은 남부 사람다운 엘비스의 반듯함에 끌렸고, 쇼를 보고 있는 수백만 시청자에게 이런 말을 던졌다.

"정말 예의바르고 멋진 소년이네요."

엘비스는 에드의 쇼에 세 번 출연하고 50,000달러를 받는 기록을 세웠다. 하지만 무엇보다 중요한 것은 설리번의 말로 인해 부모들과 비평가들이 잠잠해졌다는 사실이다.

노래에 대한 꿈이 이루어진 것처럼, 엘비스가 갖고 있던 또 하나의 꿈, 영화 스타가 되겠다는 꿈도 날개를 달았다. 1956년 엘비스는 첫 영화, 'Love Me Tender'에 출연했다. 이후 10년 동안 그는 10여 개 영화에서 주연을 맡았다. 'King Creole', 'G.I. Blues', 'Blue Hawaii', 'Viva Las Vegas' 등이 그것이다. 대부분이 우스꽝스런 뮤지컬이었지만 나름 인기가 있었고 큰돈을 벌어 들였다.

가난에 몸부림치던 세월을 보낸 뒤, 엘비스는 백만장자가 되었다. 그리고 돈을 정말로 물 쓰듯 쓰며 즐겼다! 쇼핑한 옷으로 옷장을 가득 채웠고, 10여 대의 차를 굴렸다. 무엇보다 그를 행복하게 했던 일은 멤피스에 자신의 저택 '그레이스랜드 Graceland'를 구입한 것이었다. 엘비스의 어머니, 아버지, 할아버지가 이 저택으로 옮겨 왔고 마당에는 오리 8마리, 공작 2마리, 칠면조 1마리, 돼지 2마리, 그리고 당나귀 4마리를 길렀다!

1958년 인기가 절정에 올랐을 때, 엘비스는 미 육군에 징집됐다. 미국 국민 대다수는 엘비스가 연예 사병 같은 쉬운 임무를 하며 특별 대우를 받을 거라고 생각했지만, 엘비스는 다른 병사들과 똑같이 군대생활을 하고 싶어 했다. 오래 동안 아웃사이더였던 그는 그저 평범한 사내가 되고 싶었던 것이다. 엘비스는 그 유명했던 머리 스타일조차 보통 젊은이들의 크루 컷으로 바꿨다. 그는 독일에 있는 기지에서 열심히 복무하며 다른 병사들로부터 '괜찮은 녀석'이라고 인정받았다. 엘비스의 상관은 말했다.

"내 휘하에 96명의 병사가 있었지만, 프레슬리보다 나은 녀석은 없었다."

엘비스가 군복무 중이던 1961년, 어머니가 돌아가셨다. 어머니와 각별했던 엘비스는 어머니의 마지막을 지키지 못했다는 죄책감과 함께 크나큰 비탄에 빠져들었다. 하지만 이렇게 슬픔에 젖어 있는 동안, 엘비스는 미래의 아내를 만난다. 프리실라 뷸리우 Priscilla Beaulieu 는 독일 주둔 육군 대령의 딸이었고, 당시 열네 살이었다. 1967년 프리실라가 스무 살이 되자마자 두 사람은 결혼했다. 그리고 1년 후, 두 사람 사이에 딸 리사 마리 Lisa Marie 가 태어났다.

1970년 엘비스의 생활에 문제가 생기기 시작했다. 1년 내내 이동하며 공연을 계속하던 끝에 결혼 생활이 파경을 맞은 것이다. 고지방 위주의 식습관은 심각한 체중 문제를 불러

젊은이들 모두가 엘비스처럼 되고 싶어 했다. 엘비스가 육군에 입대한 뒤 입대 지원자가 무려 25%나 늘었다!

왔다. 72Kg이던 몸무게가 136Kg까지 불었다! 또한 쉬지 않고 계속되는 이동과 몸에 부담이 갈 정도로 힘든 공연을 소화하느라 엘비스는 만성적인 등의 통증과 불면증에 시달렸다. 의사는 강력한 수면제와 진통제를 처방해 공연을 계속할 수 있게 해 주었다. 엘비스는 곧 약물에 중독되었다. 친구와 가족의 걱정에도 불구하고, 엘비스는 공

연을 멈추지 않았다. 그는 무엇보다 자신의 공연을 사랑했기에 사람들에게 이렇게 말하곤 했다.

"나는 무대 위에서 죽는 것이 소원이야."

1977년 8월 16일 마침내 마흔두 살이 된 엘비스의 육체는 힘을 다 소진했다. 무대 위가 아니라 집에서였다. 엘비스는 눈을 감았고, 멤피스에 있는 포리스트힐즈 공동묘지 Forest Hills Cemetery에 묻혔다. 수만 명의 팬이 그의 무덤에 들러 작별인사를 했다. 도굴꾼들이 엘비스의 시신을 훔치려고 한 사건이 있은 후, 그의 무덤은 그레이스랜드로 옮겨졌다. 엘비스의 마지막 안식처는 그레이스랜드 안에 있는 명상의 정원이다.

엘비스는 그레이스랜드 저택에 있는 18개나 되는 방을 자신의 취향대로 장식했다. 그가 꾸민 '정글의 방'은 바닥뿐 아니라 벽과 천정까지도 녹색 카펫을 덮었다. 방 안에는 폭포를 만들었고 동물의 뿔로 만든 가구를 배치했다.

투펄로에서 온 이 아웃사이더는 충만한 삶을 살았고, 인기와 돈, 존경까지 꿈꿨던 모든 것을 얻었다. 엘비스가 태어난 '엽총 판잣집'은 이제 역사적 명소가 됐다. 그가 살던 저택 그레이스랜드는 매년 60만 명의 사람이 방문해, 미국 내 집을 테마로 한 관광 상품 중 다섯 손가락 안에 드는 인기를 누리고 있다. 그레이스랜드 앞을 지나는 길은 이제 엘비스 프레슬리 대로 Elvis Presley Boulevard라 불린다.

엘비스는 자신의 노래에 혼신의 힘을 쏟아 부었다. 그 중에서도 'Don't Be Cruel', 'Hound Dog', 'Blue Suede Shoes', 'All Shook Up', 'Jailhouse Rock', 'Are You Lonesome Tonight?' 등의 노래는 명곡으로 꼽힌다. 엘비스는 흑인 음악과 백인 음악 간의 장벽을 허문

최초의 가수였고, 그렇게 해서 음악계를 영원히 변화시켰다. 엘비스가 없었다면 우리는 지금 힙합 대신 비밥(*재즈의 일종 – 옮긴이)을 듣고 있을지도 모른다. 엘비스는 진정한 로큰롤의 제왕이었다.

## 지금 세상을 흔들고 있는 소년!

**저스틴 비버** Justin Bieber

열두 살 저스틴 비버는 캐나다의 장기자랑 프로그램인 '스트래트포드 아이돌'에서 2위에 입상한 후, 자신의 동영상 몇 개를 유튜브에 올렸다. 가족과 친구들에게 보여 주고 싶어서였다. 저스틴은 어셔Usher나 스티비 원더Stevie Wonder 같은 우상들의 노래를 리메이크하면서, 원곡에 자신만의 해석이나 느낌을 덧붙여 노래했다. 수백만의 사람들이 저스틴의 동영상은 다운받았다. 그 동영상을 본 매니저가 즉시저스틴과 계약했고, 이제 저스틴 비버는 누구나 아는 이름이 되었다. 그는 온 세계를 돌아다니며 음악계를 흔들고 있다.

# 달라이 라마

## Dalai Lama

1935년~ | 종교 지도자이자 정치 지도자 | 티베트, 인도

우주가 지속하는 한, 그리고 생명 있는 존재들이 남아 있는 한,
나는 여전히, 세상의 고통을 없애기 위해 애쓸 것이다.

**달라이 라마** Dalai Lama

진흙으로 지어진 오두막은 어둡고 추웠으며, 등불 하나만이 방을
밝히고 있었다. 대상 隊商들은 이토록 궁벽한 곳에 있는 이 허름한 집
이 그들이 찾는 곳이 맞는지  믿을 수 없었지만, 혹시 모를 경우에 대
비해 수십 가지 물건들을 조심스럽게 펼쳐놓았다.

"이 중에서 네 것을 골라라."

가장 나이 많은 상인이 어린 소년에게 작은 소리로 말했다. 소년의
부모는 아들이 북을 하나 집어 들고, 그 다음에는 낡은 염주를 집어
들자 어리둥절해 했다.

"이거 내꺼. 이거 내꺼."

소년은 확신에 찬 어조로 물건을 집어 들 때마다 말했다. 상인들은

깜짝 놀랐다. 소년이 집은 것들은 죽은 두령이 쓰던 물건들이었다. 소년은 정확히 골랐다. 상인들은 자신들이 결국 그를 찾아낸 것이라 생각했다.

하지만 상인들의 심장이 철렁 내려앉는 일이 일어났다. 소년은 거의 똑같이 생긴 두 개의 지팡이를 뚫어져라 쳐다보며 마지막 선택을 망설이고 있었던 것이다. 그렇다면 이제까지 고른 것은 우연이었단 말인가? 상인들이 희망을 포기하려는 순간, 소년은 웃으며 지팡이 하나를 집어 들었다. 그러자 어른들 모두 안도의 한숨을 내쉬었다.

늙은 상인이 기쁨에 겨워 소리쳤다.

"예언은 옳았다! 우리가 달라이 라마를 찾았다!"

소년의 부모는 상인들이 변장을 지우고 본색을 드러내자 놀라움에 숨을 멈췄다. 상인들은 사실 신성한 도시 라싸 Lhasa에서 온 고위 성직자들이었고, 그들은 여러 해를 찾아다닌 끝에 마침내 티베트의 차기 성왕 聖王을 찾아냈던 것이다.

중국과 인도 사이, 히말라야 산맥 높은 곳에 위치한 티베트는 불교 국가다. 불교를 숭상하는 사람들은 환생을 믿었다. 한 사람이 죽게 되면, 그 영혼은 다른 생명체의 형태를 빌어 다시 태어난다는 것이다. 티베트 사람들은 자기들의 지도자인 달라이 라마가 1300년대에 티베트를 통치했던 원조 달라이 라마의 환생이라고 한결같이 믿었다. 달라이 라마가 세상을 떠나면, 티베트 사람들은 달라이 라마의 영혼이 환생한 어린아이를 찾아내야만 했다.

제 13대 달라이 라마가 사망하자 티베트 당국은 그의 환생을 찾기 위해 전국을 샅샅이 뒤졌다. 그러던 중 티베트 동북부의 작은 마을에 미래의 달라이 라마인 라모 돈둡 Lhamo Dhondrub이 태어났다. 1935년의 일이었다. 라모 돈둡은 티베트의 여느 소년들처럼 평범하게 키워졌지만, 늘 특이한 구석이 있었다. 말을 시작하자마자 이 비범한 소년은 자신의 고향이 실제로는 라싸라고 말했고, 식사를 할 때는 자기 아버지가 아니라 자신이 상석에 앉아야 한다고 주장했다!

한편 라싸에서는 승려들이 환생한 지도자를 찾기 위한 작업이 진행된다. 명상에 들어 비전을 보는 것이다. 신성한 호수의 물을 들여다본 승려들은 거기서 붉은 지붕을 한 사원과 특이한 나무로 만든 빗물받이가 있는 집을 보았다. 여러 해 동안 조사한 끝에 승려들이 명상 중에 본 집은 두 살배기 라모의 집임이 밝혀졌다.

선대 달라이 라마가 남긴 소지품으로 소년을 시험한 끝에, 승려들은 그 새로운 지도자와 가족을 라싸로 데려왔다. 그리고 라모는 곧 포탈라 궁으로 옮겨졌다. 여느 사람 같으면 수천 개의 방이 있는 포탈라 궁으로 들어 달라이 라마가 포탈라 궁을 떠날 때는 항상 작은 가마를 탔다. 그 뒤를 100명이 넘는 사람들과 궁에 소속된 말들, 그리고 새장까지 줄지어 따랐다.

가는 일이 흥분될 법도 하겠지만, 어린 라모는 낙담했다. 돌로 만들어진 궁전은 어둡고 추워서 마치 지하 감옥 같은데다 더 이상 가족과 함께 살지도 못하게 됐던 것이다. 무엇보다 안 좋은 것은 궁전 안엔 또래의 아이들이 없다는 사실이었다. 라모의 놀이 친구는 늙은 승려들뿐이었고, 외로웠던 라모는 자기 방에 사는 쥐들을 애완동물 삼아 키우기까지 했다고 한다!

달라이 라마는 열다섯 살이 될 때까지 이렇게 외롭게 살았다. 그가 열다섯 되던 해에 중국이 티베트를 침공했고, 달라이 라마는 빨리 어른이 되어야 했다. 수백 년 동안 티베트와 중국은 티베트가 독립국가인지 아닌지를 두고 논쟁을 벌여 왔다. 1950년 중국은 티베트를 무력으로 침공함으로써 해묵은 논쟁을 일방적으로 끝내 버렸다. 당시 나라를 통치하기 위한 훈련을 받고 있던 십대 소년 라마는, 예정했던 것보다 2년 먼저 나라를 다스리는 책임을 떠맡게 되었다. 달라이 라마는 다른 나라들의 도움을 기대했지만, 작은 나라에 불과한 티베트를 돕기 위해서 초강대국인 중국의 심기를 거스르고 싶어 하는 나라는 하나도 없었다. 달라이 라마는 혼자 힘으로 중국과 맞서야 했다.

그는 조국을 제대로 이끌기 위해 전심전력했지만, 중국에 점령된 티베트 국민들의 생활은 악화일로를 걸었다. 불교 사원은 파괴됐고, 수백 명의 승려들이 투옥되었다. 감옥에 갇힌 승려들은 굶주리고 고문당하고 살해당했다. 농민들은 강제노동수용소로 보내졌고, 그들의 토지는 티베트로 이주한 중국인에게 지급됐다. 불교가 폭력을 금하고 있고 티베트에는 군대가 없었음에도 불구하고, 1959년 티베트 민중은 중국에 대항해 봉기했다. 그러나 티베트 민중은 중국의 거대 군사력에 상대가 되지 않았다. 민중 봉기는 제압되었다.

달라이 라마가 탈출하고 나서 몇 해 뒤, 불교와 티베트 말이 중국 당국에 의해 불법화되었다. 달라이 라마의 사진을 간직하면 사형이 내려졌다. 100만 명 이상의 티베트 사람이 살해당했다. 달라이 라마가 탈출할 당시 3,000개에 근접했던 불교 사원은 이제 9개만 남았다.

봉기가 수포로 돌아간 뒤, 중국 당국이 달라이 라마를 살해할까 두려웠던 티베트 사람들은 포탈라 궁을 둘러싸고 인간 방패를 만들었다. 티베트 사람들이 만든 인간 방패는 일주일 동안 중국 군대와 대치했다. 중국군이 군중을 향해 총격을 시작한 후에도 티베트 사람들은 자리를 떠나지 않았다. 달라이 라마는 국민들이 자신을 지키기 위해서 기꺼이 목숨을 버릴 거란 사실을 알았다. 달라이 라마는 그냥 가만히 앉은 채 나라가 산산조각 나고 백성들이 죽어가는 꼴을 보고 있을 수 없었다.

달라이 라마는 007 영화 같은 탈출 계획을 꾸몄다. 그의 유일한 희망은 외부 세계로부터 도움을 얻는 것이었다. 하지만 어떻게 해야 도움을 얻을 수 있을까? 궁은 포위되어 있고, 도처에 중국 군인들이 깔려 있었다. 가장 가까운 외국이래야 몇 주 동안 얼어붙은 히말라야 산맥을 통과해야 도착할 수 있을 것이었다. 밤의 어둠을 빌어 달라이 라마는 궁궐 호위병으로 변장하고 몰래 궁을 빠져나왔다. 마치 기적처럼, 안경을 쓰지 않은 성스러운 지도자를 아무도 알아보지 못했다!

이제 말을 타고 적국의 영토를 통과하는 보름 동안의 끔찍스런 여정이 시작됐다. 이내 힘겨운 여정, 부족한 잠, 조악한 음식이 화를 불렸다. 달라이 라마를 포함해 일행 대부분이 심각한 병에 걸린 것이다. 달라이 라마는 걸을 수가 없어서, 야크 등에 몸을 묶고 이동해야 했다.

마침내 국경을 넘어 인도에 들어갔다. 생명을 건 위험한 모험은 일단 끝났지만 진짜 일은 이제부터 시작임을 달라이 라마도 알고 있었다. 달라이 라마는 인도 히말라야 지역의 고원지대에 있는 다람살라 Dharamsala에 티베트인들의 공동체를 건설했고, 그곳에서 티베트 사람들은 10년 만에 처음으로 자유롭게 신앙생활을 할 수 있었다. 1963년 달라이 라마는 티베트 정부를 새로 만들고 최초의 민주 헌법도 제정했다.

달라이 라마는 '지혜의 바다'란 뜻이다.

달라이 라마가 탈출한 후 50년이 넘게 흘렀지만, 아직도 티베트는 중국의 압제 아래 있다. 지금 티베트 국내에는 중국 이주민들의 숫자가 티베트 원주민 인구보다 많고, 티베트의 고대 종교와 전통은 조국을 떠나 다람살라에 자리를 잡은 티베트 사람들에 의해서만 지켜지고 있다. 지난 50여 년 간 달라이 라마는 이 같은 부당한 처사에 항의하기 위해 전 세계를 돌아다녔다. 세계는 달라이 라마가 전하는 메시지에 반응을 보이기 시작했다. 그는 1989년 노벨 평화상을 수상했다. 평화를 위한 그의 노력에 125개가 넘는 상과 훈장이 주어졌다. 세계의 정치 지도자들, 헐리웃의 유명 연예인들, 중요 언론 매체들이 정기적으로 티베트를 지

1966년 미국 워싱턴 주의 시애틀에서 티베트 라마의 환생인 소년이 발견되었다. 그 소년은 겨우 두 살 때, 공부를 위해 네팔에 있는 불교 수도원으로 보내졌다.

지하는 발언을 하고, 중국 정부에 대해 티베트에 대한 강압 정책을 바꾸라는 압력을 넣고 있다.

목표를 달성하는 길은 아직도 험하지만, 달라이 라마는 티베트 국민의 영혼을 구원했다. 인도에 있는 티베트 공동체는 번성하고 있고, 중국의 온갖 방해 술책에도 불구하고 지금 전 세계는 티베트의 고통에 주목하고 있다. 달라이 라마는 전쟁과 증오로 가득한 세상에서도 우리가 선택할 의사만 있다면 갈등을 평화롭게 해결할 수 있음을 되새기게 한다. 궁전 안에 갇힌 채 성장했던 소년은 이제 전 세계를 돌며 평화의 메시지를 전하고 있다. 그는 이렇게 말한다.

오늘날 우리가 맞닥뜨린 문제들, 즉 폭력을 수반한 갈등, 자연 파괴, 빈곤, 기아 등은 대개가 인간이 만들어낸 것입니다. 그 문제들은 해결 가능하지만 오직 인간의 노력, 이해, 형제애를 통해서만 해결될 수 있습니다.

## 나는 이렇게 세상을 뒤흔들 거야!

나는 집 없는 사람들이 거리에서 자고 있거나, 마약을 하거나, 구걸하는 것을 자주 본다. 이 사람들을 마약 중독자, 거지, 해충이라고 보는 사람도 있지만, 나는 이들을 자포자기하고 생계가 막연한 사람이라 본다. 나는 그들이 거주할 집을 갖게 되고 다른 사람들로부터 사랑받게 되기를 바란다. 노숙자에게 집과 가정을 만들어 주는 것이 내 소원이다.

**샘 버가스** Sam Bugas ● 13세

# 마우 피아이루그

## Mau Piailug

**1932~2010년** | **탐험가** | **미크로네시아**

바다를 읽을 수 있으면, 마음속에서 섬을 볼 수 있으면
결코 길을 잃지 않을 것이다.

**마우 피아이루그** Mau Piailug

마우는 축하 의식 진행자가 자신의 이마와 가슴에 약초를 바르는
동안 환호성을 지르고 싶었다. 그 의식은 마우가 이제 진정한 팔루
palu가 된다는 의미였다. 팔루란 오직 자연에만 의지해 바닷길을 안
내하는 전통 항해사이다. 태평양에 있는 작은 섬 사타왈 Satawal에 사
는 사람들에게 팔루는 추장보다도 중요했다!

의식 진행자가 약초 바르는 일을 끝내자, 주민들이 마우의 목에 꽃
다발을 걸어 주고 지식을 상징하는 강황 turmeric을 몸에 뿌렸다. 모두
함께 물고기, 거북, 빵나무 열매로 잔치를 벌였다. 마우는 자신이 영
웅이라도 된 것처럼 느껴졌다.

마우는 1932년 미크로네시아 군도의 사타왈 섬에서 태어났다. 그

의 본명은 피우스 피아이루그 Pius Piailug였지만, 배를 모는 독특한 버릇 때문에 마우라는 별명을 얻게 되었다. 마우마우 Maumau는 '강하다'란 의미였고, 마우는 누가 봐도 강한 뱃사람이었다.

마우의 할아버지 랑기피 Raangipi는 마우가 아주 어렸을 때부터, 조수가 드나드는 바위 웅덩이 안에서 손자를 놀게 했다. 웅덩이 속에서 마우는 바위 주위를 휘돌아 육지로 밀려 올라갔다가 급하게 바다로 퇴각하는 바닷물의 움직임을 느낄 수 있었다. 마우가 좀 더 자랐을 때 랑기피는 마우를 커다란 카누에 태우고 깊은 바다로 나가기 시작했다.

심한 배 멀미를 할 때면, 마우는 할아버지가 자신에게 정해 준 운명을 의심하기도 했다. 속이 뒤집히고 목이 타는 듯 느껴졌고, 배가 뒤집히는 것을 막기 위해 필사적으로 난간을 움켜쥐어야 했다. 그렇지만 할아버지는 배 멀미를 이기는 묘책을 알고 있었다. 그는 어린 마우를 카누 뒤에 묶고, 바닷물 속으로 끌고 갔다. 대양의 물보라가 마우의 얼굴을 때렸다. 믿거나 말거나 할아버지의 처방은 효과가 있었다! 이후 마우는 배 멀미를 하지 않게 된 것이다.

다음 단계는 별자리 기억하기였다. 랑기피 할아버지는 해변에 교실을 열고, 산호 자갈을 모래밭 위에 늘어놓아 별자리 모양을 만들었다. 그런 다음 배를 나타내는 야자 잎도 놓았

항해사는 새들과 물고기들로부터 자신의 배가 어디에 있는지에 대한 정보를 많이 얻는다. 단 맛이 나는 물고기는 근처에 강이 있음을 말해주므로, 육지 역시 가깝다는 의미다. 어떤 새들은 바다 멀리까지 나와 물고기를 사냥하고 온종일 바다 위를 날아다니지만, 주로 육지에 살면서 하루 중 몇 번만 바다로 나와 물고기를 사냥하는 새들도 있다. 이런 새들이 보이면, 육지가 가까이 있다는 것을 알 수 있는 것이다.

다. 마우는 매일 밤 별들이 어떻게 동쪽 하늘로부터 서쪽 하늘로 움직여 가는지, 그리고 한 해 동안 별들의 위치가 어떻게 바뀌는지를 배웠다. 또한 마우는 근처에 육지가 있을 때 파도가 변하는 방식과 그때 볼 수 있는 새들의 종류, 그리고 배가 섬에 가까워졌음을 알려주는 새들의 행동에 대해 배웠다. 할아버지가 가르쳐 주신 그런 세세한 것에 주의를 기울이기만 하면, 결코 바다에서 길을 잃지 않았고 아무리 작은 섬이라도 제대로 찾아갈 수 있었다.

마우가 열세 살 때 할아버지가 돌아가셨다. 그 후 5년 동안 마우는 아버지와 함께 항해술을 공부했다. 마우가 열여덟 살이 되자, 섬 주민들은 그에게 '팔루'라는 영예를 안겨 주었다. 마우는 자신의 일과 할아버지가 가르쳐 주신 모든 것이 더할 나위 없이 자랑스러웠다.

사타왈 섬은 길이 1.6킬로미터, 폭 800미터에 불과한 작은 섬이었고, 거기서 가장 가까운 섬은 220킬로미터나 떨어져 있었다. 식량과 의복을 비롯한 생필품은 모두 배로 운반해야 했다. 오늘날엔 배가 한 달에 한 번 오지만, 마우가 어렸을 때는 석 달에 한 번씩 다녔다. 사타왈 섬의 주민들은 깊은 바다에 사는 물고기를 잡는 법을 터득해야 했다. 식량을 싣고 오는 다음번 배가 예정보다 많이 늦어질 수도 있었기 때문이다.

마우도 가끔 물고기를 잡기는 했지만, 할아버지와 아버지로부터 배운 항해술 덕분에 다음번에 올 배를 기다릴 수 없을 만큼 너무 중요한

호쿨레아 Hokule'a는 '반가운 별'이란 뜻으로, 북반구 하늘에서 두 번째로 밝은 별인 아르크투르스 Arcturus(*대각성 大角星, 목동자리에서 가장 밝은 알파별로 봄철 밤하늘에서 가장 찾기 쉽다 - 옮긴이)를 가리킨다.

191

것이 필요할 땐 팔라우 Palau나 괌 Guam, 혹은 다른 섬까지 배를 몰고 갈 수 있었다. 그는 나침반이나 지도를 전혀 사용하지 않고도 늘 목적지에 도착했다.

1973년 마우는 하와이에 사는 조카사위인 마이크 맥코이 Mike McCoy를 방문했다. 마이크가 폴리네시아항해협회 Polynesian Voyaging Society가 주최한 회의에 참석해 달라고 초청한 것이다. 호기심이 동한 마우는 초청에 응했다. 회의에 참석한 사람들이 궁금해 한 것은 '고대의 뱃사람들이 현대의 선박만큼 먼 거리를 항해할 수 있었을까?'였다. 그들은 특히 하와이 섬과 타히티 섬 사이의 뱃길 3,200여 킬로미터를 항해할 수 있는지 검증하고 싶어 했다. 용감하고 총명한 남자들이 한 달 넘게 걸리는 먼 거리까지 항해했다는 이야기가 전해 내려오고 있기 때문이다. 현대의 선원들은 나침반을 쓰지 않고 그렇게 먼 거리를 정확하게 항해하는 일은 불가능하다고 주장했다. 항해사가 항로를 몇 분의 일 도만 벗어나더라도, 목표로 하는 섬을 완전히 잃어버리기 때문이다.

어느 쪽이 옳은지 가릴 수 있는 방법은 하나뿐이었다. 실제로 해 보는 것! 그제야 마우는 왜 자신을 회의에 초청했는지 알아차렸다. 폴리네시아항해협회는 이미 배를 준비해 놓은 상태였다. 하와이 전통 양식으로 건조된 호쿨레아 Hokule' a란 이름의 이중선각(*선체 하부와 측면을 두 겹으로 만드는 공법 – 옮긴이) 카누였다. 배는 준비했지만 그들은 나침반이나 지도 없이 항해한 경험을 가진 사람을 확보할 수 없었던 것이다. 당시 과제를 완수할 수 있는 노하우를 알고 있는 사람은 마우가 유일했다. 하와이 섬 출신의 팔루들은 이미 사망했거나 너무 늙었고, 자신들의 자리를 대신할 젊은 항해사를 키우지 못한 상태였다.

1976년 봄, 마우와 15명의 선원이 호쿨레아를 타고 타히티 섬을 향해 출발했다. 마우는 물이 가득 담긴 호리병박들과 단으로 묶은 뿌리채소를 배에 실었다. 마우는 밤하늘에서 목적지로 그들을 이끌어줄 별의 정확한 위치를 찾아냈다. 그는 몰아치는 바람의 방향과 하늘의 구름이 비친 바닷물의 색에 주의를 기울였다. 주변 환경의 아주 사소한 것 하나하나가 소중한 단서였으므로, 배의 경로를 제대로 유지하기 위해 마우는 그 단서들을 아주 꼼꼼히 살펴보았다. 한 달 후 마우는 한 무리의 흰 제비갈매기가 머리 위를 나는 것을 보았다. 그들은 지금 타히티 섬 옆에 있는 마타이바 아톨 Mataiva Atoll 섬에 접근하고 있었던 것이다. 여행은 거의 막바지에 이르렀다.

하와이에서 출항한 지 32일 째 되는 날, 타히티 섬이 시야에 들어왔고 마우는 항구로 배를 몰았다. 호쿨레아 호의 선원들은 뜻밖의 광경에 깜짝 놀랐다. 무려 1,600여 명의 사람들이 항구에 모여 자신들에게 환호를 보내고 있었다! 항해의 성공이 갖는 의미는 여러 가지였다. 첫째, 선조들이 이 섬 저 섬을 가로질러 여행했다는 섬의 원로들 얘기는 사실이었음이 밝혀졌다. 둘째, 남태평양 제도, 즉 미크로네시아, 폴리네시아, 하와이 및 기타 섬에 살고 있는 원주민의 선조들은 자신의 뜻에 따라 다른 섬으로 이주했고, 문화를 퍼뜨린 것이 사실임이 확인되었다. 셋째, 이 항해의 성공으로 인해 타히티 섬에 사는 식민지 주민의 영향력이 상승되었다는 것이다. 1700년대 초 유럽인들이 이

섬들을 식민지로 점령한 이래, 많은 원주민들의 전통이 금지되었다. 원주민들은 자신의 선조들이 했던 일을 현대에 재현했다는 사실에 기뻐했고, 전통 항해술에 대한 관심이 급증했다.

호쿨레아 호의 항해가 성공했을 당시 40대였던 마우는 이제야말로 할아버지가 가르쳐 주신 기술들을 젊은 사람들에게 가르칠 때임을 알았다. 마우는 사타왈 섬의 소년 몇 명을 제자로 받아 가르치려 해 봤지만, 이 소년들은 마우가 가르치려는 고대의 항해술에 관심을 보이지 않았다. 마우가 속한 부족의 전통에 따르면 팔루의 비밀을 외부 사람들과 공유하는 것이 금지되어 있었다. 하지만 마우는 그 같은 원칙은 시대에 뒤떨어진 것으로 생각했다. 사타왈 섬의 소년들이 관심을 가질 때까지 기다리다가는 영영 제자를 키울 수 없을 지도 몰랐다! 하와이를 비롯한 타히티와 기타 섬의 주민들이 보이는 열렬한 관심을 지켜본 마우는 그 중에서 자신의 제자를 찾기로 했다.

이후 30년이 넘는 세월 동안 마우는 제자들을 가르치는 한편으로 몇 번의 항해를 더 이끌었다. 2000년에는 스미스소니언협회와 미국 국립자연사박물관 National Museum of Natural History이 전통 항해술에 대한 공헌과 이 고대 기술에 관한 지식과 관심을 전파하는 데 힘쓴 역할을 기리며 마우에게 상을 수여했다. 그는 2008년 하와이에 있는 비숍 박물관 Bishop Museum이 주는 로버트 J. 파이퍼 메달 Robert J. Pfeiffer Medal도 수상했다. 아마도 그가 받은 가장 중요한 상은 2007년 하와이 주민들로부터 받은 상일 것이다. 하와이에 있는 폴리네시아항해협회는 마우가 자신의 지식을 세상에 전파한 데 대한 감사의 표시로 알

링가노 마이수 Alingano Maisu란 이름의 배를 마우에게 선물했다. 그것은 손으로 제작한 것이었다.

마우는 2010년에 세상을 떠났다. 전 세계 사람들이 이 믿기 힘들 정도로 위대한 남자의 죽음을 애도했다. 미크로네시아 전통에 따라, 마우의 가족은 위대한 팔루의 죽음을 기리기 위해 9일 동안 섬 주변의 바다를 봉쇄했다.

## 지금 세상을 흔들고 있는 소년!

**조던 로메로** Jordan Romero

열세 살 소년 조던 로메로는 가족과 함께 등산을 즐겼다. 2006년 이래 조던 팀(조던과 아빠 폴 로메로 Paul Romero, 새엄마 카렌 룬트그렌 Karen Lundgren, 그리고 다른 사람들이 참여하기도 함)은 전 세계 각 대륙의 최고봉(세븐 서미트 Seven Summits라고도 한다)을 차례로 올랐다. 그들은 2011년 12월 남극 최고봉인 빈슨 매시프 Vinson Massif(4,897m) 등정에 성공함으로써 세븐 서미트 등정을 완성했다. 조던은 이미 다음 계획을 시작했다. B.I.G 투어 프로그램이다. 조던은 미국의 50개 주를 여행하면서 아이들과 만나 건강을 유지하는 법에 대해 강연하고, 그 주에서 가장 높은 봉우리를 등산한다. 이 프로그램엔 누구나 참여할 수 있다!

# 비달 사순
## Vidal Sassoon

1928~2012년 | 헤어 디자이너 | 영국과 미국

"비달, 내 얘기 좀 들어 봐."

어머니는 소년의 몸을 흔들었다. 비달이 잠에서 깨자 어머니는 방금 자신이 꾼 꿈 얘기를 하기 시작했다. 비달이 이발소에서 일하고 있었으며, 다시는 가난하게 살 필요가 없을 만큼 많은 돈을 버는 것을 보았다는 것이다.

"엄마, 그거 참 바보 같은 얘기네요."

비달은 어머니의 말을 막았다. 열네 살 소년은 머리를 깎거나 머리 모양 만드는 일을 하고 싶지 않기 때문이다. 때는 1942년, 제2차 세계대전이 유럽 전역을 성난 파도처럼 휩쓸고 있었다. 비달은 정치가가 되어 파시즘과 나치즘에 대항해 싸우고 싶었다. 그는 유대인이었고, 바다 건너 유럽 대륙에서 유대인들이 겪는 고통을 지켜보는 것은 끔찍스런 일이었다. 하지만 그의 어머니는 쓸데없는 말 하지 말라고 비달의 꿈을 묵살했다. 어머니는 비달을 런던 이스트엔드East End의 헤어드레서 아돌프 코헨 Adolph Cohen의 제자로 보내기로 결정했다.

비달 사순은 1928년 잉글랜드의 웨스트 런던 West London에서 태어났고, 어머니는 스페인 출신 유대인이었다. 일생 동안 비달은 어머니와 아주 가깝게 지냈지만, 그의 청소년 시절은 한마디로 고난의 연속이었다. 아버지는 비달이 세 살 때 가족을 버리고 떠났고, 어머니는 비달과 어린 동생 이보르 Ivor가 함께 살던 작은 아파트의 집세를 더이상 감당할 수 없었다. 비달의 어머니는 짐을 꾸려 자신의 언니 집으로 들어갔다. 두 가족, 모두 일곱 명의 식구가 작은 아파트에서 북적이며 살아야 했고 그들은 끝없이 돈에 쪼들렸다. 그렇게 2년이 지났다. 아이들은 하루가 다르게 성장해 작은 아파트에서 더 이상 함께 살수가 없었다. 비달의 어머니는 교회, 정확히 말하자면 교회가 운영하는 고아원에 도움을 청했다.

다섯 살 비달은 스페인과 포르투갈 계 유대인 고아원에서 살게 되었다. 좀 있다가 동생 이보르도 고아원으로 보내졌다. 고아원에서 맞은 첫날 밤, 비달은 공처럼 몸을 잔뜩 웅크리고 침대 위에 누웠고, 다른 소년들은 그런 비달을 혼자 내버려 두었다. 소년들은 비달이 느끼는 슬픔을 이해했다. 그들도 모두 그런 슬픔을 느낀 적이 있었기 때문이다. 비달과 이보르는 7년 가까이 고아원에서 살았다. 형제는 늘 굶

주림에 시달렸지만 고아원에서 몇 명의 친구들을 사귈 수 있었다. 어머니에겐 한 달에 한 번 형제를 만나러 고아원을 방문하는 것이 허용됐다. 비달의 소원은 오직 가족이 다시 함께 사는 것이었다.

그러던 어느 날 갑자기 비달의 소원이 이루어졌다. 어머니가 재혼을 해서 비달과 이보르를 집으로 데려갈 만큼 충분한 돈이 생긴 것이다. 어머니가 비달의 미래를 꿈에서 본 것이 바로 이 때였다.

비달은 헤어드레서 코헨의 살롱에서, 머리카락을 자르고 머리 모양을 다듬는 기술을 배웠다. 그는 대부분의 시간을 여성 고객을 상대로 일했다. 부인들의 머리를 말아 모양을 만들고, 머리를 말리는 덮개 아래서 머리카락을 말리고, 다음 주에 다시 살롱을 방문할 때까지 머리 모양이 흐트러지지 않도록 충분한 양의 스프레이를 뿌려 고정시켜 주는 것이 그의 주된 일이었다. 헤어 디자이너들은 손님들이 머리가 완성되기를 기다리는 동안 충분히 휴식할 수 있도록 말을 삼가야 했다. 비달은 원장과 고객들의 기분을 맞춰 주기 위해 시키는 대로 하기는 했지만, 일에 열정과 흥미를 느낄 수 없었다.

전쟁이 끝난 후, 비달은 '43그룹'에 가입했다. 43그룹의 소년들은 매일 밤 거리에 나가 블랙스커트 Blackshirts란 이름의 파시스트를 추종하는 런던의 소년 갱단과 싸움을 벌였다. 파시즘과 인종차별주의가 제2차 세계대전의 종말과 함께 물러갔다지만, 그런 사상을 지지하고 그에 따라 행동하는 사람들은 여전히 많았다. 비달은 그런 차별이 그릇된 것이라 믿었고, 그래서 인종차별에 저항했다. 비달은 눈에 멍이 들거나 소소한 부상을 당한 상태로 일하러 나오는 날이 많아졌다. 전

날 밤의 접전이 남긴 흔적이었다. 그런 날은 헤어핀을 밟고 미끄러졌다든가 하는 식의 애매한 변명을 해야 했다.

1947년 유엔은 이스라엘의 건국을 찬성했다. 드디어 유대인들에게 안전한 장소가 생긴 것이다. 비달은 조국을 지키기 위해 자원해서 이스라엘로 갔다. 하지만 의붓아버지가 심장 발작을 일으켰으니 빨리 집에 돌아오기 바란다는 어머니의 전보를 받고는 나라를 지키겠다는 뜻을 접어야 했다.

비달은 평등을 바랐고, 이스라엘에 살 수 있는 유대인의 권리를 위한 투쟁을 지지하는 일을 결코 멈추지 않았다. 다시 런던으로 돌아온 비달은 자신의 새로운 경력을 시작했다. 그가 런던의 가난한 동네를 벗어나고 싶어 한 지는 오래됐지만, 부유한 지역으로 이사하더라도 그동안 굳어진 말투로 인해 가난한 동네 출신이란 사실이 폭로될 것이 뻔했다. 이 문제를 극복하기 위해 비달은 극장에 가서 자칭 '상류층의 말투'를 연습했다. 그렇게 몇 해를 보낸 후 비달은 자신에게서 하층 계급 특유의 말투가 사라졌다고 확신했다. 비달은 본드 거리 Bond Street에 살롱을 냈고, 새로운 이웃들과 잘 어울리게 되기를 바랐다. 그리고 효과가 있었다! 모두가 비달을 사랑했고, 기꺼이 비달에게 자신의 머리를 맡겼다.

60년대 비달 사순은 헤어스타일링에 대해 획기적이고 실용적인 생각을 하게 됐다. 그는 여성들이 매주 헤어 살롱에 오기를 원하는 것은

비달은 영국 육군에 선발되었으나 한 장교로부터 자신의 유대 혈통을 모욕당한 후, 무단이탈을 강행했다. 인종 평등에 대해 확실한 신념을 갖고 있던 비달은 항의의 표시로 탈영했던 것이다.

아니며, 일주일 동안 뻣뻣한 머리 모양을 유지하는 것을 바라지도 않는다는 사실을 알게 된 것이다. 비달은 예쁘게 보이면서도 자연스러운 스타일로 여성들의 머리를 손질했고, 화학제품을 발라 머리칼에 광택을 내는 일을 하지 않았다. 그리고 이런 시도는 타이밍이 딱 맞았다. 그때는 비틀즈와 나팔바지의 시대였다. 어머니 세대에 유행한 머리 모양을 하고 싶어 하는 여자는 아무도 없었던 것이다!

1963년 패션쇼를 준비하던 패션 디자이너 메리 퀸트 Mary Quant(*1934년 영국 출생. 미니스커트와 핫팬츠의 창시자 – 옮긴이)가 비달을 찾은 것도 그런 이유에서였다. 메리 퀸트의 새로운 의상 디자인은 높은 깃이 특징이었는데, 모델의 긴 머리가 그 깃을 덮는다는 게 문제였다. 메리와 모델들은 평범한 머리 모양은 절대로 피하고 싶었다. 그들은 뭔가 새롭고, 감각적이며, 재미있는 스타일을 원했다.

비달은 그녀들의 바람을 100% 소화했다. 그는 비대칭적인 헤어스타일을 제안했다. 한쪽 머리카락은 턱까지 내려오고 다른 쪽은 훨씬 더 짧은 모양이었다. 또한 그 유명한 파이브 포인트 컷 five-point cut을 개발했다. 귀 앞쪽에 두 개의 뾰족한 톱니 모양을 만들고, 목

비달은 자신이 창안한 헤어스타일에 이름을 붙였다. 조각가가 자신의 작품에 이름을 붙이는 것과 마찬가지였다. 그의 가장 유명한 헤어디자인 작품은 'Eye-Eye', 'Curly Geometric'이다.

덜미에 세 개의 톱니 모양을 더 만든 것이다. 패션계는 비달의 새로운 기법을 환영했고, 이내 비달은 현대 헤어드레싱의 창시자란 별명으로 불리게 되었다.

영국뿐만 아니라 유럽, 미국까지 비달의 헤어스타일이 퍼져나갔다.

그에 따라 비달은 영국에 더 많은 헤어 살롱을 내게 됐고, 미국에까지 사업을 확장했다. 그는 살롱의 분위기도 새롭게 바꿨다. 그가 도제 시절에 경험했던 조용하고 답답한 분위기가 아니라 시끄럽고, 사교적이고, 재미있는 분위기를 만들고자 했다. 살롱에 록 음악을 틀었고, 최신 유행하는 옷을 입은 미용사들은 자신들이 마치 미국 서부 시대의 총잡이라도 된 양, 벨트에 꽂혀 있는 헤어드라이어를 빠른 손놀림으로 뽑아 들곤 했다. 세상 모든 여자들이 비달 사순의 헤어 살롱에 가고 싶어 한다고 해도 과장이 아닐 듯했다.

현재 영국 런던과 미국 캘리포니아 주 산타모니카 Santa Monica에 있는 비달 사순의 헤어 아카데미는 능력있는 헤어 디자이너들을 교육하고 있다. 비달 사순의 헤어 살롱은 영국, 미국, 캐나다, 독일 전역에서 찾아볼 수 있고, 비달의 이름을 상표로 한 헤어 케어 제품이 생산되고 있다. 비달은 2004년 은퇴했지만, 인종 평등을 지원하기 위해 많은 노력을 기울였다. 1982년 비달은 이스라엘의 헤브루 대학에 반유대주의 연구 센터 Vidal Sassoon International Center for the Study of Antisemitism를 설립했다. 그곳에선 반유대주의 인종차별 현상과 그런 현상이 전 세계에 미치는 영향을 연구하고 있다. 비달은 말년에 로스앤젤레스에 거주하면서, 2012년 사망할 때까지 많은 돈과 시간을 투자해 세상의 평등을 위해 노력했다.

  **지금 세상을 흔들고 있는 소년!**

**키에론 윌리엄슨** Kieron Williamson

키에론 윌리엄슨은 사람들이 냉장고 문에 붙여 놓는 것과 같은 뻔한 그림은 그리지 않는다. 아홉 살(2012년 현재)인 키에론은 전 세계에 전시되고 있는 풍경화와 인물화를 그린다. 키에론이 처음 그림을 그리기 시작한 것은, 다섯 살 때였다. 가족이 잉글랜드의 콘월 Cornwall에서 휴가를 보낼 때 근처 항구에 있던 배들이 키에론의 영감을 자극했고, 그 결과 놀라운 재능이 빛을 발하게 되었다. 그 후 약간의 미술 수업을 받은 키에론은 여섯 살 때 처음으로 작품을 대중에게 공개했는데, 전시된 작품들은 단 14분 만에 매진되었다! 이제 키에론은 매일 그림을 그리면서, 학교 수업과 축구도 즐기고 있다. 세상은 키에론을 '작은 모네'라는 애칭으로 부른다.

BOYS
26

# 스탠리

## Stan Lee

1922년~ │ 작가이자 삽화가 │ 미국

미국 만화와 대중문화에 리 Lee만큼 두루 영향을 미쳤다고
주장할 수 있는 사람은 아무도 없을 것이다.

**제프 매크롤린** Jeff Mclaughlin 편집자

스탠리는 뛰어 나가 우편함을 열었다. 그는 몇 개의 봉투 중에 자신이 찾고 있던 헤럴드–트리뷴 Herald-Tribune 신문사로부터 온 편지를 찾아냈다. 신문사는 '금주의 최고 뉴스 공모전'을 진행 중이었고, 스탠리는 지난 2주 연속 당선되었다. 그는 한 번 더 당선되기를 바랐다.

스탠리는 봉투를 찢고 안에 든 편지를 꺼냈다. 좋았어, 당선자는 또 스탠리였다! 하지만 편지에는 그 내용 말고도 다른 것이 더 있었다. 그가 더 이상 '금주의 최고 뉴스'에 응모하지 않기를 바란다는 헤럴드–트리뷴지 편집장의 정중한 부탁이었다. 스탠리의 글 솜씨가 워낙 뛰어나서 다른 사람들이 당선될 기회가 없다는 것이다. 편지는 스탠리에게 직업 작가가 되는 것을 생각해 보라는 제안으로 끝맺음되어

있었다. 겨우 열다섯 살 때 스탠리는, 뉴욕의 유력 신문사 편집장으로부터 직업 작가처럼 글을 쓴다는 말을 들었다!

스탠리 리 Stanley Lee는 1922년, 뉴욕 시의 한 아파트에서 태어났고, 본명은 스탠리 리버 Stanley Lieber였다. 그는 루마니아 출신 이민자였던 부모의 맏아들로 태어났다. 집안 형편은 넉넉하지 않았고, 동생 래리 Larry가 태어났을 때는 더욱 어려워졌다. 부모님은 늘 돈 문제로

다퉜다. 아버지는 매일 아침 집을 나가 일자리를 찾았지만, 밤이면 소득 없이 집에 돌아왔다. 가족의 미래는 점점 더 암담해졌다. 가족은 2, 3년마다 이사를 다녀야 했다. 아파트의 집세를 감당할 수 없었기 때문이다. 이처럼 어려운 집안 형편에 절망하고 싶지 않았던 스탠리는 책 읽기에 몰입했다. 그는 읽고 또 읽었다. 거실에서도 읽고, 학교에서도 읽고, 식탁에서도 읽었다. 시간과 장소를 가리지 않고 어디서나 읽었다. 스탠리는 특히 하디보이스 Hardy Boys 시리즈(*미국에서 유명한 소년 탐정물 – 옮긴이)를 좋아했다. 마땅히 읽을 책이 없으면 주방에 있는 식료품 병이나 포장 상자에 붙어 있는 상표를 읽었다.

스탠리는 학교 공부도 잘했다. 학교를 빨리 졸업하고 집안일과 가족의 생계를 도와 주기 바라는 부모님을 위해 몇 년 월반을 하기도 했다. 그는 어린 시절 몇 년 동안 학급에서 가장 나이 어린 학생으로 지낸 탓에 함께 어울리는 친구가 많지 않았다. 스탠리는 더욱 독서에 빠졌고, 그림도 그리기 시작했다.

스탠리의 머릿속에 있는 환상의 세계에서는 어깨에 망토를 두른 사람들이 하늘을 날아다녔고, 그는 그것을 그림으로 표현했다. 우선 하늘과 땅을 구분하기 위해 종이를 가로지르는 선을 하나 그리고, 그 다음엔 구름과 함께 스틱 피규어 stick figures(*인체를 원과 선만으로 표현하는 '졸라맨' 같은 그림 – 옮긴이)를 그렸다. 그런 다음 글을 써 넣고, 그림 칸을 추가해 처음 그린 그림에 연결되는 그림을 그려 넣었다. 이런 식으로 그리다 보니 하나의 이야기가 완성되었다.

고등학교 때 스탠리는 돈을 벌기 위해 글을 쓰기 시작했지만, 그 일은 생각만큼 매력적이지 않았다. 그는 부고 기사를 썼는데, 죽은 사람에 관해 글을 쓰는 일은 피곤하고 우울했다. 그 후엔 국립결핵병원을 위해 글을 썼다. 그러나 글쓰기는 여전히 지루하고 따분했다. 그는 다른 일거리를 찾다가, 삼촌 로비 Robbie로부터 출판사에서 일해 보지 않겠냐는 말을 듣게 되었다. 고등학교를 졸업한 상태였던 스탠리는 한 출판사를 방문했다.

그 출판사는 타임리 코믹스 Timely Comics, 지금은 마블 코믹스 Marvel Comics로 이름을 바꿨다. 1939년 열일곱 살 소년은 출판사에 조수로 고용되었다. 그는 자신이 일생 동안 열중하게 될 직업에 발을 들여놓은 줄은 생각도 못했다.

이미 짐작한 분도 있겠지만 타임리 코믹스는 만화책을 출판하는 회사였다. 그 출판사는 스탠리의 아저씨뻘인 마틴 굿맨 Martin Goodman의 소유였는데, 그 전까지 스탠리와 마틴은 서로 잘 아는 사이가 아니었다. 몇 년 동안 스탠리는 마틴 아저씨로부터 만화와 사업에 대해 많은 것을 배웠다. 1939년 타임리 코믹스 출판사의 최고 히트작은 '캡틴 아메리카 Captain America'였다. 캡틴 아메리카는 당시 만화계에서 가장 영향력 있는 작가와 아티스트였던 조 사이먼 Joe Simon과 잭 커비 Jack Kirby 두 사람이 만든 만화였다. 스탠리가 처음 맡은 일은 캡틴 아메리카 최신작에 들어갈 필러 문장 filler text(*활자체 등을 시험해 보기 위해 사용하는 문장 – 옮긴이) 두 페이지를 쓰는 것이었다. 스탠리는 자신이 쓴 문장에 '캡틴 아메리카, 배신자의 역습을 물리치다!'란 제목을 붙였다. 스탠리는 이런 멍청한 만화책에 실명을 쓰고 싶지 않아서 '스탠리 리버'라는 본명 대신 '스탠 리'라는 필명을 썼다. 나중에 진지한 소설을 쓸 작정이었던 것이다. 그러나 몇 년 후, 그는 더 이상 만화를 우습게보지 않게 되었다. 그는 자신의 이름을 아예 '스탠 리 Stan Lee'로 바꿨다.

1941년 조 사이먼과 잭 커비가 타임리 코믹스 출판사를 떠나고, 만화책 담당 부서에는 스탠리밖에 남지 않았다. 스탠은 이미 10여 권의 만화책을 발행하는 일에 조수로 일했기 때문에, 굿윈 씨는 좀 더 경력 있는 사람을 찾을 때까지 스탠에게 만화책을 만들라고 했다. 하지만 굿윈 씨는 다른 사람을 고용하지 않았다. 결국 열여덟 살 스탠이 타임리 코믹스의 출판물을 책임지게 되었다!

제2차 세계대전 중 군에 복무한 3년만 빼고, 스탠은 1972년까지 타임리 코믹스 출판사의 편집장으로 근무했다. 1972년에는 출판사 대표가 되었다. 1950년대, 만화계는 난관에 부딪쳤다. 사람들은 아이들이 좋지 않은 행동을 하고 욕설을 하는 것이 만화책 탓이라고 비난했고, 만화책의 판매량은 뚝 떨어졌다. 하지만 그때 디씨코믹스 DC Comics에서 줄리어스 슈워츠 Julius Schwartz가 그린 저스티스 리그 오브 아메리카 Justice League of America(JLA)를 출간했고, 만화 시장은 다시 뜨거워졌다. 굿윈 씨는 스탠에게 JLA와 유사한 수퍼히어로 팀을 만드라는 과제를 주었다.

스탠은 잭 커비와 논의했다. 그들은 사랑, 돈, 욕심, 가족 등과 같은 자신들의 힘으로도 해결할 수 없는 인간적인 문제를 가지고 있는 수퍼히어로들을 만드는 것이 좋겠다는 의견의 일치를 보았다. 1960년대 초반 타임리 코믹스사는 마블 코믹스 Marvel Comics로 개명했고, 잭 커비가 스탠을 돕기 위해 회사로 복귀했다. 두 사람은 공동으로 '판타스틱4 Fantastic Four'를 창조했다. 물론 두 사람이 합의한 대로 인간적인 결점을 가진 영웅들이었다. 그것은 정말이지 신의 한 수였다! 독자들은 자신이 동경하는 영웅들도 인간적 문제로 고뇌한다는 사실에 열광했다.

스탠과 잭은 엄청난 인기를 만끽하면서 계속 새로운 일을 해 나갔다. 두 사람은 엑스맨 X-Men, 아이언맨 Iron Man, 인크레더블 헐크 Incredible Hulk, 실버서퍼 Silver Surfer란 캐릭터도 만들어 냈다. 두 사람이 만든 가장 성공적인 캐릭터는 스파이더맨 Spider-Man이었다.

스탠은 만화책 출판 시스템도 바꿨다. 스토리 작가와 펜슬러 penciler(*연필로 밑그림을 그리는 작화가 - 옮긴이)뿐만이 아니라, 잉커

inker(*셀에 연필로 그려진 그림의 외곽선을 잉크로 옮겨 그리는 사람 - 옮긴이)
와 레터러 letterer(*만화의 문자 작업을 하는 사람 - 옮긴이)의 역할도 인정
해 준 것이다. 일이 바쁜 경우 스탠은 작화가들과 함께 브레인스토밍
을 하고, 만화의 기본 줄거리를 요약해서 썼다. 그러면 그 줄거리에
따라 작화가들이 그림을 그려 스탠에게 보내고, 스탠이 그 그림에 글
을 써 넣었다. 이 방법을 통해 작화가들은 더 자유롭게 작업을 할 수
있었고, 스탠은 작업 시간을 더 많이 벌 수 있었다.

스탠은 약물에 대한 내용이 들어 있는 스파이더맨 시리즈 3권을 만
들었다. 약물이 많은 해를 끼칠 수 있다는 교육적 내용이라 하더라도,
만화에 약물을 묘사하는 것 자체가 용납되지 않던 때였다. 많은 우려
에도 불구하고 마블코믹스는 이 작품을 출간했고, 그것들은 믿기 어
려울 정도로 잘 팔렸다. 이 사건을 계기로 만화 제작자들은 만화가 어
린이의 교육 영역으로도 확장될 수 있다는 생각을 하게 되었다. 스탠
은 특히 아이들이 편견 없는 태도를 배우길 바랐다.

1980년대엔 많은 만화들이 영화나 텔레비전 애니메이션 시리즈로
제작되었다. 스탠은 이 같은 작업에 참여하기
위해 캘리포니아로 이사했다. 아이언맨과 엑
스맨, 판타스틱4와 스파이더맨이 그 대표 사
례다. 스탠은 만화를 비디오 게임으로 만드는
일에도 일조를 했다! 그는 2000년, 2001년,
2010년에 출시된 3편의 스파이더맨 게임에 내
레이션을 담당했다. 그의 사업이 텔레비전과

마블코믹스의 모든 책엔 '스탠의
즉흥연설'이란 코너가 있었다. 그
코너를 통해 스탠은 마블코믹스의
다음 작품을 소개하거나, 현재 진
행되고 있는 사건에 대한 의견을
제시했다. 1950년대와 60년대, 스
탠은 인종차별에 반대하는 연설을
써 넣곤 했다.

영화로 확장되었지만, 스탠은 70년 동안 그래 왔던 것처럼 여전히 마블 만화책의 스토리를 쓰고 편집을 담당하고 있다. 그는 디씨코믹스와 몇 편의 작품 제작에 관여하기까지 했다.

1994년 스탠은 윌 아이스너 만화산업상 Will Eisner Comics Industry Award을 수상했고, 명예의 전당에 헌액되었다. 2002년 그의 자서전 '더욱 더 높이! Excelsior!'가 출간되었고, 2010년 히스토리 채널에서 방영된 '스탠 리의 초인 Stan Lee's Superhumans'이란 프로그램에 출연하기도 했다.

## 나는 이렇게 세상을 뒤흔들 거야!

내 꿈은 유명한 삽화가가 되는 것이다. 나는 그림 그리는 일이 좋고 종이 위에서 생동하는 이미지를 만들어 내는 일이 너무 좋다. 나는 글만큼이나 사물을 잘 설명할 수 있는 완전히 새로운 삽화 기법을 만들어 낼 작정이다. 그렇게 되면 사람들은 혁신적인 방식으로 세상을 볼 수 있게 될 것이다.

**다니엘 솔로우** Daniel Solow ● 11세

# 넬슨 만델라

## Nelson Mandela

1918~2013년 | 인권운동가 | 남아프리카공화국

> 투쟁이 나의 삶이다. 나는 생명이 다하는 날까지
> 자유를 위한 투쟁을 계속할 것이다.
>
> **넬슨 만델라** Nelson Mandela

추장의 연설이 시작되자 사람들이 조용해졌다.

"오늘 우리는 우리의 아들들이 진정한 남자가 되는 것을 축하하기 위해 여기 모였습니다."

성인식에 참석한 10대 소년들은 순결을 상징하는 흰색 흙을 머리부터 발끝까지 칠하고 있었다. 소년들은 성인식을 위해 몇 주 동안 가족을 떠나 초원의 오두막에서 살았다. 마을 사람 모두가 성인 남자로 돌아온 그들을 축하하기 위해 이곳에 모여 있었다. 소년 중의 하나인 롤리랄라 Rolihlahla는 오늘 자신이 받을 선물이 무엇인지 궁금해 죽을 지경이었다. 양 몇 마리? 아니면 암소 한 두 마리를 받을 수 있을지도 모른다.

롤리랄라는 연설 중인 추장의 격앙된 목소리에 황급히 제정신으로 돌아왔다.

"우리는 그들에게 남자다움을 약속합니다. 하지만 그것은 우리가 지킬 수 있는 약속이 아닙니다. 우리 쇼사스족 Xhosas, 그리고 남아프리카의 흑인들 모두는 정복당한 민족이기 때문입니다."

추장은 소년들을 가리켰다.

"우리 자신을 통치할 힘을 갖지 못했기 때문에 결코 통치할 수 없는 추장들이 여기 있습니다. 우리에게 공부할 장소가 없기 때문에 결코 가르칠 수 없는 학자들이 여기 있습니다."

추장은 청중을 바라보며 슬픈 목소리로 말을 맺었다.

"우리가 이들을 위해 가져 온 선물은 아무것도 없습니다. 우리에겐 최고의 선물인 자유와 독립을 줄 능력이 없기 때문입니다."

롤리랄라는 소년 시절의 소지품이 들어 있는 초막을 태우는 의식을 진행하면서 추장의 말을 되새겼다. 삼촌과 어머니, 그리고 온 마을 사람들은 자신이 추장이 될 거라고 믿었다. 하지만 롤리랄라는 추장이 되는 것보다 더 중요한 일이 있다는 생각이 들었다. 백인과 평등한 권리를 얻기 위한 싸움에 힘을 보태고 싶었다. 그날 롤리랄라는 추장이 되라는 가족의 바람을 뒤로 하고 마을을 떠나기로 결심했다. 떠난다는 것은 자신의 어린 시절 전부를 뒤에 남기고 떠나야 한다는 의미다. 초막을 삼키는 불길을 지켜보며 롤리랄라는 몸을 떨었다. 추위 때문이 아니었다. 마음속에서 일어나는 미래에 대한 공포 때문이었다.

롤리랄라에겐 두려워할 이유가 충분했다. 수백 년 전 백인들이 남아프리카에 상륙한 이래, 그들은 흑인 원주민들의 토지를 강탈했고 정부에서 아무런 힘을 갖지 못하도록 했다. 남아프리카공화국에 사는 흑인은 백인의 다섯 배나 됐지만, 흑인들이 소유한 토지는 전체 국토의 13%에 불과했다. 그것도 대부분 황무지에 가까운 땅이었다. 롤리랄라는 그런 환경에서 성장했고 이 같은 불의에 저항하는 투쟁에 목숨을 걸었다. 그는 전 세계에서 가장 유명한 수감자인 넬슨 만델라로 알려지게 된다.

넬슨은 1918년 작은 마을에서 태어났다. 그의 아버지는 템부Thembu족의 추장이었고, 템부족은 더 큰 부족인 쇼사족의 한 갈래였다. 태어나자마자 넬슨에게는 '말썽꾸러기'란 뜻의 롤리랄라란 이름이 붙여졌다. 이름 그대로 그는 엄청난 개구쟁이여서, 부모님은 그가 하루 종일 얼마나 많은 말썽을 피우는지 셀 수도 없었다. 롤리랄라가 학교에 들어갔을 때 백인 교사는 그 이름을 제대로 발음할 수 없었다.

"지금부터 네 이름은 넬슨이다."

백인 교사는 자기 맘대로 그렇게 결정했고, 그때부터 그의 이름은 넬슨이 되었다.

아들이 추장이 되기만을 바랐던 넬슨의 아버지는, 그가 아홉 살 때 세상을 뜨셨다. 넬슨의 어머니는 남편의 도움 없이 아들을 제대로 교육하기 어렵다는 사실을 깨닫고, 템부족의 대추장인 종긴타바 Jongintaba에게 넬슨을 보냈다. 넬슨은 집을 떠나는 것이 슬펐지만, 금세 종긴타바 가족의 일원으로 받아들여져 왕가의 아들 같은 대접을 받았다.

종긴타바가 부족의 분쟁을 조정하는 것을 지켜보며, 넬슨의 마음속에 정의에 대한 신념이 싹텄다. 모든 것을 독단적으로 처리하는 백인 정부와는 달리, 템부족의 추장들은 모든 부족민의 말을 경청했고, 모두가 동의할 때만 결정을 내렸다. 넬슨은 자신의 부족뿐 아니라 남아프리카공화국 흑인들 모두가 이러한 정의를 누리게 하고 싶었다. 넬슨은 추장이 아닌, 변호사가 되기로 결심했다.

성인식이 끝난 후 넬슨은 고향 마을을 떠나 흑인들만 다니는 대학에 입학했다. 그런데 그 대학은 백인들에 의해 운영되고 있었다. 넬슨과 다른 학생들이 항의하자, 교장은 즉각 항의를 중지하라고 명령했다. 학생 대부분이 교장의 말에 굴복했지만 넬슨은 물러서지 않았다. 그는 결국 학교에서 쫓겨났다. 종긴타바가 불같이 화낼 것이 뻔했기에, 넬슨은 대도시 요하네스버그로 도망쳤다.

요하네스버그는 다이아몬드 광산을 중심으로 발달한 도시였고, 수만 명의 흑인들이 일자리를 찾아 몰려드는 곳이었다. 흑인들은 백인 가까이에서 사는 것이 금지되어, 도시 외곽의 타운십 townships이라 불리는 지역에서 살았다. 흑인들은 비좁은 양철 지붕 판잣집에 여러 명씩 몰려 살았다. 바닥에는 흙먼지가 가득하고, 상하수도는 물론 난방장치도 없었고, 전기도 들어오지 않았다. 넬슨은 그 같은 빈곤을

초래한 인종차별주의에 분노했다. 그런데 자신과 같은 생각을 가지고 저항하고 있는 흑인들이 있었다! 그들은 아프리카국민회의 African National Congress(ANC)를 결성해 인간으로서의 권리와 평등을 요구했다. 넬슨은 ANC에 가입했고, 얼마 지나지 않아 ANC의 지도자가 되었다.

그리고 얼마 후인 1948년, 백인 정부는 그 동안의 비공식적 분리 정책을 '아파르트헤이트 apartheid'라 불리는 공식 법령으로 바꿨다. 새로운 법은 인종 분리 정책을 아예 공식화한 것이다. 물론 백인이 완전한 지배권을 갖고 있었다. 흑인의 출입이나 사용을 금하는 '백인 전용 Whites Only' 표지는 버스, 식당, 해변 등 기본적으로 모든 곳에 걸려 있었다. 흑인은 언제나 신분증을 소지해야 했다. 신분증에는 주소, 직업, 다니는 학교 등의 정보가 적혀 있었다. 흑인은 흑인 이외의 인종과 결혼하는 것이 금지됐다. 이 같은 아파르트헤이트 법을 위반하면 곧바로 감옥으로 끌려갔다.

넬슨은 백인 소유 사업체에서 만든 제품의 불매 운동, 대규모 파업 등의 저항을 계획했고, 수천 명의 흑인이 동참했다. 노동, 제품 구매, 버스 운행, 학교 출석 등을 거부함으로써 흑인들은 평화적으로 도시를 폐쇄했다.

요하네스버그에 처음 도착했을 때 넬슨은 돈이 한 푼도 없었다. 그는 버스비를 아끼느라 왕복 20킬로미터 거리를 걸어서 출퇴근하기도 했다.

저항하는 동안 그는 법학 학사 학위를 받기 위한 공부를 계속했다. 1952년 넬슨은 친구 올리버 탐보 Oliver Tambo와 함께 요하네스버그 사상 첫 흑인 법률사무소인 '만델라와 탐보 Mandela & Tambo'를 개업했다. 곧바로 고객들이 몰려들었다. 넬슨은 법률사무소의 아침 풍경을 이렇게 묘사했다.

　　우리는 복도, 계단 위, 작은 응접실을 가득 메우고 있는 사람들을 헤치고 다녀야 했다. 흑인들에게는 법률적 도움이 절실히 필요했다. 그들에겐 별 것이 다 범죄였기 때문이다. 백인 전용 장소에 들어간 죄, 백인 전용 버스에 탄 죄, 실업 상태에 있는 죄와 잘못된 직장에 고용된 죄, 특정 장소에 거주하는 죄와 거주지가 없다는 죄……, 모든 것이 범죄였다.

1950년대 아프리카 흑인들의 권리는 날이 갈수록 축소되었다. 1960년 아파르트헤이트에 대한 저항은 폭력적으로 변했다. 샤프빌 Sharpeville이란 타운십에 5천 명의 흑인들이 모인 항의 집회가 발단이었다. 평화적 항의 집회였음에도 불구하고, 백인 경찰은 항의하는 군중에게 발포했고, 무고한 사람을 69명이나 살해했다. 사망한 사람 대부분은 도망치다가 등에 총을 맞았다. 끔찍한 폭력에 전 세계가 몸서리를 쳤지만 정부는 아파르트헤이트 원칙을 완화하기는커녕, 탄압을 강화했다. 이제 흑인들은 해가 진 후엔 거리에 나갈 수 없고, 공공 집회를 여는 것은 아예 불가능했다. ANC는 불법단체가 되었다.

　　샤프빌의 학살 이후, 넬슨은 다른 방법을 강구해야 할 시점이라고 느꼈다. 평화적 항의 집회 중에 많은 흑인들이 살해당하고 있었다. ANC 지도자로서 넬슨은 아파르트헤이트의 상징들인 정부청사, 철도, 공장 등에 대한 공격을 명령했다. 물론 사람들에게는 폭력을 사용하지 않았다. 폭탄이 터지기 시작했고, 경찰은 그 배후에 누가 있는지를 금방 알아냈다. 1963년 넬슨을 비롯한 ANC 지도자들은 체포되어 재판에 회부됐다.

전 세계의 이목이 판결에 집중됐고, 많은 이들이 ANC 지도자들에게 사형이 내려질 거라 예상했다. 하지만 넬슨은 두려워하지 않았다. 그는 법정에서 이렇게 말했다.

> 일생 동안 나는 아프리카의 민중 항쟁에 몸을 바쳤다. 나는 민주적이고 자유로운 사회라는 이상을 가슴에 품었고, 그 이상을 이루기 위해 살고 있다. 필요하다면 그 이상을 위해 죽을 준비도 되어 있다.

ANC 활동이 금지되자, 만델라는 1년 동안 숨어 지내야 했다. 빈 집에 숨어 지내면서 외출할 때마다 변장을 했다. 만델라를 잡기가 너무 어려웠기 때문에, 남아공 언론들은 영국의 유명한 스파이를 다룬 연극 '스칼렛 핌퍼넬 Scarlet Pimpernel'의 제목을 따서 그에게 '블랙 핌퍼넬'이란 별명을 붙여 주었다. 한번은 운전기사로 변장한 넬슨이 경찰총수의 차 바로 뒤에 붙어 차를 몰기도 했다! 경찰청장은 바보가 됐고, 넬슨은 다시 탈출했다.

놀랍게도 넬슨과 동지들에게 사형 판결이 내려지지 않았다. 모두에게 종신형이 선고됐고 그들은 로벤 아일랜드 Robben Island에 있는 감옥에 수감되었다.

로벤 아일랜드 감옥은 미국 캘리포니아 주 알카트라즈 섬에 있는 감옥과 여러 가지 면에서 비슷했다. 섬을 둘러싼 차가운 바닷물에는 상어가 우글거렸고, 탈출은 불가능했다. 어쨌거나 넬슨은 투쟁심을 잃지 않았다. 수감된 첫 날, 간수가 그에게 조깅을 하라고 명령했다.

넬슨은 거부했다. 간수가 말을 들으라고 위협하자, 넬슨은 이렇게 소리쳤다.

"내게 손가락 하나라도 대기만 해 봐. 육지에 있는 최고 법원에 고발할 테니. 재판이 끝날 때쯤이면 당신은 똥구멍이 찢어지게 가난해질 걸."

그 후 간수는 넬슨을 귀찮게 하지 않았다.

수감자들은 낮 시간 동안 돌을 부숴서 자갈을 만들거나 구덩이를 파는 노역을 했다. 넬슨은 그들의 머리가 굳어지는 것을 막을 방법을 생각해 냈다. 감옥에 도서관을 만들어 달라고 요구해 성사시킨 것이다. 수감자들은 자신이 배웠던 역사, 정치, 철학, 경제학을 서로에게 가르쳤다. 많은 사람들이 수감 중에 고등학교와 대학과정을 마쳤다. 얼마 가지 않아 로벤 감옥은 '만델라 종합대학'이란 별명을 얻게 되었다.

감옥에서는 정치범 간의 대화가 금지되는 경우가 많았다. 정치범들은 화장실 휴지에 글을 써서 비밀리에 전달함으로써 이 규칙을 피해갔다.

1970년대와 1980년대, 남아프리카공화국 내에서 아프리카계 흑인들의 삶은 악화일로를 걸었고, 흑백 인종 간 충돌은 점점 더 폭력적으로 변했다. 그리고 그 와중에 '넬슨 만델라'라는 이름은 전 세계로 퍼져나갔다. 아파르트헤이트의 참상에 세계인의 관심이 모아졌고, '넬슨 만델라를 석방하라'는 제목의 노래가 엄청난 히트를 기록했다. 미국과 유럽에서는 매일같이 시민 집회가 열렸고, 자국 정부에게 남아프리카공화국과의 교역을 중단하라고 촉구했다. 사람들은 남아공에서 생산된 다이아몬드 불매운동을 벌였고, 기업들은 철수했으며, 외국 은행들은 남아공 정부에 대한 자금 지원을 중단했다.

전 세계로부터 고립되고 불매 운동과 교역 중단 때문에 경제가 엉망이 되자, 남아프리카공화국 정부는 두 손을 들었다. 넬슨이 폭력 행위를 중단하겠다고 약속하면 석방해 주겠다고 제의한 것이다. 남아공 정부가 아파르트헤이트 정책을 포기하겠다는 약속을 하지 않자, 넬슨은 이 제의를 받아들이지 않았다. 20년 넘게 감옥에 갇혀 있는 넬슨은 아파르트헤이트가 폐기되고 아프리카 흑인 모두가 해방될 때까지 감옥에서 나가기를 거부했다. 남아프리카공화국을 바라보는 세계의 시선은 더욱 더 차가워졌다. 1989년 남아공 신임 대통령으로 당선된 드 클라크 F. W. de Klerk는 당선되자마자 넬슨과 비밀 협상을 시작했다.

1990년 2월 11일, 드 클라크는 아파르트헤이트를 폐지한다는 발표와 함께 넬슨 만델라를 석방했다! 수감된 지 무려 27년 6개월 만이었다. 드 클라크와 넬슨 만델라는 피부색에 관계없이 모든 국민이 평등한 새로운 남아프리카공화국을 만드는 어려운 과정을 함께 밟아 가기 시작했다. 1993년 넬슨 만델라와 드 클라크는 아파르트헤이트를 종식시킨 공적을 인정받아 노벨평화상을 공동 수상했다. 한 해 뒤 남아공 역사상 최초로 흑인과 백인이 모두 투표에 참여한 민주 선거가 치러졌다. 일생 동안 자유와 평등을 위해 투쟁해 온 넬슨은 남아프리카공화국의 대통령으로 당선되었다.

대통령의 직무는 쉽지 않았다. 넬슨은 어떻게든 흑인과 백인이 화합하게 만들어야 했다. 넬슨은 백인에 대한 복수를 거부했으며 흑인을 위한 주거, 교육, 고용을 개선하면서 새로운 미래를 함께 만드는데 집중했다. 1995년 럭비 월드컵이 남아공에서 열렸을 때, 대통령 넬슨이 남아공 대표팀 셔츠를 입고 운동장에 등장했다. 수만 명의 백인 팬들이 "넬슨!"을 연호하며 환영했다. 넬슨과 함께 수감됐던 한 동료는 그날 넬슨이 등장한 사건을 이렇게 설명한다.

> 2009년 맷 데이먼 주연, 클린트 이스트우드 감독의 영화 '인빅터스 Invictus'가 개봉됐다. 영화를 보면, 럭비에 대한 만델라의 애정은 물론 그가 남아공의 모든 인종을 통합하기 위해 럭비를 어떻게 이용했는지를 알 수 있다.

"해방 투쟁, 그것은 백인들을 공포로부터 해방키는 일이기도 하다. 그날, 넬슨이 운동장에 나타났고 공포는 녹아 사라졌다."

넬슨은 망가진 나라를 다시 세우기 위해서는 흑인과 백인이 화합해야 한다는 사실을 잘 알고 있었다.

수백 년 동안 불평등이 지속되었기 때문에, 남아공의 사정은 아직도 완벽하지 못하다. 하지만 아파르트헤이트 폐지 이후 일어나고 있는 변화들은 경이롭기까지 하다. 흑인들은 어디든 원하는 곳에서 거주하고, 일하고, 공부하면서 자유롭게 꿈을 추구하고 있으며 '백인 전용' 표지는 사라졌다. 넬슨 만델라는 바로 이 같은 변화를 위해 일생의 대부분을 희생했던 것이다(*2013년 12월 5일 넬슨 만델라는 '자유를 향한 긴 여정'을 마감하고 세상을 떠났다 – 옮긴이). 전 세계 억압받는 민중에게 넬슨 만델라는 꿈의 표상이자 항쟁의 상징이다. 그는 마을의 추장이 될 수도 있었지만, 세상의 영웅이 되는 길을 선택했다

## 지금 세상을 흔들고 있는 소년!

**그레고리 R. 스미스** Gregory R. Smith

아홉 살에 고등학교를 졸업했다는 얘기를 들은 적이 있는가? 그렉 스미스는 10대 초반의 나이로 랜돌프–매컨 대학에서 학사 학위를 받았고, 열네 살 생일날엔 버지니아 대학에서 대학원 석사과정을 이수하기 시작했다. 그러나 더 놀라운 것은 그렉이 어린이들의 권리 보호를 위해 헌신했다는 점이다. 그렉은 전 세계를 돌며(학교 수업이 없을 때마다) 어린이들 모두에게 교육이 얼마나 중요한지를 연설했다. 그렉은 브라질, 르완다, 케냐에서 어린이를 위한 인도주의 운동에 앞장섰고, 네 차례나 노벨 평화상 후보에 올랐다.

# 제시 오웬스

## Jesse Owens

**1913~1980년** | 운동선수 | 미국

잠시라도 패배한다고 생각하면,
여러분은 지고 말 겁니다. 어제 여러분이 무슨 일을 했든,
새 날이 밝을 때마다 다시 출발할 수 있습니다.

**제시 오웬스** Jesse Owens

그날, 제시는 클리블랜드 최고의 소년 선수들과 200미터 육상 경주
를 하고 있었다. 평소처럼 제시는 출발과 동시에 맨 앞으로 치고 나갔
다. 그러나 언제나 그랬듯이 경쟁 주자들이 그를 바짝 쫓아왔다. 제시
가 결승점에 도착했을 때는 결승 테이프가 이미 바람에 날리고 있었
다. 오늘 그는 3위로 결승점을 통과했다. 뭐가 잘못된 걸까?

제시는 미칠 지경이었다. 그는 트랙을 둘러싼 벽에 부딪힐 때까지
전력 질주를 계속했다. 벽을 짚고 튕겨 나온 제시가 망연자실한 심정
으로 고개를 들어 보니 라일리 Riley 코치가 그를 내려다보고 있었다.

"축하한다, 제시! 오늘의 승자는 너다. 경기가 끝난 후에도 너는 멈
추지 않았구나."

제시는 코치가 벽을 향해 돌진한 자신을 놀리고 있다고 생각했지만, 라일리 코치는 진심이었다. 제시는 지난 해 했던 실수를 여전히 계속하고 있었지만, 코치는 그날의 맹렬한 기세를 보고 제시에게서 올림픽을 제패할 수 있는 열정과 의지가 있음을 알아보았다.

1926년 당시에 코치의 생각은 아주 급진적인 것이었다. 제시는 흑인에다 가난했고, 올림픽은 흑인 선수들에게 결코 우호적이지 않았다. 일생을 고단한 노동과 차별 속에서 살았던 제시의 아버지는 아들이 올림픽을 꿈꾸는 것을 탐탁지 않게 여겼다. 아버지는 말했다.

"우리 흑인은 너무 높이 오르려 해서 좋을 것이 없단다. 높이 오를수록 더 깊은 바닥으로 떨어질 뿐이란다."

그러나 라일리 코치가 옳았다. 10년 후 제시 오웬스는 올림픽에서 4개의 금메달을 따면서 세상 사람들 앞에 우뚝 섰으니까.

제시 오웬스는 1913년 앨라배마 주에서 소작농의 아들로 태어났다. 그의 원래 이름은 제임스 클리블랜드 오웬스 James Cleveland Owens 였다. 소작농의 생활이란 노예보다 별로 나을 것이 없었다. 디트로이트, 시카고, 클리블랜드와 같은 북부의 대도시들이 자동차와 기계 생산을 시작하면서 노동자를 대량으로 고용하게 되자, 수백만 명의 흑인들이 더 나은 삶을 꿈꾸며 남부의 농장을 떠났다. 제시가 여덟 살일 때, 그의 부모님도 오하이오 주의 클리블랜드로 이주했다.

그런데 제시에게 문제가 생겼다. 남부에 있는 흑인을 위한 학교는 아주 열악했기 때문에 제시는 겨우 읽고 쓰는 것을 배웠을 뿐이었다. 클리블랜드의 학교에서 그는 1학년에 배정됐고, 1학년을 위한 작은 책상은 제시의 몸에 맞지 않았다. 학교에 간 첫날, 이름을 묻는 선생님에게 제시가 대답했다.

"제 이름은 J. C.(제임스 클리블랜드)예요."

남부 특유의 느릿한 말투를 오해한 선생님은 '제시 Jesse'라고 적었고, 수줍음이 심했던 제시는 그걸 고쳐 달라고 할 용기가 없었다.

시작이 이러했으니, 그가 대학 졸업 때까지 공부 때문에 꽤나 괴로움을 겪었을 거란 사실을 쉽게 짐작할 수 있다. 하지만 제시가 남들보다 뛰어난 실력을 발휘하는 장소가 있었으니, 그건 육상 트랙이었다. 제시는 이렇게 말했다.

오늘날의 육상 트랙은 탄력이 좋아 주자가 달리는 데 도움을 주고, 물이 쉽게 빠지기 때문에 비가 와도 걱정이 없다. 하지만 1936년 당시의 트랙은 타다 만 석탄을 부숴서 만들었다. 비가 오면 선수들의 무거운 가죽 운동화가 질척거리는 트랙으로부터 흙탕을 빨아들여 달리는 속도가 늦어졌다.

"저는 달리기가 좋았어요. 그건 자기 힘으로 뭔가를 할 수 있다는 거죠. 어떤 방향으로도 갈 수 있고, 빠르게 달릴 수도 있고 느리게 달려도 되니까요. 바람을 가르면서, 오로지 발의 힘과 폐의 용맹함으로 새로운 시야를 찾아내는 거죠."

중학교 때, 제시는 자신의 인생을 바꿔줄 사람을 만났다. 라일리 코치였다. 제시는 방과 후에 일을 해야 했기 때문에 시간 맞춰 육상 연습을 할 수가 없었다. 그래서 라일리 코치는 학교에 가기 전 아침 이른 시간에 연습하도록 했다. 라일리 코치는 육상에서만이 아니라 인생에 있어서도 제시의 멘토가 되었다.

달리는 속도로만 보면 누구보다 빨랐지만, 한동안 제시는 나가는 경기마다 실패했다. 그는 1920년대의 관점으로 보면 매 경기 시작 전에 욕설과 다름없는 행동을 하곤 했다. 즉 상대 선수들을 노려보면서 그들을 위협하려고 애썼다. 라일리 코치는 그를 제지하지 않았다. 벽을 들이받고 절망한 제시가 "난 왜 이길 수 없는 거죠?"라고 물었을 때, 라일리 코치는 아무 말 없이 제시를 데리고 경마장으로 갔다. 그리고 제시에게 말들이 달리는 것을 살펴보도록 했다. 한참 후 코치가 물었다.

"말들의 얼굴에서 뭐가 보이지?"

"아무것도 안 보여요."

"그래, 말들은 정직하지. 어떤 말도 다른 말을 노려보지 않아. 말들이 편안해 보이는 것은 모든 투지를 남들이 볼 수 없는 내면에 갈무리하기 때문이란다."

그날 이후 제시는 경주할 때 자신의 감정을 떨쳐 버렸다. 자신의 몸에만 집중하고 경쟁자들에겐 신경 쓰지 않았다. 그리고 우아한 힘으로 편안하고 유연하게, 말처럼 달리려고 노력했다. 제시는 경기에서 승리하기 시작했다!

열다섯 살 때 제시는 자기 연령대의 세계 기록을 작성하기 시작했다. 그는 100야드(91.44미터)를 11초 안에 뛰었다. 열여덟 살엔 멀리뛰기에서 고등학교 세계 챔피언이 됐고, 열아홉 살에는 220야드(201.168

미터) 경주에서 20초 7을 기록했다. 그는 데이비드 앨브리튼 David Albritton과 함께 가장 권위 있는 고등학교 육상대회에서 자신의 학교가 우승하는 데 일조했다. 데이비드 역시 나중에 올림픽에 출전하게 되었고, 그들은 영웅이 되어 클리블랜드로 돌아왔다. 제시의 육상팀을 위해 환영 퍼레이드가 벌어지기도 했다. 전국 순위에 드는 선수가 된 제시는 오하이오 주립대학 육상팀에 스카우트되었다. 오늘날엔 대학 운동선수들이 캠퍼스의 왕족 대우를 받으며 공짜로 대학을 다니고 화려한 생활을 즐긴다. 하지만 1930년대의 가난한 운동선수들은 등록금을 마련하기 위해 종일 일해야 했다. 제시 역시 강의를 듣고 경기를 뛰는 동시에, 돈을 벌기 위해 3가지 아르바이트를 해야 했다.

1976년 제시는 1936년 올림픽에서의 업적을 인정받아 미국 대통령으로부터 훈장을 받았다! 제럴드 포드 대통령은 평화 시에 미국의 민간인이 받을 수 있는 최고의 훈장인 자유의 메달 Medal of Freedom을 그에게 수여했다.

오하이오 주립대학의 최고 스타였음에도 불구하고 제시는 여전히 인종차별을 당했다. 대학 기숙사에 들어갈 수도 없었고 캠퍼스 안이나 캠퍼스 근처의 식당에서 식사도 할 수 없었다. 제시와 팀 동료들이 경기에 참가하기 위해 이동할 때면, 백인 선수들은 흑인 선수와 별도의 차를 타고 이동했다. 흑인 선수가 샤워하는 것조차 금지하는 체육관도 많았다. 백인 팀 동료들이 친절하게 대해 줬지만 제시는 좌절을 느꼈다. 그들은 자신에게만 친절했을 뿐, 이 같은 인종 차별에 항의하는 행동은 전혀 하지 않았기 때문이다. 제시는 "그들의 친절이 샤워 시설도 함께 사용하겠다는 뜻은 결코 아니었다."라고 말했다. 하지만 그런 고난의 시간이 제시를 강하게 단련시

컸고, 어떤 곤경에도 대처할 수 있는 힘을 길러준 면도 있다.

1935년 어느 하루 동안 제시는 3개의 세계 기록을 갱신하고, 1개의 세계 타이 기록을 세우는 등 믿기 어려울 정도의 실력을 보여 주었다. 그는 1936년 올림픽에 나갈 수 있지 않을까란 생각을 하기 시작했다. 몇 달 뒤 제시는 정말로 미국 올림픽 육상 팀에 선발되었다! 1936년 올림픽은 나치 지배하의 베를린에서 열렸다. 나치당은 유대인, 흑인, 그리고 자기들이 비인류라고 부르는 집단을 증오했다. 독일 선수들에 겐 아리안족(백인, 파란 눈, 금발을 가진 사람들)의 우월성을 주장한 히틀러가 옳다는 것을 증명해야 한다는 압력이 가해졌다. 그리고 10명의 흑인 선수가 포함된 미국 선수단에겐 히틀러가 틀렸다는 것을 보여 주어야 한다는 책임감이 있었다.

베를린 올림픽 경기장 외곽의 거리는 제시 오웬스 스트라세 Jesse Owens Strasse라고 개명되었다.

제시는 올림픽 기간 동안, 경쟁과 인종 문제, 그리고 이미 하늘을 찌르고 있는 자신의 명성 때문에 심한 압박감을 느꼈다. 사인을 받으려는 사람들이 호텔의 열린 창문 안으로 손을 들여 밀고 소란을 피우는 바람에 잠에서 깨었던 적도 있었다. 짜증이 날 법도 했지만 제시는 라일리 코치의 가르침을 기억해 냈다. 그는 감정을 추스렸고, 결국 4개의 금메달을 땄다. 100미터 달리기, 200미터 달리기, 400미터 계주, 멀리뛰기에서였다. 제시는 품위 있는 행동과 스포츠 정신, 놀라운 스피드로 독일 팬들의 마음까지 사로잡았다. 그는 자신의 나라에서 그랬던 것처럼 히틀러의 인종차별주의도 무시해 버렸다. 그는 독일의 최고 육상 스타인 루츠 롱 Luz Long과 친구가 되어, 히틀러를 화나게 하기도 했다. 전 세계가 제시를 사랑했다. 그의 실력 때문이 아니라 어려운 환경에 처해서도 냉정함을 잃지 않는 능력에 반했던 것이다.

그는 올림픽의 엄청난 스타였음에도 불구하고, 그 후의 삶은 쉽지 않았다. 미국에 사는 흑인인 그에게 열려 있는 기회는 별로 없었다. 가족을 부양하기 위한 직업을 구할 수 없었던 제시는 오직 돈벌이만을 위해 말과 경주하는 모욕을 감내하기도 했다. 실질적으로 제시의 첫 번째 직업은 주급 30달러를 받는 놀이터의 강사 자리였다. 그러나 세월이 흐르면서, 미국의 인종차별은 상당히 수그러들었다. 제시의 업적이 인정받기 시작하면서, 생활도 한결 나아졌다. 그는 어린 선수들을 지도했고, 제2차 세계대전 중엔 정부를 위해 스포츠클리닉에서 가르치기도 했으며, PR대행사를 운영하기 시작했다. 1970년대 들어 제시는 인종 평등을 주창하는 사회운동가로 변신했다. 흑인에게 평등한 주거를 보장하는 법 제정을 위해 투쟁했으며, 미국 프로야구 아메리칸리그의 고문이 되어 구단주들에게 흑인 직원을 고용하도록 촉구하기도 했다.

제시는 인종차별에 대항하여 처절하게 투쟁했지만, 개인적으로는 품위 있는 삶을 살았다. 결코 증오를 증오로 받아치는 법이 없었고, 자신의 공정성과 솔직함으로 사람들의 마음을 변화시키려고 애썼다. 제시는 이렇게 말했다.

아무리 많은 악이 있을지라도, 그 악을 제거하는 최선의 방법은

선을 드러내는 것이다. 악의 뿌리를 쳐내는 것만으로는 충분하지 않다. 그렇게 하면 악은 끝도 없이 퍼져 나갈 것이다. 편견 옆에 또 한 그루의 나무를 심자. 그 나무를 크고 높게 키우면 차별은 시들어 죽을 수밖에 없을 것이다.

## 나는 이렇게 세상을 뒤흔들 거야!

나는 유명한 운동선수가 되어 세상을 흔들어 보겠다. 정확히 말하자면 NHL(미국의 하키 리그)의 하키 선수가 될 작정이다. 나는 다섯 살에 스케이트를 배우기 시작했고, 하키에도 입문했으며, 여덟 살부터는 정식으로 하키 강습을 받기 시작했다. 지금 나는 열한 살이고 10세 이하 하키 선수들이 뛰는 스쿼트 리그의 선수다. 나는 더 열심히 노력해 내 꿈을 꼭 이룰 것이다.

**마일스 슈머츨러** Myles Schmertzler ● 11세

# 살바토레 페라가모
## Salvatore Ferragamo

**1898~1960년** | **구두 디자이너** | **이탈리아, 미국**

살바토레는 구두를 들어 불빛에 비쳐 보았다. 다음 날 이 구두를 신고 있을 여동생을 생각하니 저절로 미소가 지어졌다. 그런데 구두 앞굽, 그러니까 판지 밑창과 캔버스 천 조각 사이에 소량의 접착제가 흘러나와 있었다. 페라가모는 흰색 캔버스 천에 흠집을 내지 않도록 조심하며, 흘러나온 접착제를 긁어냈다. 구두는 다시 완벽해졌다. 소재는 평범한 것이었지만, 구두는 세련되고 편안했다.

다음 날, 아홉 살 소년 살바토레는 여동생이 견진성사를 받기 위해 당당하고 우아한 모습으로 성당의 회랑을 걸어 내려가는 것을 뿌듯한 마음으로 지켜보았다. 성당에 모인 다른 사람들이 자신의 작품을 어떻게 봐 줄지 궁금했다. 사람들이 칭찬해 준다면, 그가 평생 열정을 쏟을 목표는 구두 디자인임이 확실해지는 것이다.

살바토레 페라가모는 1898년, 이탈리아 나폴리에서 100킬로미터 정도 떨어진 작은 마을 보니토 Bonito에서 태어났다. 그는 열한 명의 형제 중 열한 번째 아이였고, 부모님은 사랑이 넘치는 분들이었지만 집은 가난했다. 살바토레의 형 4명이 부자가 될 꿈을 안고 미국으로 떠날 때, 그들은 살바토레도 데려가고 싶어 했다. 하지만 살바토레는 준비가 되어 있지 않았다. 무엇보다 살바토레는 나폴리의 구두 장인으로부터 구두를 만드는 데 필요한 감각과 기술을 배우고 싶어 했기 때문이다. 소원대로 구두 장인으로부터 도제 생활을 마친 열세 살 살바토레는 보니토에 있는 양친의 집을 빌려 구두 가게를 열었다.

그때쯤 미국에 간 형들이 보스턴에 일자리를 얻었다는 소식을 보내왔다. 게다가 형들 중 하나는 제화 공장에서 일한다지 않는가! 구두 대량생산에 대해 강한 호기심이 일었다. 이제까지 살바토레가 만든 구두는 모두가 손으로 만든 것이었고, 구두를 한 켤레 만드는 데는 많은 시간이 들었다. 수백 켤레 혹은 수천 켤레의 구두를 한꺼번에 만드는 방법을 배우는 것이야말로 미래를 위한 길인듯 생각되었다. 살바토레는 돈을 저축하기 시작했고, 열네 살 때는 미국으로 가는 배표를 살 수 있었다. 살바토레는 드디어 형들과 합류했다.

영화 '오즈의 마법사'에 나오는 루비 슬리퍼는 모두 여섯 컬레다. 여배우 주디 갈란드 Judy Garland가 신고 춤췄던 슬리퍼는 바닥이 펠트 천으로 되어 있어 노란 벽돌 길에서도 소리가 나지 않았다. 현재까지 남아 있는 슬리퍼는 네 컬레인데 하나는 스미스소니언 박물관에 있고, 또 하나는 디즈니 엠지엠 스튜디오에 전시돼 있다. 세 번째 것은 2,000년에 66만 6천 달러에 팔렸고, 네 번째 것은 주디 갈란드 박물관에 있다가 2005년 도난당했다고 한다.

그렇지만 제화 공장은 실망스러웠다. 기계 설비는 매력적이었지만, 생산된 구두들은 편안함과는 거리가 멀어서 무겁고, 뻣뻣하고, 투박했다. 오히려 그곳에서 수제 구두의 진정한 가치를 다신 한번 깨닫게 되었다. 살바토레는 편안함과 동시에 세련됨을 추구하는 구두를 만들고 싶었다.

살바토레의 구두는 정말 환상적이었다. 그는 매우 독창적인 방식으로 색감을 쓸 줄 알았고, 구두의 굽에 대한 개념을 바꿨다. 다른 디자이너들이 정통 펌프스 스타일의 굽에 집착하는 동안, 그는 통굽, 케이지 힐, 웨지 힐, 스틸레토 등을 만들었다. 이집트의 고고학적 발견에서 영감을 얻어 거꾸로 선 피라미드 모양의 굽을 디자인하기도 했다!

미국의 동부 지역에서 일하는 동안 살바토레는 서부 지역이 새롭게 떠오르고 있다는 사실을 알아챘다. 1911년에는 헐리웃에 첫 번째 영화 스튜디오가 생겼고, 1919년이 되자 살바토레는 서부 지역이야말로 자신이 터를 잡을 곳이라 확신했다. 영화 스타들보다 더 좋은 디자인과 품질의 구두를 원할 사람이 누가 있을까? 살바토레는 캘리포니아 주 산타바버라에 있는 구두 수선점을 사 들였고, 이내 헐리웃에 샵을 갖게 되었다. 헐리웃에서 그는 스타들을 위한 구두 장인으로 알려지게 되었다. 오드리 햅번, 에바 페론, 마릴린 먼로 같은 사람들이 페라가모의 단골 고객이었다. 살바토레는 영화 '오즈의 마법사' 소품으로 유명한 루비 슬리퍼를 제작하기도 했다.

하지만 살바토레는 여기서 멈추지 않았다. 유행에 맞고 독특했기 때문에, 스타들은 살바토레가 디자인하고 만든 구두를 좋아했다. 하지만 편안함까지는 인정받지 못하고 있었다. 살바토레는 남가주 대학 University of Southern California에서 해부학 강의를 듣기 시작했고, 발을 구성하고 있는 뼈들이 연결된 방식과 발의 어느 부위가 인체의 체중을 지탱하는지 등을 연구했다. 이러한 지식을 응용해 살바토레는 구두 디자인에 작은 변화를 주기 시작했고, 그 결과 고객들은 멋진 스타일뿐만 아니라 편안함까지 누리게 되었다. 그것은 아주 눈부신 발전이었다. 살바토레가 만든 구두는 더욱 인기를 얻었고, 이내 기존의 제작 속도로는 고객들의 주문을 감당할 수 없는 지경이 되었다.

더 많은 제품을 더 빠른 속도로 만들어 내기 위해서는 미국식 대량 생산 시스템을 도입해야 했지만, 그는 이미 대량 생산의 문제점을 잘 알고 있었다. 살바토레는 자신의 샵에 많은 수의 제화공들을 고용해 대량생산할 생각도 해 봤지만, 미국인 제화공들이 품질에 최선을 다할 것이란 확신이 없었다. 살바토레는 일단 이태리로 돌아가기로 결심했다.

1927년 그는 이태리의 플로렌스 Florence에 자신의 샵을 오픈했다. 살바토레는 자신이 보스턴의 제화공장에서 보고 배웠던 것을 응용해 아주 섬세하게 작업장을 설계했다. 조립라인을 설계하고, 여러 해 동안의 경험을 살려 제화 기법 매뉴얼을 만들었다. 작업장은 훌륭하게 작동했다. 헐리웃 스타들뿐만 아니라 전 세계 유명인사들로부터 주문이 쏟아져 들어왔다.

하지만 겨우 2년 후, 대공황이 덮쳤고 미국 내 매출은 곤두박질쳤다. 살바토레는 이태리 사람들을 위한 구두 만들기에 집중했고, 사업은 확장을 거듭했다. 그러던 중 또 하나의 고난이 닥쳐왔다. 제2차 세계대전의 분위기가 무르익으면서 가죽을 비롯해 구두의 원자재들을 구하기가 어려워졌던 것이다. 하지만 이런 종류의 어려움은 이미 극복해 본 경험이 있었다. 여동생의 구두를 만들던 아홉 살 적부터 살바토레는 구두를 만드는 일이 얼마나 창조적일 수 있는지 알고 있었다!

살바토레 페라가모의 가장 유명한 구두 디자인들이 이 시기에 나왔다. 그는 쐐기 모양 굽에 코르크 소재의 밑창을 댄 여성용 구두를 만들었다. 가죽 대신 라피아야자 섬유를 엮어서 구두코를 두르고 발목을 감싸게 만들기도 했다. 살바토레는 마포, 플라스틱, 철사, 펠트 천, 물고기 가죽 등 다양한 소재를 활용했다.

제2차 세계대전이 일어나 이태리에 폭탄이 떨어지고 있는 중에 살바토레는 사랑에 빠졌다. 그는 1940년 고향 보니토에서 완다 밀레티 Wanda Miletti와 결혼했고, 두 사람 사이에 아들 셋, 딸 셋, 모두 여섯 명의 자녀를 두었다.

2차 대전이 끝난 후, 이태리는 나라를 재건하기 시작했다. 전 세계 사람들이 살바토레가 만든 구두를 다시 사기 시작했다. 1947년 그는 '보이지 않는 구두'로 권위 있는 '나이만 마커스 패션 상'을 받았다. '보이지 않는 구두'는 가늘고 투명한 플라스틱 끈으로 만들어졌고, 높은 쐐기꼴 굽이 있어 신는 사람의 발과 종아리를 날씬하게 잡아 주는 디자인이었다. 패션업계는 또 한번 놀랐고, 대중은 이 제품에 열광했다.

이후 몇 년 동안 살바토레는 구두 만드는 일을 계속했는데, 그 중엔 순금으로 만든 구두도 있었다. 그는 뉴욕 시에도 샵을 열었고, 핸드백도 디자인했다. 살바토레는 1960년 세상을 떠났지만, 아내와 자녀들이 사업을 계속 이어 가고 있다.

오늘날 살바토레 페라가모 브랜드는 최고급 구두, 가방, 양복, 스카프, 넥타이, 안경, 시계, 향수로 유명하다. 그의 샵은 전 세계 주요 도시에서 성업 중이다. 중국의 상하이 매장은 통굽 구두 조각상으로 전면을 장식하고 있다. 1995년엔 살바토레 페라가모 박물관이 이태리에서 문을 열었다.

판지와 캔버스 천을 활용한 여동생의 구두부터 순금으로 만든 화려한 구두에 이르기까지 살바토레 페라가모는 일생을 구두 만들기에 바쳤고, 전 세계 패션에 큰 영향을 미쳤다. 2003년 그는 로데오 드라이브 워크 오브 스타일 상 Rodeo Drive Walk of Style Award을 받으면서 패션의 전설이 되었다.

## 지금 세상을 흔들고 있는 소년!

**마이클 케플러 미오** Michael Kepler Meo

마이클 케플러 미오의 부모님은 아들이 걸음마를 시작했을 때부터 자기 아들의 목소리에 뭔가 특별한 것이 있음을 알아차렸다. 마이클은 유치원에 다닐 때부터, 오레곤 주의 포틀랜드 소년합창단에서 노래했고 소프라노로 훈련받았다. 열 살엔 포틀랜드 오페라단에 입단했고, 열한 살 때는 휴스턴 그랜드 오페라단 Houston Grand Opera에서 노래하게 되었다. 지금도 마이클은 미국 전역을 돌며 자신이 가장 좋아하는 일을 하고 있다.

# 호세 라울
# 카파블랑카
## José Raúl Capablanca

**1888~1942년 | 체스 선수 | 쿠바**

그의 기술은 흠잡을 데가 없었고, 아주 우아하고 품위가 있어서 체스 두는 것이
쉬워 보일 정도였다. 전 세계 역사상 어떤 선수도 카파블랑카의 걸작에 비길 만큼
기교 넘치고, 논리적이고, 수정처럼 투명한 수를 둔 적이 없었다.

**어빙 체르네프** Irving Chernev 전기 작가

호세는 깊이 숨을 들이마셨다. 이 경기를 이기면 그는 본격적인 체
스 선수가 될 수 있을 것이다. 그는 현재 쿠바의 체스 선수권자인 후
안 코르조 Juan Corzo를 상대로 이미 11판을 두었다. 후안에게 첫 판과
둘째 판을 연거푸 지면서 패색이 짙었지만, 세 번째 판이 무승부로
끝나자 이길 수도 있겠다는 감이 왔다. 후안과 호세는 스타일이 좀 달
랐다. 후안은 명인들로부터 배웠고 체스에 관한 책은 다 읽었지만, 호
세는 그저 직관적으로 체스를 이해했다. 후안은 체스 선수가 구사할
수 있는 모든 수를 기억하고 있었지만, 호세는 체스판만 쳐다보면 그
수들이 그냥 보였다.

호세는 그 후 내리 세 판을 이겼고, 이제 한 판만 더 이기면 승리할

수 있었다. 그는 체스판에 집중했고 판 위에 있는 모든 말을 살펴보았다.

"체크메이트!"

호세는 자신의 루크(*rook, 성장(城將). 우리나라 장기의 차(車)와 비슷하게 움직인다 – 옮긴이)를 움직여 상대편의 킹을 구석에 몰아넣으며 장군을 불렀다.

관중들은 숨을 죽였고, 심판은 체스판을 검사하고 고개를 끄덕였다. 그러자 박수갈채가 터져 나왔다. 열두 살 호세 라울 카파블랑카가 쿠바의 새로운 체스 챔피언이 되는 순간이었다!

호세는 종종 '인간 체스 기계 Human Chess Machine'라고 불리곤 했다.

호세는 1888년 쿠바의 아바나 Havana에서 태어났다. 체스를 좋아하는 아버지를 둔 덕분에 호세는 아버지가 체스 두는 모습을 보며 자랐다. 네 살이 됐을 때 호세는 아버지가 친구와 체스 두는 모습을 보다가 킥킥거리고 웃었다. 왜 그러냐는 아버지의 물음에 호세는 이렇게 대답했다.

"아버지가 나이트를 잘못 움직였으니까요."

체스판을 들여다본 아버지는 꼬마 호세의 말이 맞다는 것을 알아차렸다.

호세의 아버지는 아들의 타고난 재능을 인정했고, 호세를 쿠바의 중앙체스클럽에 데리고 다니기 시작했다. 그런데 그 클럽의 최고 선수들 누구도 호세를 이기지 못했다. 호세는 천재였다!

성장한 호세는 대학 진학을 위해 미국 이주를 결심했다. 뉴욕 시의 콜럼비아 대학에 입학 후, 호세는 열심히 공부했지만 체스는 더 열심히 뒀다. 호세는 맨해튼체스클럽 the Manhattan Chess Club에서 많은 시간을 보냈고, 거기서 일생 동안 우정을 나눌 친구들을 사귀었다. 호세의 실력에 감탄한 동료 클럽 회원들이 미국 전역을 돌며 최고의 체스 선수들과 대결하는 이벤트를 주선했다. 이 투어가 끝나갈 무렵, 스무 살 호세는 미국 체스 챔피언인 프랭크 마샬 Frank Marshall과 맞대결해서 8승 1패 14무승부의 전적으로 승리했다. 전 세계 체스 동호인들이 경외감을 갖고 호세를 보게 된 사건이다.

1911년 체스계는 스페인에서 열리게 될 '산 세바스찬 San Sebastian 국제 토너먼트'를 준비하고 있었다. 그해의 가장 중요한 경기였다. 현 세계 챔피언인 엠마누엘 라스커 Emanuel Lasker만 제외하고 전 세계의 최고 선수들이 참여할 예정이었다. 이 토너먼트는 참가 자격을 엄격하게 제한했다. 호세는 이 기준을 완전히 만족시키긴 못했지만 마샬이 생각하기에 호세는 참가 자격이 충분했다. 마샬은 집행부에 호세의 출전을 허용하라고 강력히 요구했고, 결국 집행부는 굴복했다. 곧바로 체스 동호인들 사이에 소문이 널리 퍼져 나갔다. 도대체 얼마나 대단한 선수길래 대회 규칙까지 바꾸게 했을까? 출전 선수 중 한 명인 아론 님조비치 Aron Nimzovich는 호세에게 '고수들 앞에서는 입을 다물라'고까지 했다. 호세는 아론에게 도전했고, 속기로 몇 판을 두어 손쉽게 아론을 이겼다. 이제 누구도 감히 호세에게 가만있으라고 말할 형편이 아니었다. 선수들 모두가 최선을 다했지만 호세는 다 물리쳤다. 하지만 환호와 박수는 없었다. 유럽의 라이벌들은 운 좋은 애송

이일 뿐이라고 호세를 폄하했다.

그러거나 말거나 호세는 신경 쓰지 않았
다. 자신이 뛰어난 체스 선수라는 사실을 본
인이 더 잘 알고 있었기 때문이다. 호세는 체
스 경기를 하며 유럽의 10여 개 도시를 돌았
다. 그러다 그는 세계 챔피언이 되어야겠다
고 결심했다. 현 세계 챔피언인 라스커는 산
세바스찬 토너먼트에 참가하지 않았던 것이

번개 체스 Lightning chess는 속
기 체스 speed chess, 신속 이
동 체스 rapid transit chess, 전
격 체스 blitz chess라고도 불린
다. 선수들은 각자 자기가 둘 차례
에서 10초 내에 착수해야 하거나,
전체게임을 5분 내에 끝내야하는
식으로 시간제한을 두어 빠른 경
기진행을 유도한다.

다. 호세는 라스커에게 도전장을 보냈다. 라스커는 호세가 17개의 조
건에 동의할 때만 경기를 하겠다고 조건을 내 걸었고, 결국 두 사람
사이의 경기는 성사되지 않았다.

2년 후, 호세의 고향인 아바나에서 체스 토너먼트가 개최되었다.
챔피언 자리는 전 미국 챔피언이었던 마샬과 호세 간의 마지막 경기
에서 가려지게 되었다. 두 선수 모두 간절히 타이틀을 원했으므로, 긴
장으로 안절부절못했다. 결국 마샬이 간신히 호세를 이겼다.

호세는 자신이 조국의 명예를 떨어뜨렸다고 낙담했지만, 쿠바는 여
전히 그를 열렬히 응원했다. 1913년 쿠바 정부는 호세를 외교부 직원
으로 임명했다. 외교부 직원 호세에게 의무로 부여된 일은 체스를 두
는 것뿐이었다. 쿠바 정부는 1914년 상트페테르부르크에서 열릴 국
제 체스 선수권 대회에서 호세가 쿠바를 대표해 선전해 주기를 바랐
다. 그 대회에서 호세는 마샬이나 님조비치와 대결해야 할 것이고, 아
마 마지막엔 라스커와 일전을 벌여야 할 것이다.

호세는 첫 두 경기에서 불안정한 모습을 보였지만, 이내 안정을 되찾았고 마침내 라스커와 챔피언을 가리는 경기를 벌이게 되었다. 두 명의 위대한 체스 선수들은 격렬한 공격과 영리한 술수로 서로를 밀어붙였다. 호세는 전력을 다해 싸웠지만, 이번에도 라스커의 승리였다. 세계 체스 챔피언의 자리는 아직도 호세의 것이 아니었다.

상트페테르부르크 토너먼트가 막을 내린 직후 제2차 세계대전이 터졌고, 예정됐던 국제 체스 선수권대회는 연기되었다. 호세는 쿠바 외교부의 직책을 갖고 체스 경기를 하며 세계를 여행했고, 자신의 실력이 점점 향상되고 있음을 느낄 수 있었다. 그러는 동안 라스커는 체스의 프로화 작업을 진행하고 있었다. 승리한 체스 선수는 상금을 받을 자격이 있다는 주장이었다. 그렇지만 체스의 프로화는 만만치 않은 목표였다. 제1차 세계대전이 끝나자 호세는 세계 챔피언 자리를 두고 다시 라스커에게 도전했다. 그때까지도 체스 선수에게 상금을 지급하는 문제는 해결되지 않고 있었다. 자신의 챔피언 타이틀을 지키는 일에 별 관심이 없었던 라스커는 기권했고, 호세에게 이렇게 말했다.

> 현대의 체스 선수들이 받을 수 있는 최고의 찬사는 '카파블랑카처럼 둔다'는 말이다.

"이제부터 당신이 챔피언이요."

체스 애호가들은 스포츠 정신이 결여된 라스커의 행동에 몹시 실망했다. 1년 뒤 호세는 다시 라스커에게 도전했다. 이번에 호세는 후원자들을 설득해 호세와 라스커에게 각각 12,500달러씩의 대전료를 지불하도록 만들었다. 라스커는 대결을 승낙했다. 열 번의 무승부 후에,

호세가 네 번의 승리를 거두자 라스커는 다시 기권해 버렸다. 드디어 호세는 세계 챔피언이 되었다.

체스계가 계속 성장하고 변화함에 따라, 전 세계의 체스 고수가 새로운 규칙을 만들기 위해 한 자리에 모였다. 세계 챔피언 자리를 놓고 호세가 라스커에게 도전했을 때 총 2만 5천 달러를 걸었던 만큼, 이후의 도전자들도 최소한 1만 달러 이상의 판돈을 걸어야 한다는 것이 호세의 생각이었다. 이후 몇 년 동안 여러 명이 세계 체스 챔피언 자리를 놓고 호세에게 도전했지만, 실제 경기에 돈을 걸 수 있었던 선수는 단 한 명에 불과했다. 알렉산더 알레킨 Alexander Alekhine은 아르헨티나 정부와 몇 명의 사업가로부터 후원을 받아 호세에게 도전했다. 하지만 그 때 호세는 다른 규칙을 만들었다. 알레킨이 도전자 자격이 있다는 것을 증명하기 위해 뉴욕 선수권대회에 출전해야 한다는 것이었다. 알레킨은 호세가 도전을 어렵게 만든다고 불같이 화를 냈지만, 어쨌든 뉴욕 선수권대회에 출전했다.

호세와 알레킨 사이에 벌어진 세계 챔피언 결정전은 1927년, 아르헨티나의 부에노스아이레스에서 열렸다. 챔피언이 되기 위해서는 한 선수가 여섯 판을 이겨야 했다. 두 사람이 격돌한 경기는 승부가 나기까지 무려 73일이나 걸렸고, 세계 체스 챔피언 결정전 사상 가장 긴 시간을 싸운 기록으로 남게 되었다. 34회의 경기 끝에 알레킨이 결국 여섯 판을 이겼고, 새로운 세계 챔피언이 되었다.

1942년 호세는 맨해튼 체스 클럽에서 체스 경기를 관전하던 중 갑자기 쓰러졌다. 급히 병원으로 옮겼지만 다음 날 세상을 떠나고 말았다.

호세 라울 카파블랑카는 다시는 세계 챔피언 타이틀을 따지 못했다. 하지만 아직도 많은 사람들이 고금을 통틀어 가장 위대한 체스 선수는 호세라고 생각하고 있다. 호세는 선수 생활 중 600여 회의 체스 경기를 했지만, 그가 패배한 것은 단 36번에 불과했다. 알레킨조차 호세를 '가장 위대한 체스 천재'라 불렀다.

## 지금 세상을 흔들고 있는 소년!

### 스티븐 푸루가난 Steven Purugganan

12개의 플라스틱 컵으로 6초 동안 무슨 일을 할 수 있을까? 스포츠 스태킹(*12개의 컵을 빠른 속도로 쌓고 허무는 게임 – 옮긴이)이다! 스티븐 푸루가난은 우연히 텔레비전을 보다가 그 스포츠를 알게 되었다. 스티븐은 자신의 스태킹 컵을 준비해서 연습에 들어갔다. 그는 최고가 되기로 결심했다. 열한 살 때 스티븐은 세계 스포츠 스태킹 챔피언이 되었고, 열두 살과 열세 살 때도 연속해서 챔피언이 되었다. 그는 몇 개의 기네스 세계 기록도 갖고 있다. 스티븐의 재빠른 손놀림은 타임 잡지와, ESPN, 엘렌 드제네레스 쇼, 익스트림 메이크오버 Extreme Makeover: Home Edition 등의 관심을 끌었고, 파이어폭스 Firefox 와 맥도날드의 광고에 출연하기도 했다. 스포츠 스태킹의 홍보 대사인 스티븐은 미국 전역과, 아시아, 유럽을 돌며 어린이와 어른이 함께 즐길 수 있는 이 놀라운 기술을 전파하고 있다.

# 앨버트 아인슈타인
## Albert Einstein

1879~1955년 | 물리학자 | 스위스와 미국

상상력은 지식보다 중요하다.
지식은 한계가 있지만, 상상력은 세상을 둘러싼다.

**앨버트 아인슈타인** Albert Einstein

앨버트는 발걸음을 재촉해 비탈진 산길을 올라갔다. 앞쪽엔 앨버트가 존경하는 스승인 윈텔러 Winteler 교수와 몇 명의 동급생이 산을 오르고 있었다. 윈텔러 교수는 학생들과 함께 알프스의 산들로 하이킹을 가곤 했다. 눈 덮인 산록에 햇빛이 반사되고 있었다. 앨버트의 머릿속에 이런저런 생각들이 떠올랐다. '사람이 빛의 속도로 이동하면 어떤 일이 일어날까?' 생각에 빠져 주의를 기울이지 않은 탓에, 앨버트는 발을 헛디뎠고, 절벽 끝으로 미끄러졌다! 산 밑으로 굴러 떨어지기 직전에 앨버트는 얼음 덮인 바위를 잡을 수 있었고, 곧 한 친구가 달려와 자신의 지팡이를 내밀었다.

"고마워! 자네가 내 목숨을 구했어!"

지팡이를 잡으며 앨버트가 말했다.

어떤 문제에 대해 골똘히 생각하느라 정신을 놓은 것이 이번이 처음이 아니었고, 또 마지막도 아니었다. 그해 말에 앨버트는 '자기장 내 에테르 상태 탐구 On the Investigation of the State of Ether in the Magnetic Field'란 제목의 논문을 썼다. 앨버트가 쓴 최초의 과학 논문이었다. 그 논문은 앨버트의 머리를 뜨겁게 달구던 의문들을 담고 있었고, 그때까지 많은 과학자들이 생각도 못 해 본 내용이었다. 그 논문을 시작으로, 우주에 대한 의식을 혁명적으로 바꿔 놓은 인류 역사상 가장 뛰어난 과학자 중 한 명이 본격적으로 활동을 시작했다.

앨버트 아인슈타인이 1879년 독일의 울름 Ulm에서 태어났을 때, 그의 할머니가 내뱉은 첫마디는 "너무 뚱뚱해! 너무 뚱뚱해!"였다. 앨버트의 머리는 비정상적으로 커서, 가족들은 아기가 뭔가 심각하게 잘못된 것이 아닐까 걱정했다. 하지만 아기는 건강했고, 꽤나 정상적인 소년으로 성장했다. 그의 아버지는 깃털을 채운 침대를 팔아 생계를 꾸렸고, 어머니는 앨버트와 그의 어린 여동생 마야Maja를 돌봤다. 어머니는 세계에 대해 마음껏 질문을 던지고 탐구하도록 앨버트를 격려했다. 다섯 살 때, 앨버트는 아버지로부터 나침반을 선물 받았다. 앨버트는 나침반에 매료됐고, 나침반 바늘이 늘 같은 방향을 가리키게 만드는 어떤 힘이 존재한다는 사실을 알아차렸다. 앨버트는 '사물들의 뒤에는 깊이 숨겨진 뭔가가 있다'는 것을 홀연히 깨달았던 것이다.

앨버트의 못 말리는 호기심은 학교 수업에 집중하기 어렵도록 했다. 그는 끊임없이 자연의 숨은 힘들을 상상하며 백일몽에 빠져 들곤 했다. 선생님들은 그가 말이 너무 느린 학생이라 생각했다. 학

생들은 앨버트를 '멍청 씨(헤어 랑바일 Herr Langweil)라 부르기 시작했다. 교장 선생님조차 앨버트는 아무것도 해 내지 못할 거라고 했다. 학생들과 교사가 어떻게 생각하든, 앨버트에게 수업에 집중하는 일은 거의 불가능에 가까웠다. 당시의 수업이란 그저 지식을 암기하는 수준이었고, 아이들에겐 질문조차 허락되지 않았다!

그러던 어느 날, 가족의 지인이 앨버트에게 기하학 책 한 권을 주었고, 그때부터 앨버트의 인생은 돌이킬 수 없이 바뀌었다. 열두 살배기 앨버트는 짧은 시간 내에 그 책을 다 읽었고, 그 책에 있던 모든 문제를 풀었다. 그 후 앨버트는 힘과 물질, 우주 등을 주제로 한 과학 책을 닥치는 대로 읽었다. 열세 살이 됐을 때 앨버트는 임마누

엘 칸트가 쓴 '순수이성비판'까지 읽어 치웠다. '순수이성비판'은 교수들조차 이해하기 어려워하는 책이다. 가족의 지인은 이렇게 말했다.

"일반 사람들은 이해할 수 없는 칸트의 책이, 그에겐 아주 명백한 것처럼 보였다."

선생님들은 여전히 앨버트를 바보로 여겼지만, 아인슈타인 씨 부부가 보기엔 자신의 아들이 세계에 대한 독특한 시각을 갖고 있는 것이

었다.

앨버트는 우여곡절 끝에 고등학교를 졸업하고 스위스에 있는 기술 학교에 입학했다. 스물한 살 때 앨버트는 학위를 딸 수 있었다. 그러나 강사 자격을 얻지 못한 앨버트는 스위스에 있는 특허 사무실에 일 자리를 얻게 되었다. 앨버트는 직장에 만족했다. 새로운 발명에 대해 배울 수 있었고, 자유로운 시간엔 물리학에 대해 생각할 수 있었기 때 문이다. 앨버트는 특허 사무실에 근무한 초기 3년 동안 많은 생각을 했고, 급기야 지금은 그 이름을 모르는 사람이 없는 상대성 이론(혹은 E=mc²으로 알려져 있다)을 내놓았다. 상대성 이론은 시간, 공간, 현실의 이해에 대한 거대한 개념을 다뤘다. 아인슈타인의 생각은 급진적이었 고, 기존에 정립된 다른 이론들을 완전히 부정하는 것이었다.

과학계는 경악했다. 도대체 하찮은 특허 사무실 직원이 그토록 혁 명적인 물리학 이론을 내놓을 수가 있는가? 아인슈타인의 이론은 논 쟁의 여지가 많았지만, 그의 반짝이는 지성은 모두가 인정했다. 체코 슬로바키아의 프라하에서 처음으로 교수직 제의가 있었고, 그 다음 엔 독일의 베를린에서 연락이 왔다. 아인슈타인은 이 모두를 받아들 였다. 벨기에에서 열린 세계물리학 학회에 최연소 학자로 초청받기도

텔레비전과 형광등은 아인슈타인이 발견한 광전효과Photoelectric Effect 덕분에 가능한 것이다. 광전효과란 빛이 파동과 입자처럼 움직인다는 사실을 증명한 이론이다.

했다. 아인슈타인은 가르치는 일을 좋아했다. 유럽 전역에서 많은 교수와 학생들이 그의 강 의를 듣기 위해 몰려들었다. 1919년 아인슈타 인의 명성은 하늘 높이 치솟았다. 그 해에 영 국 과학자가 아인슈타인의 이론이 옳음을 증

명했던 것이다! 뉴스는 전 세계에 퍼졌고, 아인슈타인은 세계적으로 유명해졌다. 1922년 그는 노벨물리학상을 수상했다. 아인슈타인의 초등학교 때 선생님들이 기절초풍할 일이 일어난 것이다.

그러나 물리학만이 관심과 열정의 대상은 아니었다. 아인슈타인은 평화주의자, 즉 어떤 명분으로도 전쟁은 합리화되지 않는다고 믿는 사람이었다. 유럽에 사는 동안 아인슈타인은 제1차 세계대전의 참상을 목격했고, 독일이 제2차 세계대전을 획책하고 있음을 알게 되었다. 그는 독일 정부에 저항했지만 아무 소용이 없었다. 히틀러와 나치당은 인종 차별주의자이자 정치적 극단주의자였고, 독일이란 나라를 장악해 가면서 유대인의 권리를 점점 더 제약했다. 유대인이었던 아인슈타인은 생명의 위협을 느꼈다(실제로 제2차 세계대전이 끝날 때까지, 나치스는 수백만 명의 유대인을 살해했다). 1933년 아인슈타인은 미국으로 망명했고, 뉴저지 주에 있는 프린스턴 고등연구소에서 연구를 계속했다.

1939년 히틀러는 폴란드를 침공했다. 제2차 세계대전이 시작된 것이다. 아인슈타인은 나치스가 자신의 이론($E=mc^2$)을 이용해 핵무기를 개발할까 봐 걱정이었다. 나치스가 핵무기를 갖게 되면 전쟁에서 우위를 갖게 될 것이 분명했기 때문이다. 아인슈타인은 미국 대통령 프랭클린 루스벨트에게 편지를 보내, 핵무기 연구기금을 만들 것을 제안했다. 평화주의자인 아인슈타인으로서는 어려운 결정이었지만, 나치스가 지배하는 세계는 생각하기조차 끔찍했다. 루스벨트 대통령은 아인슈타인의 권고를 받아들였고, 물리학자들을 모아 원자폭탄

아인슈타인 사망 직후, 주기율
표 상 99번째 원소가 발견되었
다. 이 원소에는 아인슈타이늄
Einsteinium이란 이름이 붙었다.

을 만드는 제1급 비밀 임무 '맨해튼 프로젝트
Manhattan Project'를 시작했다.

자신이 만든 공식($E=mc^2$)이 맨해튼 프로젝
트의 관건이었음에도 불구하고, 아인슈타인
은 원자폭탄을 만드는 일에 직접 관여하지 않았다. 1945년 8월, 미국
은 독일의 동맹국이었던 일본 히로시마와 나가사키에 원자폭탄을 투
하했다. 전쟁은 확실하게 끝이 났지만, 그 폭격으로 인해 수십만 명의
무고한 일본 시민이 목숨을 잃었다. 아인슈타인은 핵폭탄 사용의 충
격에서 벗어날 수가 없었고, 남은 생애 동안 일관되게 평화를 옹호했
다. 아인슈타인은 이렇게 주장했다.

"평화는 힘으로 지켜지는 것이 아니다. 이해를 통해 얻어질 수 있을
뿐이다."

일생 동안 아인슈타인은 시오니스트 정치운동의 회원이었다. 시오
니스트 운동의 핵심은 유대 민족의 새 나라를 세우자는 것이다. 이 같
은 노력의 결과 1948년 이스라엘이 건국됐다. 1952년 이스라엘 대통
령 하임 와이즈만 Chaim Weizmann이 사망하자, 이스라엘은 아인슈타
인에게 대통령직을 제의했다! 영예로운 일이었지만 그는 그 제안을
거절했다. 자신은 나이도 많고, 그런 직책에 전혀 경험이 없다는 것이
이유였다.

3년 후, 아인슈타인은 심장 질환으로 세상을 떠났다. 그의 침상 옆
에는 몇 개의 완성되지 않은 공식이 있었다. 그가 밝혀 내려 했던 것
은 무엇이었을까? 전혀 알 도리가 없다. 우리가 아는 것은 아인슈타

254

인이 물리학 천재로서나, 평화주의자로서나, 유대인의 지도자로서나 세상에서 가장 뛰어난 인물이었다는 점이다. 하지만 이 같은 찬사에 대해 아인슈타인은 전에도 말했던 것처럼 이렇게 말할지도 모른다. "제게 특별한 재능 같은 것은 없습니다. 그저 열렬히 제 호기심을 쫓았을 뿐이지요."

## 나는 이렇게 세상을 뒤흔들 거야!

내 꿈은 생명 역학을 연구하는 위대한 생물학자가 되는 것이다. 나는 살아 있는 세포가 어떻게 기능하고 생존하고 복제하는지를 연구하고 그 세포가 속한 환경을 연구할 것이다. 나의 목표는 빌 나이 Bill Nye나 아인슈타인 같은 굉장한 과학자가 되는 것이다. 내가 생물학자로서 이루고 싶은 두 가지는 동물 에이즈를 정복하는 것, 그리고 이제까지 알려지지 않은 새로운 유기체를 발견하는 것이다.

**루카스 스프레이그** Lucas Sprague ● 12세

# 파블로 피카소

## Pablo Picasso

**1881~1973년 | 화가 | 스페인**

어린이는 누구나 예술가다. 문제는 어떻게 해야
성인이 돼서도 그 예술성을 잃지 않느냐 하는 것이다.

**파블로 피카소** Pablo Picasso

열다섯 살 파블로는 이젤에서 조금 물러나, 자신이 그리던 정물화를 꼼꼼히 살펴보았다. 그릇 속의 포도알 하나하나는 완벽하게 실물 같았지만, 무미건조하고 생기가 없었다. 피카소는 과일이 보이는 그대로를 잡아내고 싶었다. 하지만 어떻게 해야 할지는 몰랐다. 그 후 파블로는 며칠 동안 다양한 방식의 붓질을 실험해 봤고, 마침내 만족할 만한 새로운 기법을 찾아냈다.

그날 저녁 유명한 화가이자 교사였던 파블로의 아버지 호세 루이즈 Jose Ruiz가 퇴근해 집으로 돌아왔다. 호세는 비둘기 그림으로 유명한 화가였다. 실제로 많은 사람들이 그를 스페인 최고의 비둘기 화가라고 생각했다! 그는 아들에게 물었다.

"파블리토야, 그림을 끝냈니?"

파블로는 쭈뼛거리는 몸짓으로 화실에 있는 정물화를 가리켰다. 자신의 새로운 기법에 대해 아버지는 어떻게 생각하실까? 호세는 놀란 표정으로 파블로의 작품을 뚫어지게 바라보았다. 도대체 뭐가 잘못된 걸까? 마침내 호세가 입을 열었다.

"아들아, 너는 나의 재능을 뛰어넘었구나! 이런 훌륭한 그림을 보면서, 내가 계속 그림을 그릴 수는 없다."

그날 이후 파블로의 아버지는 그림 그리기를 완전히 포기했고, 그의 아들 파블로는 훨씬 더 많은 걸작을 그려 냈다. 그러나 파블로 작품의 대부분은 호세가 그렇게 찬양하던 사실주의 화풍이 아니었다. 죽은 후에야 유명해지는 대부분의 예술가들과는 달리 파블로 피카소는 살아생전에 엄청난 영예를 누렸다. 그의 그림들은 예술계에 혁명을 일으켰고 전 세계 사람들의 찬양을 받았다.

1881년 8월 25일, 스페인의 말라가 Malaga에서 태어난 파블로는 끔찍이도 수줍어하는 소년이었고, 정말로 공부를 못했다. 파블로가 뭐 하나 뛰어난 구석이 없었음에도 불구하고, 파블로의 어머니는 아들에게 늘 이렇게 말했다.

"네가 군인이 된다면 장군이 될 거고, 카톨릭의 수사가 된다면 결국에는 교황이 될 거다."

아들이 어떤 일을 하든 위대한 성공을 거두리라고 확신했던 것이다.

아버지가 미술 교사였던 까닭에 파블로는 일찍이 그림의 세계에 들어섰다. 겨우 열 살의 나이에 그는 자신의 첫 번째 주요 작품을 완성했고, 그 작품에서 시대를 뛰어넘는 재능을 선보였다. 열네 살 때 파블로는 바르셀로나 미술 아카데미 Academy of Fine Arts in Barcelona 입학 시험을 치렀다. 최소한 한 달이 걸린다는 힘들기 짝이 없는 시험이었지만, 어린 파블로는 단 하루 만에 그 시험을 마쳤다.

미술 아카데미 시절 그는 작품이든 기법이든 모든 면에서 탁월했지만, 예술에 대해 편협한 마음을 갖고 있는 선생님들 때문에 불만이 많았다. 하루는 열네 살 파블로가 '늙은 어부 The Old Fisherman'를 그렸다. 그 그림이 현실적이지 않다는 이유로 파블로의 지도 강사는 그림을 인정하지 않았다. 파블로는 미술학교 자체를 변화시켰고 열여섯 살부터는 세상의 칭찬과 명예를 얻기 시작했지만, 그의 화풍은 너무 특이하다는 이유로 여전히 비판받았다. 파블로는 불행했다. 그는 자신을 자유롭게 표현하고 싶었을 뿐이다!

스페인에서 화가가 된다는 일에 절망한 열아홉 살 파블로는 파리로 갔다. 파리는 예술 세계의 중심이었고, 예술가들이 전통이란 틀을 벗을 수 있는 장소였다. 그곳에서 파블로

장미시대 동안 피카소는 서커스에 빠져서, 일주일에 서너 번씩 서커스를 보러 가곤 했다!

의 예술성은 활짝 꽃피었다. 파블로는 추상화를 탐색했고, 맘에 드는 그림을 보게 되면 그 화풍을 흉내내 그리곤 했다. 파블로는 이내 드가 Degas나 모네 Monet와 같은 유명 화가의 기법과 화풍을 복제할 수 있게 됐지만, 여전히 자신만의 예술 스타일을 찾지 못하고 있었다.

파블로의 예술적 도약은 하나의 비극을 통해 일어났다. 가장 친했던 친구가 자살했던 것이다. 파블로는 깊은 우울에 빠졌고, 작품에 이런 감정 상태가 반영됐다. 파블로는 거지, 창녀, 불구자 등과 같은 사회의 막장에서 삶을 이어가는 사람들을 그리기 시작했고, 그 작품들은 푸른색과 회색이 주조를 이루었다. 파블로가 전에 그렸던 그림들과는 완전히 달랐다. 1901년부터 1903년에 걸친 이 시기를 오늘날엔 '피카소의 청색 시대 Picasso's Blue Period'라 부른다.

1904년 파블로의 그림은 또다시 바뀐다. 이때는 사랑이 변화를 불러왔다. 파블로는 붉은 머리칼을 가진 아름다운 모델 페르난데 Fernande를 만나게 되었다. 그녀와 사랑에 빠져 슬픔과 비탄으로부터 벗어나게 된 파블로는 어둡고 우울한 색깔을 버리고 분홍색, 장미색, 흙색을 배합해 그림을 그리기 시작했다. 그는 또한 그림의 새로운 소재를 찾아냈다. 알록달록한 서커스 공연자며, 자신과 같은 예술가들을 그림의 대상으로 삼은 것이다. 이 시기는 나중에 '피카소의 장미 시대 Picasso's Rose Period'라 불리게 된다.

파리에서 자신의 그림을 좋아하는 팬을 얻게 되자, 파블로는 다른 창조적 기법을 탐색했다. 단지 어떤 색깔을 쓰느냐란 문제에서 벗어나, 파블로는 아프리카 예술을 공부했고 기하학적 도형을 실험했다. 이 도형들로부터 후일 파블로를 유명하게 만든 새로운 스타일, 입체파 cubism가 태어났다. 사람들은 파블로의 야성적인 그림에 충격을

피카소의 작품 중 가장 유명한 입체파 조각은 시카고의 번화가에 있다. 1967년 설치된 이 15미터 높이의 거대한 강철 조각에 대해, 일부 비평가들은 피카소 자신이 기르던 개를 모델로 삼아 만들었다고 주장한다!

받았다. 파블로의 새로운 그림은 너무 추상적이어서 무엇을 전달하려 하는 건지 짐작도 할 수 없었던 것이다. 그림들은 마치 유리가 깨지듯 산산조각으로 부서졌다가 엉터리로 다시 봉합된 것처럼 보였다. 많은 사람들이 괴상하다는 이유로 그림을 비판했지만, 또 다른

세계에서 가장 비싼 그림 10점 중 3점이 피카소 작품이다. 세 작품 모두 9,500만 달러 이상에 팔렸다! 역사상 가장 비싸게 팔린 그림은 뭉크의 '비명 The Scream'으로, 2012년 5월 소더비 뉴욕 경매에서 1억 2천만 달러에 팔렸다.

많은 사람들이 파블로의 창조성을 찬양했다. 입체파는 이내 장안의 화제가 됐다. 얼마 가지 않아 파블로의 그림은 수천 달러를 호가하게 됐고, 곧 수백만 달러 수준에 이르렀다!

그는 가장 유명한 입체파 화가였지만, 평생 자신의 화풍에 대한 실험을 멈추지 않았다. 다작을 했던 파블로는 하루 만에 서너 점의 대작을 완성하기도 했다. 그는 수천 점의 예술 작품을 창작했다. 그림을 비롯해, 무대 장치 설계, 책의 삽화, 조각, 도자기, 날염, 콜라주 등 그 분야도 다양했다. 파블로의 그림 중 가장 유명한 '게르니카 Guernica'는 1937년 스페인 내전의 잔인성에 저항하기 위해 그린 것이다. 그에게 예술은 사회의 불의와 싸우는 수단이기도 했다.

파블로는 죽을 때까지 붓을 놓지 않았다. 91세로 세상을 떠나기 전, 마지막 작품은 자화상이었다. 비둘기 화가의 아들로 태어난 파블로는 세상에서 가장 부유하고 최고의 찬탄을 받는 사람이 되었다. 어린 시절 그린 극도로 사실적인 그림부터 그를 유명하게 해 준 입체파 그림까지, 예술 애호가들에게 파블로 만큼 영감을 불어넣는 작가는 찾을 수 없을 것이다.

# 지금 세상을 흔들고 있는 소년!

**크리스 콜퍼** Chris Colfer

세상 사람들은 크리스 콜퍼를 영화 글리 Glee에 나온 배우로만 알고 있지만, 그의 재능은 훨씬 다방면에 걸쳐 있었다. 크리스는 열네 살 때, 병원 모금 행사의 일환으로 공연된 연극에서 조연출을 맡았다. 그는 고등학교 때 뮤지컬 각본을 쓰고, 연출하고, 배역을 맡아 공연했다. 영화 글리의 캐스팅 감독이 크리스의 재능을 알아본 것은 전혀 놀랄 일이 아니다. 크리스는 헐리웃외신기자협회(HFPA)에서 주는 상을 받았고, 2011년 미국배우조합상에서 코미디 시리즈 남우주연상 후보에 오르기도 했다. 크리스는 자신이 집필한 시나리오 '번개에 맞았다 Struck by Lightning'를 영화사에 판매하기도 했다.

# 매튜 A. 헨슨

## Matthew A. Henson

**1866~1955년 | 탐험가 | 미국**

그렇게 험악한 날씨에 이동을 강행할 사람들은 피어리Peary의 탐험대 외엔 없을 것이다. 우리가 내쉬는 숨은 털모자에 얼어붙었고, 뺨과 코는 얼어 버렸다.

**매튜 A. 헨슨** Matthew A. Henson 흑인 북극 탐험가

매튜는 볼티모어에 있는 조선소로 가고 있었다. 물가로 이어지는 자갈 깔린 길을 천천히 걸어 내려가자 창고 건물 위쪽으로 까닥거리는 배의 돛대들이 보였다. 매트가 마지막 모퉁이를 돌자, 드디어 배의 전체 모습이 보였다. 복잡하게 얽힌 밧줄과 활대들로 덮인 세 개의 높이 솟은 돛대가 그 위용을 과시했다. 하지만 매튜의 눈길을 끈 것은 배 앞머리에 금박으로 새겨진 글자였다. 케이티 하인스호 Katie Hines 였다.

매튜의 시선은 한참 동안 검은 광택을 내는 선체에 머물다, 이윽고 조선소의 나머지 부분으로 향했다. 그런데 배 가까이에 한 남자가 꼼짝 않고 앉아 있었다. 매튜와 마찬가지로 배에 홀린 듯 보였다. 매트

가 다가가 물었다.

"이게 아저씨 배인가요?"

"그렇다네, 젊은이."

자랑스러움이 잔뜩 묻어난 그 목소리에 매튜는 셀레임으로 가슴이 부풀어 올랐다. 얼마 후 배의 주인, 차일즈 선장 Captain Childs은 흑인 아이 매튜를 케이티 하인스호의 선실 사환으로 고용했다. 이 작은 아이가 앞으로 역사적인 일을 하게 될 거라고는 상상도 하지 못한 채……

매튜 알렉산더 헨슨은 1866년 메릴랜드 주 찰스 카운티 Charles County의 한 오두막에서 태어났다. 그의 부모는 미국에서 노예제도가 폐지된 후 자유인으로 태어난 아프리카계 미국인들로 오두막 뒤의 작은 땅에 농사를 짓고 사는 소작인이었다. 매튜가 세 살 때 어머니가 세상을 떠났다. 아버지는 곧 재혼했고, 새엄마는 매튜와 형제들을 심하게 매질했다. 1874년 아버지가 세상을 뜨자, 더 이상 새엄마의 매질을 견딜 수 없었던 매튜는 집을 나와 워싱턴 시로 도망쳤다.

그는 워싱턴에서 일자리를 찾으려 했지만 쉽지 않았다. 노예제가 폐지됐다지만 사람들은 여전히 흑인에게 가혹했다. 워싱턴 거리를 떠돌던 매튜는 재니 무어 Janey Moore라는 여주인이 운영하는 식당을 찾게 되었다. 재니 무어는 다 해진 옷에 더러운 몰골을 하고 있는 열한 살 소년을 식당 안으로 들였다. 재니는 그에게 음식과 깨끗한 옷을 주었고, 식당에서 일하게까지 해 주었다. 매튜는 열심히 일했고, 재니는 꼬박꼬박 봉급를 챙겨 주었다.

매튜는 자신을 거둬 준 그녀를 재니 아줌마라 부르며 엄마처럼 생각했다. 선원이 되기로 결심했을 때, 그는 재니가 마음 상할까봐 걱정을 많이 했다.

매튜가 좋아하는 단골손님이 있었는데, 그는 볼티모어 잭 Baltimore Jack이었다. 그 노인네는 뉴올리언즈의 큰 농장에서 일하던 노예였는데, 농장 주인의 아들이 바다 속에 가라앉은 보물을 찾겠다며 잭을 데리고 농장을 나왔다고 했다. 얼마 후, 잭의 젊은 주인은 칼싸움에 휘말려 목숨을 잃었고 잭은 자유의 몸이 되었다. 잭은 그 후 상선에서 일하게 되었고, 그때부터 신나는 뱃사람 생활을 즐겼다고 했다.

매튜는 진짜 선장과 만난 데다 배에서 첫 일자리까지 얻게 되자 흥분을 가눌 수 없었다. 그는 차일즈 선장이 시키는 일은 무엇이든 다 했다. 마실 것을 대령하는 것부터 느슨해진 밧줄을 묶는 일, 갑판을 청소하는 일 같은 것 말이다. 어느날 차일즈 선장은 그에게 공부를 해 보지 않겠냐고 했다. 선장은 이 소년이 학교 문턱에도 가 보지 않았다는 것을 알고 그에게 읽기와 쓰기, 수학, 문학, 항해술 등을 직접 가르치기로 했다.

선원으로서의 삶은, 아니 최소한 선실 사환으로서의 생활은 볼티모어 잭이 떠벌렸던 것처럼 신나는 것이 아니었다. 차일즈 선장이 세상을 떠나자 매튜는 육지로 돌아가 일자리를 찾아보기로 작정했다. 그로부터 2년 후 해군 대위 로버트 피어리 Robert Peary를 만났을 때, 매튜는 자신이 바다를 몹시도 그리워하고 있음을 깨달았다. 당시 피어리는 운하의 경로 탐사를 위해 니카라과로 항해할 예정이었다. 열아홉 살의 매튜가 가진 바다에 대한 경험과 지식을 알아 본 피어리는 곧

바로 매튜를 시종으로 고용했다. 매튜는 자신의 능력을 증명했고, 피어리는 이후 이어진 일곱 번의 탐험에 그를 고용했다. 매튜는 시종이라기보다는 훌륭한 조수이자 동료 역할을 해냈던 것이다.

1891년부터 1909년까지 피어리와 매튜는 선원들과 팀을 꾸려 북극을 탐험했다. 두 번째 탐험에서 그 팀은 그린란드 서북쪽의 곳을 조망할 수 있는 지점에 서 있었다. 피어리는 자신의 친구이자 동료 탐험가인 매튜의 성을 따서 그곳을 헨슨 곶 Cape Henson이라고 이름 붙였다.

로버트 피어리와 매튜 헨슨이 함께 한 탐험 중 가장 잘 알려진 것은 그들의 마지막 탐험이다. 두 사람은 이미 그 누구보다도 더 깊이 북극을 탐험했지만, 이번에는 북극점까지 가기로 한 것이다. 1909년 8월 18일 피어리와 매튜는 이누이트족 49명과 246마리의 개, 70톤의 고래 고기, 총을 비롯한 사냥 도구들, 그리고 석탄을 실은 루스벨트호에 타고 있었다.

그리고 2월이 되었을 때, 그들은 북극에 있는 만년빙 근처에 닻을 내릴 수 있었다. 탐험대는 식량과 담요를 썰매에 싣고, 썰매 개들에게 장비를 채우고, 눈과 얼음만이 있는 허허벌판으로 들어갔다. 쉬운 길은 아니었다. 거친 얼음이 진로를 방해했고, 탐험대는 곡괭이로 얼음을 깨고 길을 낸 다음에야 앞으로 나아갈 수 있었다. 어떤 날은 두꺼운 얼음이 깨져 일행을 덮치기도 했고, 생전 처음 들어 보는 요란하고 무시무시한 얼음 갈라지는 소리에 몸서리를 치기도 했다. 이런 일이 일어날 때마다 탐험대는 이동 경로를 수정해야 했다. 차디찬 북극해의 얼음 구멍으로 떨어지지 않기 위해……

3월이 되자 썰매들 간의 거리가 벌어져 함께 이동하기가 어려워졌다. 매튜는 온통 하얗기만 한 광대한 풍경 한가운데서 어느샌가 일행과 떨어져 고립되어 있는 자신을 발견했다.

매튜 곁에 있는 동료라고는 썰매를 끄는 개들뿐이었다. 북극점을 발견하기로 작정한 매튜는 길 안내 장비에 모든 신경을 집중하면서 개들에게 더 빨리 달리라고 채찍질했다. 북극점 좌표에 도달했을 때 매튜는 기쁨에 겨워 울음을 터뜨릴 뻔 했다. 눈물이 얼굴에 얼어붙을 정도로 춥지만 않았다면 정말로 울었을지 모른다! 45분 후 피어리의 썰매가 도착했다.

"아마 내가 세계의 꼭대기에 앉아 본 최초의 남자일 거야."

매튜는 자랑스럽게 말했다. 하지만 피어리는 아무 말 없이 자신이 가지고 온 막대기에 깃발을 묶는 일에 집중했다. 거칠게 매듭을 묶고 눈 속에 꽂아 넣는 행동으로 미루어 피어리가 화나 있음을 알 수 있었다. 여러 해 동안 탐험을 계획하고 이끌어 왔던 피어리는 자신이 북극점에 최초로 도달한 사람(*함께했던 이누이트 족을 사람으로 간주하지 않았던 피어리를 생각하면 그 표현도 틀리지는 않겠지만, 사실은 북극점에 최초로 도달한 서양인이라 해야 옳다 – 옮긴이)이 되기를 원했다. 피어리의 생각엔 매튜가 북극 정복의 영광을 주장하는 것은 올바른 태도가 아니었다. 두 사람의 우정은 거기서 끝이 났고, 다시 회복될 수 없었다.

북극점에 최초로 도달한 사람이 누구냐는 논쟁은 여러 해 동안 이어졌다. 그로부터 몇 년 동안 피어리는 북극 탐험을 이끈 공로를 인정받아 여러 개의 상을 받았지만, 매튜는 오랫동안 업적에 합당한 인정을 받지 못했다. 매튜는 1912년에 자신의 입장에서 탐험을 설명한 책 '북극을 탐험한 검둥이'를 출간했다. 물론 피어리 역시 여러 권의 책을 썼다. 하지만 피어리의 탐험대에 매튜가 다시 합류하는 일은 다시 없었다. 1913년, 당시 미국 대통령이었던 태프트 Taft가 매튜에게 뉴욕 세관의 서기를 제안했다. 그리고 매튜는 23년간 그 일을 계속했다. 정부 공무원으로 일하는 동안 매튜는 하버드 대학에 입학했고, 석사 학위를 땄다.

1937년, 70세가 되었을 때 매튜는 1909년 탐험에서 자신이 한 일을 인정받을 수 있었다. 뉴욕의 탐험가 클럽은 그에게 명예 회원증을 수여했고, 1944년에는 의회가 주는 은메달을 받았다. 1954년에는 아이젠하워 대통령이 그를 백악관에 초청하여 공적을 칭송했다. 1955년 매튜가 세상을 떠난 후에도 그의 공적을 기리는 일은 계속되었다. 1998년 미 해군은 해군 함정에 '헨슨'이란 이름을 붙였고, 2000년 내셔널 지오그래픽은 권위 있는 허버드 상 Hubbard Award을 매튜에게 수여했다.

매튜 헨슨은 일생을 통해 헌신적으로 일하고, 정직하게 행동하는 것을 중요하게 여겼다. 워싱턴의 작은 식당에서부터 마지막 북극 탐험에 이르기까지, 매튜는 자신의 모든 것을 쏟아 부으며 살았다. 뒤늦게라도 그 공적에 대해 보상받게 되었으니 정말 다행스런 일이다.

## 나는 이렇게 세상을 뒤흔들 거야!

나는 전 세계를 여행하는 세계 제일의 사진 기자이자 전천후 운동선수가 되어 세상을 뒤흔들 작정이다! 나는 스페인의 바르셀로나에서 태어나, 여러 곳을 여행하면서 아빠의 전문가용 카메라로 많은 사진을 찍었다. 사진을 좋아하고 사진 분야에서 경력을 쌓고 싶지만, 스포츠(정확히는 농구)야말로 내가 제일 좋아하는 것이다. 내 키는 벌써 185센티미터이고, 매일 농구를 즐기고 있다. 언젠가 나는 아빠처럼 프로 농구선수가 되어 경기를 하고, 내가 경기하는 모습을 아주 많은 사진으로 남기고 싶다!

**레지널드 존슨 주니어** Reginald Johnson Jr ● 12세

# 조지 워싱턴 카버
## George Washington Carver

**1865~1943년 | 식물학자 | 미국**

최대한 많은 수의 '내 백성'들에게 최선을 다하는 사람이 되는 것이
언제나 내 삶의 유일한 이상이었다.

**조지 워싱턴 카버** George Washington Carver

한 농부가 자신의 옥수수 밭을 힘없이 둘러보고 있었다. 그는 물을 더 주기도 하고, 비료를 바꿔 보기도 했다. 옥수수가 잘 자라게 하기 위해 할 수 있은 일은 다 해 봤지만 소용이 없었다.

"이걸 가져가서 식물박사에게 보여 주거라."

농부는 작고 시들시들한 옥수수 줄기를 아들에게 주면서 말했다.

농부의 아들은 몇 킬로미터를 걸어 아버지가 말한 장소에 도착했다. 마침내 식물박사를 만나는 순간, 충격으로 입이 떡 벌어졌다. 이웃으로부터 식물박사라는 별명으로 불리는 조지 워싱턴 카버는 여덟 살배기 소년이었던 것이다! 조지는 농부의 아들이 들고 온 맥없는 식물을 살펴본 뒤 확신에 찬 어조로 말했다.

"걱정 마세요. 이 옥수수를 우리 집 정원에 심어 놓고 몇 가지를 시험해 볼게요. 뭐가 문제인지 알아낼 수 있어요."

몇 주 후 조지를 찾아간 농부는 자신의 눈을 의심했다. 작고 시들시들하던 옥수수가 푸르고 건강하게 훌쩍 자라 있었던 것이다. 마법과도 같았다.

"이제부터 아저씨가 하실 일은요……"라고 말을 시작한 어린 과학자는 농부의 병든 옥수수를 미친 듯이 자라게 해 준 비료에 대해 설명했다. 농부는 고개를 저으며 의아해 했다.

'도대체 이 아이는 어떻게 이렇게 식물을 잘 아는 걸까?'

여덟 살배기 식물박사는 성장해 진짜 식물박사가 되었다. 그의 발명을 통해 우리가 먹는 식품이 바뀌었고, 그의 아이디어 덕분에

조지를 찾아 준 이웃은 카버 씨 부부로부터 알 한 마리를 사례로 받았다.

농부들이 가난을 벗을 수 있게 되었다. 전 세계에서 가장 유명하고 존경받는 과학자 중 한 사람이 된 것이다!

믿기 어렵겠지만, 이 과학 천재는 노예로 태어났다! 그와 그의 어머니는 카버 부부 집의 노예였다. 조지가 아직 젖먹이였을 때, 모자는 욕심 사나운 남부연합의 침입자들에게 납치되었다. 남부연합의 침입자들은 모자를 다른 주로 데리고 가 비싼 값에 팔아 치울 작정이었다. 카버 부부는 이들을 되찾기 위해 현상금을 걸었지만, 조지만 겨우 찾을 수 있었다. 침입자들은 아이가 병들었다고 생각하고 내버렸던 것이다. 조지의 엄마는 끝내 발견되지 않았다.

그때부터 카버 부부가 조지와 그의 형을 키웠다. 노예로서가 아니

공부하기 위해 여행하는 동안, 조지는 자신이 살 집을 짓기도 했다. 흙으로 짓고 그 위에 잔디를 입힌 그 집은 아주 훌륭해서, 자신들의 집도 그렇게 지어 달라는 이웃들의 부탁이 들어오기도 했다.

라 자신들의 자녀로 키웠던 것이다. 조지는 왜소하고 약했지만, 자신의 머리는 그렇지 않다는 사실을 알고 있었다. 그는 자연에 매혹되었고, 시간이 있을 때마다 연구할 대상들을 모으곤 했다. 식물, 암석, 흙은 물론이고 벌레와 곤충, 개구리까지 수집했다. 수집품이 너무 많아지자 카버 부부는 집밖에 오두막을 지어 보관할 수 있게 해 주었다. 조지가 여덟 살 무렵부터 그에게 조언을 듣고자 하는 사람들이 몰려들었다. 조지는 아픈 식물들을 숲속에 있는 비밀 정원에 심어 놓고, 여러 가지 실험을 해서 건강을 회복하게 만들었다.

그런데 조지가 가장 원했던 것은 학교에 다니는 것이었다.

"어린아이일 적부터, 나는 영혼 깊이 배움에 목말라 했다. 나는 말그대로 숲속에서 살았다. 나는 세상의 모든 돌, 꽃, 곤충, 새, 짐승들에 대해 알고 싶었다." 조지의 말이다.

마을 사람 모두 조지가 얼마나 총명한지 알고 있었지만 백인 아이들을 위한 학교는 조지의 입학을 허락하지 않았다. 공부하기 위해 학교까지 수백 킬로미터를 걷고, 헛간에서 자고, 먹을 것을 구하기 위해 어린 나이부터 일했다는 걸 상상이나 할 수 있겠는가? 어쨌든 열두 살 조지는 그렇게 했다!

그는 교육을 받기 위해 자신만의 계획을 세워야 했다. 자신을 받아줄 학교를 찾고, 여비를 마련하기 위해 일하고, 한 선생님에게 모든 것을 배우고 나면 더 배울 것이 있는 선생님을 찾아 다시 길을 떠났다!

대학 입학은 조지의 가장 큰 꿈이었다. 여러 해 동안 힘들게 일하고 여행한 끝에, 서른이 되어서야 조지는 대학 입학에 필요한 학력을 갖출 수 있었다. 그리고 마침내 아프리카계 미국인(흑인)으로서는 최초로 아이오와 주립 농업기계기술대학에 입학했다. 공식적으로 입학이 허가되긴 했지만, 조지는 캠퍼스에 만연한 편견에 대항해 싸워야 했다. 그는 다른 학생들과 식당에서 식사하는 것이 허락되지 않아, 지하실에서 혼자 밥을 먹어야 했다. 그래도 조지는 머리를 꼿꼿이 들고 품위를 지켰고, 열심히 공부함으로써 학생들과 교수들로 하여금 자신들의 인종 차별적 태도를 돌아보게 만들었다.

얼마 가지 않아 조지는 백인 학생들에게 진심으로 받아들여졌고, 많은 친구를 사귀게 되었다. 오랜 시간이 흐른 후 마침내 식물박사의 꿈이 실현되었다. 농업 전공으로 석사 학위를 받았던 것이다. 많은 대학에서 강사직을 제안했지만 그는 앨러배마에 있는 터스케지 대학 Tuskegee Normal and Industrial Institute에서 가르치기로 결정했다. 그 대학은 흑인을 위한 대학이었다. 조지가 가기 전, 터스케지 대학에는 농업학과조차 없었다. 조지와 학생들은 아무것도 없는 상황에서 모든 것을 만들어 가야 했다. 그 없는 것 중 하나가 강의실이었다! 조지는 학생들에게 모든 것을 재활용하는 방법을 가르쳤다. 폐기된 병은 실험용 비커가 됐고, 병 뚜껑은 녹여서 실험에 쓸 화학제품을 만들었다. 이렇게 만들어진 농

> 발명가 토머스 에디슨은 조지에게 자신의 연구 파트너가 되어 달라는 부탁을 하면서, 아주 높은 급여를 제안했다. 하지만 조지는 그 제의를 거절했다. 터스케지 대학의 학생들과 남부 지역 농민들에게 자신이 더 필요하다고 생각했기 때문이다.

업학과는 대학 전체에 필요한 식품을 공급했고, 학생들은 농작물과 가축을 키우고 관리하는 가장 효율적인 방법을 배우게 되었다.

조지는 소년 시절에 시작했던 몇 가지 연구를 대학 교수가 되어 이어갈 수 있다는 사실에 전율을 느꼈다. 자신의 주변에서 가난한 농부들이 곤란을 겪고 있는 것을 보아 온 조지는, 그들의 문제를 해결하기 위해 부지런히 머리를 썼다. 농부들 대부분이 비료 대금을 감당할 수 없었기에, 조지는 그들에게 공짜 비료 만드는 법을 가르쳤다. 풀을 큰 더미로 쌓은 다음, 썩히는 방법이다. 오늘날엔 이것을 퇴비라고 한다. 가축을 먹이는 데도 비용이 많이 들었다. 조지는 미국 남부 지역에서 공짜로 얻을 수 있는 도토리로 가축 사료를 만드는 법을 발명했다.

당시 미국 남부지방의 주종 작물은 면화였다. 하지만 면화는 토양의 영양분을 신속히 빨아들였다. 면화를 몇 년 재배하고 나면 그 땅엔 아무것도 재배할 수 없었던 것이다. 조지는 식물들 중에 토양에 영양분을 회복시키는 것들이 있음을 발견했다. 그는 농부들에게 돌려 심기(윤작)를 가르쳤다. 한 해는 면화를 심고, 그 다음해에는 땅콩이나 콩, 고구마 등을 심으면, 토양으로 영양분이 돌아오고 땅은 힘을 되찾아 건강해진다는 것이다.

조지는 땅콩에 홀딱 빠지게 되었다.

당시 농부들은 땅콩을 심긴 했지만, 어떻게 활용해야 할지 전혀 몰랐다. 조지는 실험을 통해 땅콩의 용도를 300가지 넘게 개발했다. 땅콩을 원료로 해서 우유, 버터, 커피, 샴푸, 물감, 페인트, 종이, 플라스틱, 하다못해 촙 수이(고기와 야채를 함께 볶은 요리) 소스까지 만들었다! 조지 덕분에 이제는 누구나 윤작을 하게 되었으며 땅콩, 고구마, 콩은 미국 남부 지방의 3대 농작물이 되었다!

조지의 아이디어는 농부들에게 대단한 호응을 얻게 되었다. 흑인 백인을 가리지 않고 남부 지방 전역에서 많은 농부들이 조지에게 조언을 구했다. 조지의 평판은 날로 높아졌다. 드디어 1918년, 미국 정부는 조지를 수도인 워싱턴으로 초대해 그의 아이디어를 구했다. 그 후 조지는 많은 업적을 쌓았고, 헤아릴 수 없이 많은 상을 받게 되었다. 심지어 그가 세상을 떠난 후에도 이러한 사실은 달라지지 않았다! 1990년 그가 세상을 뜬 지 거의 반세기 후에, 조지는 흑인 최초로 미국 발명가 명예의 전당에 헌액되었다.

유명세와 명예에도 불구하고, 조지는 단순하게 살고자 했다. 발명 특허를 통해 백만장자가 되는 오늘날의 과학자와 달리, 조지는 수많은 발견과 발명을 했지만 한 푼의 돈도 챙기지 않았다. 아이디어는 신께서 주시는 것이니, 모든 사람과 나눠야 한다는 것이 조지의 신념이었다. 사람들이 수표를 보내면 그것을 돌려 보냈다. 많은 돈을 벌게 되면, 그 돈을 관리하느라 바빠져서 연구할 시간이 없어질까 걱정했다. 조지는 연구에 전심전력하느라 결혼도 하지 않았다. 왜 결혼하지 않느냐는 물음에 조지의 대꾸는 이랬다.

아프리카가 원산지인 땅콩은 노예들과 함께 미국으로 전해졌다. 아프리카 사람들은 땅콩을 구버goobers라고 불렀는데, 대부분 가축 사료로 사용되었다. 조지가 다양한 용도를 개발하기 전까지, 땅콩을 먹을거리로 생각하는 사람은 거의 없었다.

조지의 업적에 감명받은 미국 정부는 잠수함에 그의 이름을 붙이고, 그의 얼굴이 담긴 우표와 50센트짜리 동전을 발행함으로써 그를 기렸다.

277

"꽃들과 대화하기 위해 매일 새벽 네 시에 밖으로 나가야 한다는 것을 아내에게 어떻게 이해시킬 수 있겠어요?"

조지는 1943년 세상을 떠날 때까지 터스케지 대학에서 연구하고 가르치는 일을 계속했다. 당시 대통령이었던 프랭클린 루스벨트는 그의 장례식에서 그를 잃은 슬픔을 다음과 같이 표현했다.

"과학계는 최고로 탁월한 인물 하나를 잃었습니다. 그의 천재성과 업적은 진정 경이로운 것이었습니다."

여러분은 앞으로 '피넛버터 젤리샌드위치'를 먹거나, 당신의 정원에 퇴비를 뿌릴 때 어린 식물박사와 그의 멈출 수 없었던 꿈을 떠올리게 될 것이다.

## 지금 세상을 흔들고 있는 소년!

### 아크리트 자스왈 Akrit Jaswal

다섯 살에 학교에 들어간 아크리트에게 학교 공부는 너무 쉬웠다. 입학한 지 1년도 안 되어 아크리트는 학생들을 가르치게 되었다! 셰익스피어 작품이 지루해진 아크리트는 방대한 의학 서적을 탐독하기 시작했고, 마을 병원의 의사들은 아크리트에게 자신들의 수술 과정을 참관할 수 있게 해주었다. 한 가난한 가족을 위해 아크리트는 공짜로 그 가족의 딸을 수술해 주기도 했다. 수술은 성공했고, 그때 아크리트의 나이는 겨우 일곱 살이었다. 아크리트는 열두 살에 의대에 입학함으로써 인도 역사상 최연소 대학생이 되는 기록을 세웠고, 현재는 '암을 정복하겠다'는 목표를 세우고 암 치료법을 연구 중이라고 한다.

# 체스터 그린우드
## Chester Greenwood

**1858~1937년 | 발명가 | 미국**

체스터는 새 스케이트화의 끈을 묶은 다음, 연못의 유리알 같이 매끄러운 얼음 위로 미끄러져 갔다. 그 날은 메인 주(*미국의 동부 최북단에 있는 주 - 옮긴이)의 파밍턴에서도 특히 춥고 바람이 심한 날이었다. 연못에는 스케이트를 타러 나온 아이들이 아무도 없었지만, 체스터는 신경 쓰지 않았다. 날씨가 좀 춥다고 크리스마스 선물로 받은 새 스케이트를 신을 기회를 뒤로 미루고 싶지 않았던 것이다.

하지만 추위는 장난이 아니었다. 얼마 안 있어 체스터의 귀에 찌르는 듯한 통증이 밀려왔다. 그는 털가죽 모자를 싫어했다. 머리에 잘 맞지도 않았을 뿐 아니라 턱끈을 조이면 어린애처럼 보였기 때문이다. 체스터는 열다섯 살, 사춘기 사내 아이였다. 그는 장갑 낀 손으로 귀를 문질렀지만, 별 도움이 되지 않았다. 목도리를 꺼내서 머리에 둘러 보았다. 몰골이 말이 아니란 생각이 들었다. 게다가 목도리는 너무 커서 너덜거렸고, 머리를 간질였다. 체스터는 할 수 없이 터덜터덜 걸어 집으로 돌아왔다.

그날 밤, 체스터의 머리는 그 문제를 해결하기 위해 바쁘게 돌아갔다. 그는 철사를 반원 모양으로 구부려 머리에 맞춰 보았다. 그리고는 철사의 양끝을 자기 귀 크기에 맞춰 둥글게 구부렸다.

"할머니, 여기 둥근 부분에 모피를 대고 꿰매 주실래요?"

그래서 인류 최초의 귀마개가 만들어졌다!

체스터 그린우드는 1858년 12월 메인 주에서 태어났다. 그곳 뉴잉글랜드 지방의 겨울은 혹독하게 추웠다. 아버지 지나 Zina는 마차, 짐수레, 다리 등을 만드는 일을 했고, 그 영향으로 체스터 형제들은 만들고 짓는 일에 끊임없이 영감을 받았다.

> 체스터 자신은 초등학교도 졸업하지 못했지만, 교육에 대해 강한 신념을 가지고 있었다. 그의 자녀 4명 모두가 대학을 다녔다.

어린 시절부터 체스터는 사업가 기질을 보였다. 그는 집에서 키우던 닭이 낳은 달걀을 팔았고, 달걀을 팔아 생긴 돈으로 사탕을 사서 이웃에게 되팔았다.

1873년 어느 추웠던 날로부터 3년이 채 안 되어 체스터는 '그린우드의 챔피언 귀 보호구'로 특허를 따냈다. 누구라도 체스터의 디자인을 사용하려면 그에게 돈을 지불해야 했다. 체스터는 길이 조절이 가능한 강철 띠와 접을 수 있는 경첩을 단 형태로 디자인을 개량하는 작업에 착수했고, 그 결과 귀마개는 접어서 주머니에 넣을 수 있게 되었다. 체스터는 귀마개를 대량 생산하는 기계를 고안했고, 스물두 살에는 박람회에서 자신의 제품과 제조 공정을 소개했다. 수백 명의 사람들이 그의 전시 작품을 보았고, 그 보상은 달콤했다. 박람회에서 입상해서 메달을 받았을 뿐만 아니라, 1883년 한 해 동안에만 3만 켤레의 귀마개를 팔게 되었던 것이다. 체스터는 해마다 점점 더 많은 귀마개를 팔게 되었고, 그가 세상을 뜨던 해인 1937년에는 40만 켤레를 팔았다!

체스터의 독창성은 귀의 보온으로 끝나지 않았다. 당시에는 증기로 난방을 했는데, 증기 보일러라 불리는 커다란 난로가 건물의 지하실에 설치되어 있고, 거기서 관을 통해 건물의 각 방에 뜨거운 수증기를 보내는 방식이었다. 이 시스템은 난방 온도를 조절할 수 없다는 단점이 있었고, 매우 위험하기도 해서 건물에 화재가 나는 경우도 종종 있었다. 체스터는 좀 더 효과적이고 안전한 증기난방 시스템인 플로리다 보일러Florida Boilers를 만들어냈다.

체스터의 많은 발명품들은 특허를 받지 않았다. 마을의 농부나 이웃들은 문제가 생길 때 마다 체스터를 찾아왔다. 체스터는 하루나 이틀 정도 생각해서 친구나 이웃들을 위한 기계를 뚝딱 만들어 주곤 했다. 체스터가 다른 회사를 위해 개발했던 것 중에는 주방용 밀대나 공작 도구의 손잡이 같은 것을 생산하는 기계도 있었고, 나무에 구멍

체스터는 자신의 고향인 파밍턴을 자랑스러워했고 그곳을 살기 좋게 만들기 위해 노력했다. 그는 마을 도로 개량을 위한 위원회에 참여했고, 여러 자선단체의 회원으로 활동했다. 가장 인상적인 일은 체스터가 마을 사람의 무려 4분의 1을 자신의 공장인 파밍턴공업사에 고용했다는 사실이다.

을 뚫는 기계처럼 좀 더 복잡한 것도 있었다. '기계 고양이 Mechanical Cat'란 별명이 붙은 쥐덫은 지방 호텔들로부터 주문이 폭주했고, 끓고 있는 튀김 기름으로부터 완벽하게 도넛을 꺼낼 수 있는 튀김용 갈고 리도 선풍적인 인기를 모았다. 또한 그가 개발한 충격흡수장치는 오늘날의 비행기에 장착된 착륙 장치를 설계하는 데 큰 도움을 주었다.

1890년대 말, 체스터는 자신이 살고 있던 지역인 프랭클린 카운티 Franklin County 최초의 전화회사를 차렸다. 체스터는 그 회사에 필요한 모든 설비를 직접 제작하기도 했다! 사람들은 체스터의 전화가 제대로 잘 들리기 위해서는 먼저 그린우드 귀마개부터 벗어야 할 거라고 우스갯소리를 주고받았다.

60세가 되었을 때였다. 체스터는 항상 앞쪽 가장자리 부분부터 헤지는 주전자에 진절머리가 났다. 다른 사람들이 그러듯 체스터 역시 주전자를 앞으로 기울여 컵에 물을 따랐

발명가라면 누구나 성공하지 못한 발명 목록을 갖고 있다. 체스터 그린 우드의 목록에는 면화 따는 기계와 광고 성냥갑이 포함되어 있다.

다. 과도한 압력이 가해지는 그 부분이 가장 먼저 헤질 수밖에 없었다. 체스터는 이 문제를 해결하기 위해 주전자의 주둥이 아래에 주전자 바닥으로부터 수평을 이루는 다리 하나를 추가했다. 이 다리가 물을 따를 때 주전자를 지탱해 주니까 주전자는 훨씬 더 오래 가게 되었다. 이 제품은 귀마개만큼이나 크게 히트했다.

체스터가 특허를 받은 마지막 발명품은 강철로 만든 '스프링식 써레날 갈퀴 spring-tooth rake'였다. 오늘날에도 우리는 목초, 모래, 흙 등을 갈퀴질할 때 이것을 쓰고 있다.

체스터는 130개 발명에 특허를 받았지만(사실은 그보다 훨씬 더 많은 것을 발명했다) 사람들은 그를 최초의 발명인 귀마개로 기억한다. 그가 살았던 메인 주 파밍턴에서는 매년 마을 전체가 체스트의 공헌과 기여에 경의를 표한다. 12월 21일을 '체스터 그린우드의 날'로 정하고, 12월 첫 토요일에는 사람들과 물건 모두가 귀마개를 하고(자동차와 동물들까지도 귀마개를 한다!) 거리를 행진한다. 스미스소니언협회는 체스터를 미국의 뛰어난 발명가 15인 중 한 명으로 선정했다.

## 나는 이렇게 세상을 뒤흔들 거야!

나는 더 크고, 더 훌륭하고, 절대적으로 더 안전한 건물을 설계할 작정이다. 친환경적인 설계로 다른 기존 건물들처럼 대기를 오염시키는 일이 없도록 하겠다. 나는 세계 최초로 수중 생활이 가능한 건물을 설계해 한 대륙에 너무 많은 인구가 살지 않아도 되도록 할 것이다. 또한 가난한 사람들을 위한 건물도 만들 것이다.

**케빈 워커** Kevin Walker ● 11세

# 토머스
# 알바 에디슨
## Thomas Alva Edison

**1847~1931년** | **발명가** | **미국**

천재는 1퍼센트의 영감과 99퍼센트의 땀으로 이루어진다.
99퍼센트의 노력이 있더라도 1퍼센트의 영감이 없으면 성공할 수 없다.

**토머스 알바 에디슨** Thomas Alva Edison

톰은 미시간 주의 디트로이트와 휴론 항 사이를 오가는 열차에서 신문과 간식거리를 파는 일을 했다. 그날도 판매할 신문을 사기 위해 디트로이트자유신문사 The Detroit Free Press로 걸어가고 있었는데, 한 무리의 사람들이 모여 웅성거리고 있었다. 때는 1862년, 미국은 남북 전쟁 중이었고 샤일로 전투 Battle of Shiloh가 한창이었다. 수백 명의 군인인 전사했다는 보도도 있었다. 갑자기 톰의 머리에 사업 아이디어가 떠올랐다. 사람들은 전쟁이 어떻게 돌아가는지 궁금해했고, 톰은 그들에게 정보를 팔 수 있을 것이라 생각했다. 톰의 나이 열다섯 살 때였다.

톰은 기차역의 전신 기사를 포섭했다. 기차가 서는 모든 역의 역장들에게 전보를 보내서, 샤일로 전투에 관한 속보를 역의 칠판에 적어 달라고 부탁한 것이다. 그리고는 신문사 사무실로 가 평소 그가 팔던 양의 열 배인 1,000부의 신문을 달라고 요청했다. 신문 대금은 다음날 지불하겠다고 약속했다. 톰의

톰은 뉴저지 주의 멘로파크 Menlo Park에 세계최초의 발명 공장을 만들었다. 그 발명 공장에서 일하는 사람들은, 빌 게이츠가 최초의 컴퓨터 운영 시스템을 발명했을 때 느꼈을 것이 틀림없는, 기술 최첨단에서 일하고 있다는 짜릿한 스릴을 느끼며 일했다.

생각대로 그날 기차를 탄 사람들은 역 칠판에 적힌 속보를 보고 더 많은 정보를 얻고 싶어 했다. 처음엔 5센트에 신문을 팔았지만, 종착역에서는 사람들이 뉴스에 안달이 난 상태라 무려 25센트를 받고 팔았다! 그날 받은 신문 1,000부는 매진됐고, 톰은 여기서 가치 있는 교훈을 얻었다. 많은 사람들에게 유용한 아이디어는 돈이 된다!

토머스 알바 에디슨은 1847년에 태어났다. 태어났을 때 그의 머리는 깜짝 놀랄 만큼 커서, 의사는 뇌척수막염을 의심했다. 그렇게 큰 머리가 필요한 이유가 있었을 것이다. 1931년 토머스 에디슨이 세상을 떠났을 때, 그는 1,093개의 발명 특허를 갖고 있었고, 이는 미국 발명가들 중 최고 기록이었다. 특허는 발명가가 자신의 발명에 대해 배타적인 권리를 갖도록 인정하는 것이고, 다른 사람이 그 아이디어를 도용해 돈을 벌지 못하도록 하는 것이다. 그의 가장 유명한 발명 두 가지는 축음기(오늘날의 CD나 MP3 플레이어의 조상쯤 된다)와 백열전구다.

전보를 이용해 큰돈을 번 그날 이후, 톰은 전신에 마음을 빼앗겼다.

287

그는 10대에 전신 기사로 일하기 시작했다. 전화의 조상뻘인 전신은 속도를 달리해 전기 스위치를 끄고 켜면서 딸깍 소리를 만들고, 전선을 통해 그것을 전달하는 방식으로 작동했다. 글자마다 자신만의 딸깍 소리가 있었고, 그 소리를 메시지로 번역해 주는 것이 전신 기사의 역할이었다.

하지만 전신에는 커다란 단점이 있었다. 330킬로미터 이상 떨어진 곳에는 메시지를 보낼 수 없다는 것이었다. 그 이상의 거리에 메시지를 보내려면, 중간 중간에 기지국을 두어 각 기지국의 기사가 딸깍 소리를 주의 깊게 듣고 다음 기지국으로 다시 쳐서 보내야 했던 것이다. 몇 명의 기사들을 거치다 보면, 마지막 메시지는 처음과 전혀 다른 메시지가 되기 일쑤였다. '말 전하기 게임'을 해 본 사람은 무슨 말인지 알 것이다. 톰은 전신 기계를 개선해서, 받은 메시지를 자동으로 보낼 수 있도록 하는 획기적인 일을 해냈다. 당신으로서는 천재적 발상이었다. 하지만 톰은 해고되고 말았다. 톰의 상사 역시 같은 문제에 매달렸는데, 열아홉 살짜리가 먼저 그 일을 해냈다는 사실이 불쾌해 견딜 수 없었던 것이다. 하지만 톰에게 해고는 그리 큰일이 아니었다. 톰이 진짜 원했던 일은 발명에 시간을 쏟는 것이었다. 톰은 자신이 생각하고 있는 아이디어와 실험 결과들을 노트에 모조리 적기 시작했다(세상을 떠날 때까지 톰은 3,400권 이상의 공책을 채웠다!). 톰은 자신의 아이디어가 너무 많은 것에 흥분해서 이렇게 썼다.

"나는 이제 스물한 살이다. 아마 쉰 살까진 살겠지? 해야 할 일이 너무 많고, 인생은 너무 짧구나. 좀 더 분발해야겠다."

톰의 첫 발명은 자동 투표 계수기였다. 투표 계수기는 완벽하게 작동했다. 유일한 문제는 아무도 그 기계를 원하지 않는다는 것이었다. 사람들이 원치 않는 것을 발명한 것은 그것이 처음이자 마지막이었다. 오늘날의 기업가와 마찬가지로 톰은 사람들이 원하는 것만 발명하고자 했다.

투표 계수기의 실패로 스물한 살에 빈털터리가 된 톰은 뉴욕으로 갔다. 친구인 프랭클린 포프 Franklin Pope 는 그를 월가에 있는 사무실의 뒷방에 재워 주었다. 사람들이 모두 퇴근한 다음, 톰은 사무실에 있는 모든 장치들이 어떻게 작동하는지를 살펴보며 저녁 시간을 보냈다. 하루는 사무실에 큰 소란이 벌어

톰은 원시적이긴 하지만 사진 복사기도 발명했다. 전기 펜으로 왁스칠을 한 종이에 글을 쓰면, 펜에서는 잉크가 나오는 대신 종이에 작은 구멍을 뚫게 된다. 이렇게 구멍 뚫린 종이를 스텐실에 넣으면서 잉크가 스텐실을 통해 눌리면서 더 많은 복사본을 만들어 낸다.

졌다. 고객에게 분 단위로 금값을 알려 주던 '금 시세 속보기'가 고장 났던 것이다. 성난 고객들이 사무실로 몰려들었다. 톰은 사색이 된 사장에게 자신이 그 기계를 고칠 수 있다고 장담했다.

"그래, 고쳐 봐! 어서 고치라고!"

사장이 고래고래 소리를 질렀다. 톰이 그 기계를 수리하는 데는 한 시간이 안 걸렸고, 이후 그 기계는 다시 고장나지 않았다. 뜻밖의 성공에 힘입어 톰은 친구와 함께 사업을 시작했다. 그들이 차린 회사 '포프 에디슨 앤 컴퍼니'의 사훈은 '전기 도구를 고안해, 문제를 해결

하고 질서를 회복하자!'였다.

스물세 살에 톰은 개량된 금 시세 속보기를 팔아 어마어마한 돈을 벌었고, 발명에 전념하게 되었다. 일이 늘 순조롭지만은 않았다. 초기에는 발명품이 제대로 작동하지 않아 여러 번 망하기도 했고, 자신의 특허를 훔치려는 사람들에 맞서기 위해 2백만 달러 이상을 쓰기도 했다. 어쨌든 서른아홉 살에 톰은 백만장자가 되었다. 그리고 그의 발명품 중 사람들이 가장 열광한 일생일대의 발명을 준비하고 있었다.

1876년, 알렉산더 그레이엄 벨이 전화를 발명했다. 전화는 사람의 목소리를 전기 신호로 변환하고, 그 신호를 받은 쪽에서 전기 신호를 다시 목소리로 변환하는 시스템으로 작동되었다. 당시 전화 소리는 직직거려 알아 듣기 힘들었다. 당연히 톰은 전화를 개량하고 싶어 했다.

전화의 음질을 개선하려고 노력하는 동안 톰은 우연히 또 다른 것을 발견하게 되었다. 톰은 전화의 진동판과 사람의 말소리를 종이에 적어 넣는 핀을 사용했다. 그는 장치를 만들고, 그 장치에 긴 종잇조각을 통과시키면서 동시에 '이봐요!'라고 소리쳤다. 소리는 진동판을 울리게 했고, 진동판은 핀을 움직여서 종이에 흔적을 남겼다. 그 후 그 종잇조각이 다시 장치를 통과하게 하자, 핀이 만든 흔적이 또 하나의 진동판을 활성화시켰다. 그러자 유령이 말하는 것처럼 "이봐요!"

하는 소리가 들렸다.

"내 평생 그렇게 놀란 것은 처음이었다."

톰은 당시를 그렇게 회상했다. 그는 축음기를 발명한 것이다. 다음에 좋아하는 음악을 듣게 되면 토머스 에디슨에게 감사를 표하기 바란다.

톰의 다음 발명품은 정말로 세상을 변화시킬 만큼 대단한 것이었다. 당대의 수많은 발명가들과 마찬가지로 톰은 전깃불을 만드는 일에 빠져들었다. 그는 자신이 곧 남부 맨해튼 지역을 밝힐 수 있을 거라고 허풍을 떨었다. 하지만 그 일은 말처럼 쉽지 않았다. 톰은 제대로 된 필라멘트(전구에서 빛을 내는 실 같은 부품) 소재를 찾기 위해 1년 이상을 허비했다. 온갖 금속에 대나무 섬유까지 시험해 봤다. 그의 연구실에는 온갖 광물, 식물, 도구, 암석 조각이 가득했다. 톰이 생각하기에 쓸모 있어 보이는 것은 모두 있었다. 톰은 '실험실에서 가장 중요한 것은 커다란 폐품 더미'라고 믿었다. 마침내 그 폐품 더미에서 완벽한 필라멘트가 발견되었다.

당시에는 밤을 밝히기 위해 기름 램프를 많이 사용했다. 기름이 연소하면서 유리로 된 램프에 그을음을 남겼고, 그을음의 주성분은 탄소였다. 톰은 사람들이 검댕이라 부르는 이 그을음을 약간 떼어 내서, 아무 생각 없이 손가락으로 돌돌 말았다. 순간 톰에게 이 검댕이가 필라멘트의 좋은 재료일 거라는 깨달음이 왔고, 그것은 옳았다. 역사상 최초의 전구가 탄생한 것이다.

기술자들이 뉴욕 시의 10개 블록에 전깃줄을 매설하는 작업을 시작할 때까지는 몇 년이 더 걸렸다. 톰의 말처럼 남부 맨해튼 지역 전부를 밝힌 것은 아니지만, 그가 스위치를 켜자 25개 빌딩에 설치된 800여 개 전구에 불이 들어왔다. 전기 시대가 시작된 것이다! 그날 톰은 이렇게 생각했다.

"내가 약속했던 것을 전부 이뤘다."

84세까지 살면서 톰은 발명을 계속했다. 전문가들에게만 환영받는 일부 발명가와는 달리, 토머스 에디슨은 늘 모든 사람에게 유용한 것을 만들고자 했다. 토머스는 있는 그대로의 물건에 만족하는 법이 없었다. 그는 늘 더 나은 기계의 사용법을 찾고, 더 훌륭하게 작동하는 방법을 찾는 일에 천재성을 발휘했다. 그로 인해 오늘날 우리가 누리고 있는 수천 개의 전기 기기, 게임, 오락 시스템으로 가는 길이 열렸다. 그의 사후 80년이 된 지금, 토머스 에디슨의 머리에서 나온 발명으로 가득한 전기 세상을 살아가는 우리들은 여전히 그의 영향력 아래에 있다.

## 나는 이렇게 세상을 뒤흔들 거야!

나는 항공 운송에 혁명을 일으켜 세상을 뒤흔들 작정이다. 나는 어떤 바다라도 신기록을 내며 횡단할 수 있는 항공기를 설계할 것이다. 또한 값싸고 효율적이면서 정기적으로 사람들을 싣고 우주로 날아갈 수 있는 우주선도 만들 작정이다. 나는 이미 화성으로 여행할 우주선을 설계해 놓았다!

**퀘임 아닐카** Kwame Anyika ● 12세

# 오키타 소지
# 沖田 司

**1844~1868년 | 검객 | 일본**

죽도가 빛을 그리며 소지의 얼굴로 날아왔다. 소지는 살짝 피하면서, 자신의 검을 재빨리 검술 사범의 가슴 한가운데에 찔러 넣었다. 심판이 '점수!'를 선언했다. 열두 살의 소지는 방금 일본에서 가장 유명한 검술 사범을 이긴 것이다.

오키타 소지는 1844년, 지금의 일본 도쿄인 에도(江戸)에서 태어났다. 그의 아버지는 무사였고, 소지는 아버지처럼 위대한 검객이 되겠다는 꿈을 꾸며 어린 시절을 보냈다. 하지만 부모님은 소지가 아홉 살도 되기 전에 돌아가셨고, 그만 홀로 남겨졌다. 아버지가 무사로서 상당한 지위에 있었기에 소지는 에도에 있는 검술 도장인 시위관 試衛館에 입문할 수 있었다. 당시 시위관의 관장은 유명한 무사인 곤도 이사미 近藤勇였다. 소지는 곤도로부터 검술과 무예, 그리고 검술을 지도하는 법까지 모든 것을 배웠고, 두 사람은 좋은 친구가 되었다.

열두 살 때 검술 선생을 이긴 전설적인 사건 이후, 소지는 시위관의 부사범이 되었다. 곤도는 소지로 하여금, 에도에 있는 시위관 본관은 물론 근처 마을에 파견 나가 검술을 지도하도록 했다. 마을마다 검술 명인에게 지도를 받으려는 사람들이 몰려들었다.

이렇게 지내는 동안, 일본에는 아주 큰 변화의 바람이 불었다. 이전 250년 간 일본의 영토는 번(藩, 명치유신 때 기준으로 일본 전국에 300개의 번이 있었다고 한다 – 옮긴이)이라는 작은 지역으로 나뉘어 있었고, 각 번은 무사들이 지키고 있었다. 교토에 왕이 있긴 했지만, 왕은 일본 전역을 지배할 실질적 힘이 없었다. 각 번은 번주가 독립적으로 통치했다. 번주들은 번의 이름을 걸고 처참한 전투를 했다.

1800년대 중반까지 일본은 다른 나라와의 교류가 거의 없었다. 백성들은 자신의 번에만 관심이 있었고, 경계를 맞대고 있는 다른 번이 대외관계의 전부였다. 그런데 1853년 미국 해군 제독 매튜 페리 Matthew Perry가 미국과의 조약을 강요하는 미국 대통령의 편지를 지니고 중무장한 함선들과 함께 에도에 도착했다. 일본의 문호를 외국에 개방하라는 압력이었다. 일본 국민의 의견은 분열되었다. 국민 중 절반은 조약에 찬성했고, 나머지 절반은 일본의 독립을 지키기 위해 싸우자는 쪽이었다. 반대파의 입장은 문호 개방이란 나라가 약하다는 사실을 인정하는 신호이고, 외국인이란 일본에 들여 놓아서는 안 될 야만의 오랑캐라는 것이었다.

일본의 왕은 조약에 서명하기로 결정했지만, 많은 무사들이 반발했다. 은퇴한 무사들조차 복귀해 칼을 갈았고, 외국인을 끌어들이겠다는 정부 당국에 대항해 싸울 것을 결의했다. 일본 왕은 교토의 왕궁을 공격하려는 반군 무사들을 진압하기 위해 무슨 일이라도 해야 했다. 일본 왕은 교토를 방어하기 위해 최고의 검객 13인을 고용했다. 나중에 100명이 넘는 규모로 늘어난 이 집단은 신선조 新選組라 불렸다. 곤도 이사미가 신선조의 사령관으로 임명됐고, 그는 오키타 소지를 휘하의 1번대 대장으로 선발했다.

신선조의 목적은 교토와 왕을 지키고 반란을 평화적으로 해결하는 것이었다. 하지만 신선조의 전사 중 두 명은 자신들이 법 위에 있다고 믿었다. 무례하게 굴거나, 자신을 모욕한다고 생각되는 사람은 그 자리에서 가차 없이 죽였다. 길을 가던 아이 엄마, 음식점에서 식사를 하던 손님, 상점의 주인 등등, 누구도 안전하지 않았다. 점차 신선조의 평판이 나빠졌다. 적들은 물론이고, 신선조가 지켜주고 있는 사람들조차 그들을 두려워하고 경멸하였다.

1864년 여름, 중요한 사건이 일어났다. 신선조의 부패한 무사 두 명이 죽고, 신선조는 왕궁을 불태우려는 반란을 성공적으로 제압한 것이다. 신선조는 반란 계획을 사전에 입수했지만, 반란 주동자들이 어디에 숨어 있는지 알 수 없었다. 그러던 중 신선조는 반란군 중 한 명을 사로잡았다. 포로는 일당이 어디에 있는지 말하지 않았고, 신선조는 그가 협조할 때까지 문에 묶어 두었다. 그런데 누군가가 그를 풀어 주었고, 몰래 감시하고 있던 신선조는 그를 미행해 반란군의 은신처를 급습했다. 그곳에서 반란군의 두목과 왕궁을 불지를 계획을 담은 문건을 찾아냈으며, 반란군이 왕을 납치할 계획을 갖고 있음을 알려 주는 증거도 확보했다!

그러나 은신처는 하나가 아니었다. 신선조는 다른 은신처를 댈 때까지 반란군 수괴를 심문했다. 그날 밤, 곤도는 소지와 검객 8명을 데리고 교토의 서쪽에 있는 이케타야 여관

으로 갔다. 수백 개의 붉고 흰 등불과 수천 명의 사람들이 북적거리는 거리를 지나 여관에 도착했다. 그들은 여관의 문밖에서 반군들이 다음 번 공격을 모의하는 말소리까지 들을 수 있었다. 반군들은 밖에 신선조가 잠복하고 있는 줄은 까맣게 모른 채, 점점 흥분해 왁자지껄 떠들고 있었다. 곤도와 소지는 여관에 잠입해 반군이 비축해 놓은 무기를 발견했다.

여관 주인이 나타나 그들을 저지하려고 하자, 곤도와 소지는 그를 밀치고 계단을 달려 올라갔다. 두 사람은 칼을 빼든 20명의 반군과 마주쳤다. 반군 한 명이 공격했고, 소지는 단칼에 그를 베었다. 공포에 질려 아래층으로 몰려 내려간 반군들은 기다리고 있던 신선조의 공격을 받았다. 소지가 기침이 터지는 바람에 피를 토하긴 했지만 신선조는 무난히 승리했고, 다음날 아침 연도에 늘어선 수천 명 인파의 환호를 받으며 왕궁으로 행진할 수 있었다.

반란군과의 피비린내 나는 전투는 길게 이어졌다. 1868년 5월 17일 곤도의 죽음 이후에 신선조는 급격히 약화되었다. 소지는 곧바로 이어진 전투에 합류하길 원했지만 결핵으로 인해 기침이 더욱 심해지고 있었다. 그는 스물다섯의 나이로 죽어가고 있었던 것이다.

"나는 칼을 들어 적을 벨 것이다."

소지는 완강하게 말했지만, 그럴 수가 없었다. 1869년 5월의 전투가 역사가 기록한 신선조의 마지막 싸움이었다. 그들이 물러간 후, 새로운 권력체제가 일본을 접수했다.

신선조는 폭력으로 얼룩진 시대에 왕을 보호하고 평화를 회복하기 위해 용감하게 싸웠다. 오키타 소지는 이후 여러 책에 주인공으로 등장한다. 만화 '바람의 빛(*원제, 風光る - 옮긴이)'과 '피스 메이커 쿠로가네'에 등장했고, TV 애니메이션 시리즈로도 제작되었다. 또한 X-Box 비디오 게임 '검호 劍豪 : 9인의 사무라이 전설 Kengo: The Legend of the 9 Samurai'의 주인공 중 한 명이기도 하다. 2010년 8월에는 '오키타와 고양이'란 제목의 디지털 만화가 애플사의 아이팟에서 출시되었다. 이는 오직 싸울 수 있기만을 바랐던 오키타 소지의 말년 모습을 그린 것이다.

## 지금 세상을 흔들고 있는 소년!

**바루아니 은두메** Baruani Ndume

바루아니 은두메는 혼잡스런 탄자니아의 난민촌을 변화시키기 위해 일하고 있다. 그는 콩고민주공화국을 떠나 온 3만여 명 어린이들 중 한 명일뿐이다. 그 아이들 대부분이 부모와 헤어져 연락이 끊어진 상태다. 바루아니는 어린이들이 역경을 극복하는 일을 돕고 부모를 찾는 일도 도울 수 있는 라디오 프로그램을 준비했다. 2009년 16세의 바루아니는 뛰어난 활약을 인정받아 국제아동평화상 International Children's Peace Prize을 수상했다.

# 성난말
## Crazy Horse

**1841~1877년** | **전사이자 지도자** | **북아메리카**

사람들이 발을 딛고 걷는 땅은 사고파는 물건이 아니다.

**성난 말** Crazy Horse

곱슬이는 방금 충격적인 장면을 목격했다. 평화 협상을 하고 있던 추장 '정복하는 곰'을 미군이 등 뒤에서 쏘았던 것이다. 백인들은 원주민인 수 Sioux족이나 수족의 생활 방식을 미개하다고 생각했다. 백인들은 버팔로를 심심풀이 삼아 도살했고, 새로운 전염병을 퍼뜨렸으며, 심지어 원주민들에게 술까지 팔았다. 그렇게 해서 수족은 병들어 갔다. 곱슬이는 위대한 영靈인 와칸 탕카가 그의 백성들을 지킬 수 있는 비전을 내려 주기를 바랐다.

열세 살 소년 곱슬이는 식량도 움막도 없이 대평원의 외진 곳에 누운 채, 사흘 밤낮을 기도했다. 잠들지 않고 깨어 있기 위해 그는 날카로운 돌 위에 몸을 뉘었다. 사흘째가 되자 곱슬이는 탈진했다. 허기와 날카로운 돌에 찢긴 상처가 그를 괴롭혔다. 하지만 와칸 탕카는 쉽게 비전을 내려 주지 않았다.

욱신거리는 몸을 일으켜 세운 곱슬이는 자신이 타고 온 조랑말을 찾아 보았다. 홀연 주위가 안개 낀 것처럼 뿌옇게 흐려지며 위대한 전사가 나타났다. 전사는 곱슬이의 말과 비슷한 점박이 말을 타고 있었다. 수족 전사들은 대개 사람의 머리 가죽을 전리품으로 갖고 다니는데, 이 전사는 머리 가죽을 갖고 있지 않았고, 그저 머리에 깃털 하나만을 꽂고 있었다. 신비한 기마 전사 뒤로 폭풍우를 몰고 올 먹구름이 모여들었다. 포탄과 화살이 비 오듯 쏟아지고 전사의 얼굴을 스치듯 번개가 내리꽂혔다. 그리고 전사의 모습은 나타날 때와 마찬가지로 급작스럽게 대기에 녹아들듯 사라졌다. 당시 곱슬이는 깨닫지 못했지만, 이 비전은 그의 일생을 완전히 바꿔 놓았다. 곱슬이는 꿈에 그리던 기마 전사, 두려움을 모르는 수족 최강의 전사가 될 운명이었다. 그는 '성난 말'이란 이름으로 세상에 알려지게 될 것이다.

1841년 경 사우스다코타의 블랙힐 Black Hills에서 태어난 성난 말은 어릴 적 별명이 곱슬이였다. 어머니를 닮아 엷은 갈색의 곱슬머리를 타고났기 때문이다. 어머니는 곱슬이가 젖먹이일 때 돌아가셨고, 아버지는 부족에서 신성한 사람이라 불리는 주술사였다. 그의 부족인 수족은 한 장소에서 며칠 이상 머무르는 법이 없었다. 들소 떼를 따라 이동했기 때문이다. 수족은 뛰어난 기수였다. 그들은 말을 모는 기술이 정말 능란해서, 말을 타고 사냥하고 전투를 벌일 수 있을 뿐만 아니라 심지어는 말에 탄 채로 잠도 잘 수 있었다!

열다섯 살이 되자 곱슬이는 위대한 기수이자 사냥꾼이 되었다. 하지만 그의 운명이 무엇인지는 여전히 오리무중이었다. 앞날에 대한 통찰을 얻기 위해 곱슬이와 아버지는 부족 전통으로 내려오는 한증막을 지었다. 수족의 한증막은 뜨거운 돌들을 쟁여 넣은 구덩이 주위에 지은 작은 오두막으로, 뜨거운 돌에 물을 뿌려 생겨나는 수증기 속에서 땀을 흘리면서 자기 각성과 정화, 더 높은 차원의 지식에 도달하기 위해 사용된다. 곱슬이는 그때까지 아무에게도 이야기한 적이 없었던, 2년 전에 보았던 비전을 아버지에게 털어놓았다. 아버지는 언젠가 곱슬이가 자신의 비전에서 보았던 것과 같이 위대한 전사이자 꿈의 기수가 될 것이라고 했다. 이후 2년여의 훈련을 거쳐 열일곱 살이 된 곱슬이는 전투에 참가할 준비가 되었다. 아버지는 곱슬이를 지키기 위해 말리 과꽃과 독수리 뇌를 재료로 특별한 가루약을 만들어 주었다. 곱슬이는 그 가루약을 입에 머금고 피부에 발랐다. 또 그는 머리에 붉은 등을 가진 매의 깃털을 꽂고, 코에는 번개를 그려 넣어 비전에서 본 전사의 모습을 표현했다.

곱슬이는 첫 전투에 참가했다. 수족과 아라파오족 간에 땅의 권리를 두고 벌인 전투였다. 몇 시간의 싸움 끝에 수족이 밀리기 시작했을 때, 갑자기 말을 탄 곱슬이가 적의 총탄과 쏟아지는 화살을 뚫고 앞으로 나갔다. 그는 아라파오족 전사 두 명을 저격했다. 두 번째 전사가 말에서 떨어지는 것을 본 순간, 곱슬이는 능력 있는 전사의 상징이자 전리품인 머리 가죽을 취하기 위해 그에게 접근해 몸을 아래로 뻗었다. 그 순간 곱슬이의 다리에 총알이 날아와 박혔다! 이 사건으로 심각한 부상을 입지는 않았지만 곱슬이는 중요한 교훈을 얻었다. 비전에서 본 꿈의 기수가 되기 위해서는 적의 머리 가죽을 취해서는 안 되겠다는 깨달음이었다.

곱슬이가 수족의 진영으로 돌아왔을 때는, 그가 혼자 힘으로 승리를 이끈 것이나 마찬가지라는 이야기가 돌고 있었다. 부족 전원이 곱슬이를 기리며 승리의 춤판을 벌였다. 말수 적은 소년인 곱슬이는 전투에서 자신이 보여준 굉장한 활약을 대수롭지 않게 생각했다. 곱슬이의 아버지는 아들의 용맹함을 찬탄하는 연설을 했다. "나의 아들은, 용맹을 보여 주었습니다. 이를 기리기 위해 아들에게 새로운 이름을 줄 것입니다. 성난 말이라는 이름을!"

그 후 17년 동안 성난 말은 많은 전투를 치렀다. 전사로서의 평판이 점점 높아졌고, 위대한 수족의 지도자이자 군사 전략가로서 그의 명성은 멀리까지 퍼져나갔다.

1875년, 미국 정부는 협상단을 보내 원주민 부족들의 추장을 만나게 했다. 협상단은 추장들에게 수족, 샤이엔족, 아라파오족이 점령 중인 거의 모든 영토를 미국 정부에 넘기는 조약에 서명할 것을 요구했다. 추장들은 어떻게 해야 할지를 두고 사흘간 논쟁을 벌였고, 협상단은 수확 없이 돌아갔다. 협상단을 수행했던 120명의 미국 병사들은 자신들이 7,000명의 원주민 전사들에게 포위된 것을 알고 경악했다. 영토 협상은 결렬됐고, 남은 것은 전면전뿐이었다.

수족 중에는 전쟁을 원치 않은 사람들도 있었지만, 성난 말은 다른 선택의 여지가 없다고 봤다. 그는 '정복하는 곰' 추장의 죽음을 회상했다. 비겁한 백인이 등 뒤에서 쏜 총에 맞은 '정복하는 곰' 추장은 이렇게 선언했었다.

"모카신(*북미 원주민이 신었던 가죽신 — 옮긴이)과 백인들의 가죽 장화가 나란히 걸어갈 수 있는 길을 가진 나라는 없다."

바야흐로 전쟁을 할 시점이었다. 1876년 샤이엔족의 전사들이 수족과 함께 군대를 조직하여 미국 군대와 맞섰다. 초기 전투 중 유명한 것이 후세에 '커스터의 최후 저항'이라 불리게 된 전투였다. 커스터 장군 휘하의 미국 병사 220명이 전멸한 데 반해, 원주민 희생자는 40명에 불과했다. 지형지물의 세밀한 부분까지 잘 알고 있는 자신들의 이점을 영리하고 기발한 전술과 연결시킨 것이다.

전투에 나가기 전에 '성난 말'은 자신의 몸과 자신이 탈 말에 흙을 발랐다. 또 심장을 보호하기 위해 특별한 돌을 몸에 부착했다. 곱슬이는 자신이 비전에서 본 전사의 모습처럼 얼굴에 물감을 칠했다. 이 모든 것이 '성난 말'의 전투 보호 장구, 즉 워-타-웨wo-ta-we의 일부였다.

하지만 승리의 여운은 오래가지 않았다. 미국 군대에 비해 수적으로 열세인데다 보급품과 무기조차 열악했던 수족은 심각한 곤경에 처하게 되었다. 일부 전사들이 가족을 데리고 도망치기도 했지만, 전사들 대부분이 성난 말과 함께 전투를 이어 갔다. 전쟁 때문에 식량과 생필품 입수가 어려워지자 병들어 쓰러지는 수족 백성의 수가 점점 늘어 갔다. 성난 말은 자기 백성의 안위를 근심한 너머지 어려운 선택을 했다. 항복하기로 한 것이었다.

1877년, 성난 말은 그를 따르는 800명의 전사와 함께 로빈슨 요새 Fort Robinson로 들어갔다. 항복하기 위해서였다. 먼저 항복했던 수족의 백성들이 큰 소리로 자신들의 지도자를 환영했다. 이 광경을 본 한 미국 병사는 이렇게 말했다.

"맙소사, 이건 항복의 행진이 아니라 승리의 행진이네."

비록 전투에선 패했을망정 수족은 자신들의 땅과 생활 방식을 지키려 했던 성난 말을 자랑스러워 했다. 요새의 수장이던 클라크 장군 General Clark은 위대한 전사 성난 말의 손을 잡고 악수했다. 이 자리에서 성난 말은 이렇게 말했다고 한다.

"나는 전사였고, 늘 침략자에 맞서 내 나라를 지켜 왔소. 이제 나는 평화를 원하오. 나는, 더 이상 싸우지 않을 것이오."

대부분의 수족 백성이 이 용감한 전사를 사랑하고 존경했지만, 일부 좋지 않은 감정을 갖고 있던 백성도 있었다. 그들은 성난 말이 클라크 장군을 살해하려 한다는 거짓 소문을 퍼뜨렸다. 미국 병사가 성난 말을 체포하기 위해 왔다. 성난 말은 저항했고, 결국 그날 밤 그는 36세의 나이로 세상

'성난 말'의 기념조각은 50년 넘게 진행 중이다. 얼굴 부위만 9층 높이인데, 이 얼굴은 근처 러시모어 산 Mount Rushmore에 있는 미국 대통령 4명의 큰 바위 얼굴보다 훨씬 크다.

을 떠났다. 다음 날 미군은 성난 말의 시신을 매장하려 했지만, 성난 말의 친구인 '구름을 만지는 이'는 병사들에게 총을 겨누며 시신을 가져가지 못하도록 했다. 구름을 만지는 이는 성난 말의 시신을 그의 아버지에게로 가져가 수족 전통의 방식에 따라 매장했다. 전설에 따르면, 성난 말이 땅에 묻힐 때까지 매일 밤 독수리 한 마리가 그의 관을 가로질러 걸어갔다고 한다. 성난 말의 아버지는 아들의 시신을 묻었고, 무덤의 위치에 대해서는 절대로 밝히지 않았다.

죽음의 순간까지 성난 말은 용감하게 싸웠고, 자신의 비전에 대해 최선을 다했으며, 그가 늘 꿈꿨던 위대한 전사가 되어 백성들을 지켰다. 오늘날 러시모어 산에는 성난 말을 기념하는 조각 작품이 만들어지고 있다. 작품은 아직 완성되지 않았지만, 근처에 북미 원주민 박물관 Museum of North America이 있어 북아메리카 원주민의 역사와 문화, 예술에 관련된 전시물들을 훑어볼 수 있다.

### '성난 말' 조각 프로젝트

1927년 인디언들의 피눈물 나는 역사가 담긴 미국 사우스다코타 주의 남서부 블랙 힐스 산자락에 있는 러시모어 산에서 미국 역사상 가장 위대했던 대통령 4명의 얼굴을 조각하는 프로젝트가 시작되었다. 14년간의 대작업이 마무리될 무렵인 1939년(미국 대통령 얼굴상은 1941년 완공되었다), 이 프로젝트 팀에서 일했던 폴란드계 미국인 조각가 코자크 지올코브스키는 편지 한 통을 받게 된다. '백인들에게 영웅이 있듯이 우리에게도 영웅이 있다는 사실을 알리고 싶다. 우리의 영웅은 '성난 말'이다.'라는 내용이었다. 편지를 보낸 사람은 인디언 수족의 추장 '서 있는 곰'이었다. 성난 말이 누군지조차 몰랐던 코자크는 뒤늦게 '성난 말'에 대한 이야기를 듣고 비극으로 끝난 영웅의 일대기에 감명받았다. 그리고 성난 말이 죽은 9월 5일이 자신이 태어난 날과 같다는 사실에 운명을 예감하고 조각을 결심하게 되었다.

'성난 말'이 죽은 지 61년이 지난 1948년 6월 3일, 미국 대통령 얼굴상이 있는 곳에서 27km 떨어진 러시모어 산자락에서 '성난 말'의 조각이 시작됐다. 코자크는 러시모어 산의 미국 대통령 얼굴상을 훨씬 뛰어넘는 크기의 세계 최대 조각상을 만들고자 했다. 그가 구상한 조각의 크기는 높이 172m, 길이 201m로 산 하나를 통째로 깎아 만들어야 하는 엄청난 작업이었다. 코자크의 무모한 도전이 언론에 알려지면서 '성난 말' 조각상은 세간의 관심을 끌게 되었다.

미국 정부는 인디언 탄압의 역사를 반성한다는 의미에서 제작 비용을 지원하겠다고 나섰으나, 코자크는 "미국 정부에 대한 저항 정신을 기리기 위해 만들어지는 조각상을 정부의 지원을 받아 만든다는 것은 말이 안 된다."며 거절했다. 그는 제작비 일체를 일반 시민들의 기부금과 입장료, 화강암 세공품을 판매한 돈으로 충당하면서 조각을 계속했다. 그렇게 작업이 시작된 지 34년이 흐른 1982년, 코자크는 74세의 나이로 세상을 떠난다. 사람들은 '성난 말' 조각상 프로젝트가 중단될 것이라 예상했지만, 코자크의 아내와 자녀, 손자와 증손자들까지 참여해 '성난 말' 조각상 프로젝트는 계속 진행되었다.

1998년 6월, 착공 50년 만에 조각상의 얼굴 부분이 완성되었다. 하지만 전체 조각상의 완성까지는 아직도 오랜 시간이 걸릴 것으로 예상된다. 현재 몸과 말을 조각 중이지만 언제 완성될지 알 수가 없다. 관계자들은 최소 100년 이상이 걸릴 것이라고 전망하고 있다.

## 나는 이렇게 세상을 뒤흔들 거야!

나는 기업가, 영화제작자, 작가, 연설가가 되어 세상을 흔들 작정이다. 나는 영화를 연출하고 소설과 논픽션을 쓸 것이고, 그 작품들을 통해 사람들에게 더 나은 삶을 이끌어줄 것이다. 나의 웹사이트 인디고 셰프(indigo-chef.com)를 확장해서 수십만 명의 사람들에게 영양, 다이어트, 운동, 좋은 습관, 자연요법 등에 대해 가르칠 것이다. 나는 전 세계를 순회하며 강연할 작정이다. 짐 론 Jim Rohn이 걸어간 길을 따라 살아가며, 그의 '특별한 삶의 기술'에 대한 메시지를 세상에 알리는 일을 계속할 것이다.

**헤제키아 콘드론** Hezekiah Condron ● 15세

# 6인의 소년 영웅

## Los Niños Héroes

**1828~1847년 | 병사 | 멕시코**

열세 살의 프란시스코는 두 발을 땅에 묻고 소총을 성벽에 고정시켰다. 아래쪽에서는 미군 병사들이 성을 포위하고 있었다. 소년이 지키고 있는 차풀테펙 성은 침략자들을 물리치고 북부 지역을 지켜야 하는 멕시코시티 최후의 보루였다. 소년은 교관이 가르쳐준 대로 총열을 아래로 내려 적군을 겨냥했다. 이렇게 큰 총은 처음 만져 보는 것이지만, 어떻게 해서든 조국을 지켜야겠다고 다짐했다.

근처에서는 군 병력과 자원 민병대, 그의 친구들이 전투 중이었다. 차풀테펙 성은 원래 멕시코 소년들이 전투 훈련을 받는 군사학교로 사용되었다. 군사학교에 입학할 때만 해도, 프란시스코는 얼마 후 자신이 실제전투를 하게 되리라고는 상상도 하지 못했다.

멕시코와 미국 사이의 전쟁은 2년 전인 1845년에 시작되었다. 멕시코는 스페인으로부터 막 독립한 신생국이었고, 미국인들은 멕시코가 점령하고 있던 텍사스 지역을 갖고 싶어 했다. 멕시코는 이 같은 행동을 영토 침해로 간주했고 즉각 반격에 나섰다. 하지만 미국과 멕시코는 무기와 병사들의 훈련 정도에 있어 애초에 싸움이 되지 않았다. 멕시코는 맥없이 텍사스를 잃었다.

당시 미국과 멕시코가 영유권을 놓고 전투를 벌였던 멕시코의 영토는, 오늘날로 치면 미국의 애리조나주, 캘리포니아주, 네바다주와 뉴멕시코주 및 콜로라도주의 일부에 해당한다.

텍사스의 서쪽, 즉 멕시코 영토 북부의 운명은 바람 앞의 등불 같았다. 당시 미국 대통령인 제임스 K. 포크 James K. Polk 는 미국이 북미 대륙 전체를 지배할 운명이며 '신은 미국이 바다로부터 바다까지 뻗어 나가기를 원한다'는 말도 안 되는 '사명설'을 신봉했다. 그는 멕시코 북부의 나머지 영토를 차지하기 위해 군대를 보냈다.

아홉 차례의 전투 끝에 미국은 거침없이 멕시코의 수도로 진군했다. 멕시코의 수도인 멕시코시티만 함락되면 미군의 승리가 선포될 참이었다. 프란시스코는 총알을 다시 장전하고 적군을 겨냥했다. 멕시코시티의 함락을 막을 수만 있다면, 목숨까지도 바칠 수 있었다.

갑자기 큰 고함 소리가 들렸지만, 프란시스코는 니콜라스 브라보 Nicolás Bravo 장군의 명령을 이해할 수 없었다. 니콜라스 주위에 있던 모든 병사들이 총을 내려놓았다.

"장군님이 퇴각을 명하셨어."

프란시스코 마르케스 Francisco Márquez 의 친구인 후안 델라 바레라

Juan de la Barrera가 말했다. 후안은 열아홉 살로 친구들 중 가장 나이가 많았다. 두 사람은 나머지 네 명의 친구를 찾기 위해 주위를 둘러보았다. 네 명의 친구는 후안 에스쿠챠 Juan Escutia, 아구스틴 멜가르 Agustín Melgar, 페르난도 몬테스 데 오카 Fernando Montes de Oca, 비센테 수아레즈 Vicente Suárez였다. 그 중 아구스틴이 아주 살짝 고개를 흔들었고, 다들 그 뜻을 이해했다. 친구들은 전투를 멈추지 않았다.

멕시코는 차풀테펙 전투에서 패했고 결과적으로 미국과의 전쟁에서도 졌지만, 6인의 소년들은 '소년 영웅들(로스 니뇨스 에로에스 Los Niñnos Héroes)'이란 이름으로 멕시코 역사에 남았다. 그들은 신념을 위해 싸웠고 나라를 위해 목숨을 바쳤다. 1847년의 일이었다.

멕시코에서 9월 13일은 소년 영웅들의 날(El Dia de los Niños Héroes)로, 여섯 명의 용감한 소년들을 기리는 국정 공휴일이다.

전해 내려오는 얘기에 따르면, 소년들은 멕시코 국기가 적군의 총에 맞아 떨어질 때마다 다시 국기를 내 걸었다고 한다. 후안 에스쿠차는 미국군이 다가오자 국기를 지키기 위해, 국기를 몸에 두르고 성벽 아래로 뛰어내렸다고도 한다. 또 다른 얘기에 따르면, 저항하는 최후의 6인이 된 소년들이 국기를 몸에 두른 채 "멕시코여 영원하라 Viva Mexico!"고 외친 다음 함께 성벽 아래로 뛰어내렸다고 한다. 후안이 국기를 두르고 성벽 아래로 뛰어내리자, 나머지 다섯 명의 소년들이 칼로 자결했다는 주장도 있다. 어느 이야기가 맞든 한 가지만은 확실하다. 소년들이 영웅적으로 죽음을 맞았다는 것이다.

오늘날 멕시코 전역에 소년 영웅들의 이름을 딴 거리, 학교, 공원들이 있고, 그들의 이름을 쓰는 밴드가 있을 정도이다. 차풀테펙 공원에는 6인의 소년 영웅을 기리는 기념비가 세워졌다. 차풀테펙 전투로부터 100년이 흐른 1947년 봄, 미국 대통령 해리 트루먼이 기념비를 방문해 꽃다발을 헌정했다. 신문들은 그날 멕시코 국민들의 100년 묵은 상처가 치유되는 듯했다고 대서특필했다.

## 나는 이렇게 세상을 뒤흔들 거야!

나는 미사일이 발사된 장소로 되돌아가 스스로를 공격하는 장치를 발명할 작정이다. 그렇게 되면 또 다른 세계대전이 일어나더라도 평화적인 나라들은 핵무기나 미사일 폭격으로부터 무사할 것이다. 나는 새로운 종류의 방공용 탄약도 발명하려고 한다. 그 탄약은 비행기들이 어떤 무선에든 접속하기만 하면 바이러스를 다운로드하는 소형 컴퓨터 칩이라서, 원격으로 비행기를 장악할 수 있을 것이다.

**노아 슈워츠** Noah Schwartz ● 13세

# 루이 브라유

## Louis Braille

**1809~1852년 | 교사이자 발명가 | 프랑스**

이제 시각 장애인도 일하고 공부하고 노래할 수 있으며,
그들 몫의 행운과 행복을 추구할 수 있다. 시각장애인들이 갇혀 있던
감옥의 문을 열어준 사람. 그 사람이 바로 루이 브라유다.

**헬렌 켈러** Helen Keller

읽기 수업이 시작되었다. 하지만 보통의 읽기 수업과는 완전히 다른 풍경이 펼쳐졌다. 엄청나게 크고 두꺼운 책들이 이젤에 받쳐져 있었던 것이다. 1819년 '프랑스 왕립 시각 장애아 학교'가 보유한 점자 책은 단 열네 권, 당시로서는 아주 희귀한 것들이었다. 첫 수업을 받게 된 열 살 소년 루이는 가슴이 뛰었다. 마침내 책을 읽을 수 있게 되었기 때문이다.

고향 쿠브레에 묻혔던 루이 브라유는 100년이 지난 후 이장되어, 지금은 프랑스의 위대한 영웅 들과 함께 파리의 팡테옹 Pantheon 국립묘지에 안장되어 있다.

시각 장애인을 위한 점자책은 30여 년 전에 발명되었다. 점자책을 만들기 위해서는 왁스가 칠해진 두꺼운 종이에 커다란 활자를 대고 꽉 눌러서 흔적을 남겨야 했다. 그래야 종이

316

뒷면에 올록볼록한 부분이 생겨 시각 장애들이 손가락으로 더듬어 글을 읽을 수 있는 것이다. 문제는 한 페이지에 담을 수 있는 문장이 얼마 되지 않아, 책이 아주 크고 두꺼워진다는 것이었다. 사람이 들고 있을 수 없을 정도로 무거워 이젤에 받쳐 놓고 읽어야 했다.

그러나 읽을 수 있다는 것이 중요했다. 시각을 잃은 지 7년 만에 처음으로 책을 읽게 된 루이는 흥분을 누를 수 없었다. 하지만 루이의 흥분은 곧 실망으로 변했다. 글자 하나하나를 쫓아가는 일에 시간이 너무 많이 걸렸던 것이다. 문장의 끝에 가면 처음 문장이 기억나지 않을 정도였다. 어렵게 기억을 한다 해도 문제는 또 있었다. 프랑스 전역을 통틀어 점자책은 몇 권 되지 않았다. 제작 비용이 너무 많이 들었고, 부피가 커서 소장하기도 곤란했기 때문이다.

루이는 분명 더 나은 방법이 있을 거라고 생각했다. 몇 년 동안 루이의 머릿속에서 그 문제가 떠나지 않았고, 결국 시각 장애인들에게 최고의 선물이 될 발명으로 이어졌다. 루이의 성을 딴 '브라유'라고 불리는 새로운 독서 체계를 고안해 냈던 것이다. 만약 브라유가 없었다면 시각 장애인들은 훌륭한 소설에 빠져드는 즐거움을 누릴 수 없었을 것이고, 운동 경기의 점수 확인처럼 정상 시각을 가진 사람들이 당연하게 여기는 일상생활도 불가능했을 것이다.

루이 브라유는 세 살 때 시각을 잃었다. 파리 근교의 시골 마을에서 마구(馬具)를 만드는 아버지의 가게에서 송곳을 가지고 놀다가 실수로 왼쪽 눈을 찔렀던 것이다. 왼쪽 눈은 감염되었고, 어린 루이가 눈을 비벼 댔기 때문에 오른쪽 눈마저 감염되었다. 사고가 일어난 지 일주일 만에 루이는 양쪽 눈의 시력을 완전히 잃었다.

아버지는 루이에게 지팡이를 만들어 주었지만, 지팡이로 알 수 있는 세상이란 한계가 있었다. 실명으로 인해 루이는 고립되었다. 다른 아이들처럼 놀 수도 없었고, 숲 속을 달리거나 나무타기를 할 수도 없었다. 그리고 200년 전의 사람들은 맹인에겐 정신적 장애가 있다는 편견을 갖고 있었다. 눈으로 볼 수 없는 사람은 생각도 제대로 못할 것이라 추론했던 것이다. 시각 장애인은 학교에도 갈 수 없었고, 직업 교육이나 기술 교육도 받기 어려웠다. 누구라도 그 당시 유럽에서 맹인으로 산다면, 길거리를 떠도는 걸인이 될 수밖에 없었을 것이다.

그러던 중 마을의 신부님이 루이의 사정을 알게 되었다. 자크 팔뤼 Jacques Palluy 신부는 루이를 가르쳤고, 학교장을 설득해 루이를 학교에 입학시켰다. 마치 잃어 버린 시력을 보완하려는 것처럼 루이의 기억력은 뛰어났고, 배우는 속도도 아주 빨랐다. 자크 신부는 루이를 파리에 있는 '왕립 시각 장애아 학교'에 입학시켜 주었다.

학교에 다니면서 루이는 처음으로 자기 힘으로 책을 읽었고, 자신의 생계를 책임질 수 있는 기술들을 익혔다. 루이가 열세 살이 되었을 때, 루이의 일생에서 아주 중요한 인물이 학교를 방문했다. 프랑스 육군에서 포병 대위로 근무하다 은퇴한 샤를르 바르비에 Charles Barbier 였다. 그는 골필 stylus(끝이 뾰족한 펜처럼 생긴 도구)로 긴 종잇조각이나 판지에 구멍을 뚫어 사용할 수 있는 군사용 암호체계를 발명한 사람이다. 그 암호는 점과 가로 선을 바탕으로 이루어진 것이다.

바르비에가 발명한 암호는 야전 지휘관이 야간에 소리 내지 않고

"전진하라!" 혹은 "퇴각하라!"와 같은 명령을 내릴 수 있게 해 주었다. 이 암호 체계가 시력을 잃은 사람들에게 쓸모 있으리라 생각한 바르비에는 그의 작업을 확장했다. 각 단어를 소리 단위로 분해한 다음, 각 소리는 점과 가로 선들의 조합으로 표현했다. 바르비에는 이 체계를 소노그라피 sonography, 즉 '소리 쓰기'라고 불렀다(요즘 sonography 란 단어는 초음파검사로 통용된다 – 옮긴이).

소노그라피는 언뜻 보기에도 복잡했지만, 학교의 교장 선생님은 일단 학생들에게 시험해 보기로 했다. 루이는 곧 소노그라피의 달인이 되었다. 하지만 소노그라피에 대해 배우면 배울수록 더 많은 문제가 있음을 알게 되었다. 기본적으로 소리를 기호로 나타낸 체계이다 보니 철자, 구두점, 숫자를 표시할 방법이 없었다. 또 기호 대부분이 너무 커서 손가락으로 한 번 만져서는 읽을 수가 없었다. 루이를 제외한 대부분의 학생들이 소노그라피를 포기하는 지경에 이르렀다.

루이는 소노그라피를 가지고 혼자만의 실험을 시작했다. 열세 살부터 열다섯 살까지 루이는 낮 동안은 수업을 받고 친구들과 어울려 지냈지만, 밤이나 주말에는 점을 배열하고 좀 더 쉬운 점자 체계를 만들기 위해 노력을 계속했다. 연구에 열중하다 시간을 망각하는 일도 있었다. 침대에 앉아 종이 위의 점들을 뚫는 일에 열중하다 보면 어느새 건물 밖에서 마차 달리는 소리가 들려 왔다. 밤을 꼬박 새웠던 것이다. 건강에 무리가 온 루이는 결핵

처음 소노그라피를 실험하면서서 루이는 바르비에와 열성적으로 토론했다. 바르비에는 어린 소년이 자신의 발명품에 토를 다는 것이 맘에 들지 않았다. 그는 자신의 체계를 바꿔서는 안 된다고 고집했다. 다행히도 루이는 그의 이런 말을 귀담아 듣지 않았다!

을 앓게 되었다.

그러던 어느 날 밤, 급우의 코 고는 소리를 듣던 루이의 머릿속을 한 가지 생각이 스쳐 지나갔다. 소리가 문제였던 것이다. 바르비에의 체계가 잘못된 것일 수도 있는데, 루이는 그 체계 내에서만 효과적인 방법을 찾으려고 애썼던 것이다. 루이는 소리 대신 알파벳의 글자들을 나타내는 기호를 만들었다. 볼 수 있는 사람들이 사용하는 알파벳과 똑같이 말이다. 루이의 부호는 다음과 같은 여섯 개의 점으로 만들어졌다.

1 ● ● 4

2 ● ● 5

3 ● ● 6

'브라유 셀 braille cell'이라 불리는 이 체계는 아주 간단했다. 모든 글자는 가로 2개에 세로 3개, 총 6개의 점으로 이루어진 공간을 갖는 것이다. 알파벳의 각 철자, 구두점, 기호, 숫자 각각이 다른 점의 배열로 만들어졌다. 루이라는 이름을 브라유 점자로 표시하면 다음과 같다.

모든 글자와 기호가 손가락을 한 번 움직이는 범위 안에 다 들어왔다. 루이는 자신의 발명을 학교 교장 선생님인 피그니에 박사에게 시연해 보이면서, 아무 책에서나 한 문단을 골라 큰 소리로 읽어 달라고 요청했다.

현재 e-브라유가 개발되는 중이다. e-브라유는 웹 기반 시스템으로 사용자가 어디에 있든 웹 페이지와 컴퓨터 파일을 브라유 점자로 변환시켜 전달한다.

"천천히 그리고 또박또박 읽어 주세요. 정상 시력을 가진 학생들에게 받아쓰기 문제를 내는 것처럼 말이죠."

피그니에 박사가 한 문장을 읽자, 루이는 자신의 골필로 종이 위에 구멍을 뚫어 나갔다. 그 일은 아주 쉬웠기 때문에 루이는 피그니에 박사에게 말했다.

"좀 더 빨리 읽으셔도 돼요."

피그니에 박사가 읽기를 마치는 것과 거의 동시에 루이도 '쓰기'를 마쳤다. 루이는 놀란 피그니에 박사가 쳐다보는 가운데, 골필로 뚫은 종이를 들고 아까 읽어 주었던 문장을 하나하나 손가락으로 짚어 가며 읽었다. 피그니에 박사는 감격해서 어쩔 줄 몰라 했다. 그는 이 일이 뜻하는 바를 알고 있었다. 열다섯 살 소년이 지금 시각 장애를 가진 사람들을 위해 배움의 등불을 밝힌 것이었다.

이후 몇 년 동안 루이는 그의 체계를 개량하고 보완했다. 스무 살 때 그의 체계는 완전해졌고, 그 체계를 설명하는 책도 저술했다. 책의 제목은 좀 길어서 '시각 장애인들이 사용하고 배열할 수 있도록 만든, 점을 도구로 하여 단어와 음악, 노래를 적을 수 있는 방법'이었다. 브라유 시스템은 초기 점자책의 문제점들을 완전히 해결했다. 모든 글자들이 손가락 끝에 들어왔기 때문에, 훨씬 빨리 읽을 수 있었다. 또한 인쇄된 글자들과 마찬가지로 모든 글자가 동일한 면적을 차지했기 때문에 책을 그리 크게 만들지 않아도 됐고 만드는 비용도 훨씬 저렴했다. 무엇보다 훌륭한 점은 브라유 글자가 시력을 가진 사람들이 쓰는 정규 알파벳과 같아서, 배우기가 아주 쉬웠다는 것이다.

피그니에 박사는 루이의 발견을 널리 알리고자 했지만, 정부 당국의 입장은 소극적이었다. 그들은 낡은 점자책을 포기하고 싶어 하지 않았고 오히려 이렇게 반문하곤 했다.

"왜 시각 장애인들이 보통 사람들과 다른 알파벳을 익혀야 한다는 거요?"

루이의 학교에 부임한 새로운 교장조차 브라유 점자 사용을 거부했다. 하지만 많은 학생들이 골필을 숨겨 들여와 서로에게 브라유 점자를 가르쳤기 때문에, 결국엔 신임 교장도 항복하고 말았다.

루이는 음악을 가르치며, 왕립 시각장애아 학교에 평생 동안 머물렀다. 43세에 결핵으로 세상을 떠나며 루이는 이런 말을 남겼다.

"나는 이 땅에 온 소명을 다 완수했다고 믿는다."

읽을 수 없는 삶을 상상할 수 있는가? 인터넷 검색도 못 하고, 컴퓨터 게임도 못 하고, 해리 포터 이야기도 읽을 수 없다. 한 소년의 발명이 없었다면, 수백만 명의 시각 장애인들이 그런 삶을 살았을 것이다. 루이 덕분에 시각 장애인들은 언제라도 원하는 것을 읽을 수 있게 되었다. 루이 브라유의 시력을 앗아간 사고는 끔찍했지만, 그에게 인류 역사상 가장 인간적인 발명품을 만들어 낼 동기를 만들어 준 의미있는 사건이기도 했다.

## 지금 세상을 흔들고 있는 소년!

**타이렐 로데스** Tyrell Rhodes

열여섯 살 타이렐 로데스는 글 쓰기 공모전에서 입상하자 가슴이 한껏 부풀었다. 자신의 글 솜씨를 인정받아서가 아니라, 사우스웨스트항공의 조종사 훈련 센터 방문이라는 부상이 주어졌기 때문이다. 어머니가 공군에 근무하고 있어 비행 훈련 시설이 그렇게 새로운 것은 아니었지만, 어쨌든 이 일로 인해 조종사가 되겠다는 그의 바람에 불이 붙었다.

지금 타이렐은 사우스웨스턴 일리노이 대학의 조종사 과정을 이수하고 있다. 그것은 정말이지 굉장한 일이었다. 뇌성마비 장애를 갖고 있어, 아무것도 해내지 못할 것이란 말을 듣고 자란 소년에겐 더욱 더⋯⋯

# 존 퀸시 애덤스

## John Quincy Adams

1767~1848년 │ 대통령, 노예제 폐지론자 │ 미국

당신이 하는 행동이 다른 사람을 더 꿈꾸게 하고, 더 배우게 하고,
더 노력하게 하고, 더 많은 성과를 올리도록 자극하고 격려할 수 있다면,
그런 당신이야말로 지도자다.

**존 퀸시 애덤스** John Quincy Adams

일곱 살 존은 바위 뒤에 숨어 몸을 웅크리고 멀리서 울리는 대포 소리를 듣고 있었다. 어머니 애비게일 Abigail이 아들의 어깨를 감싼 채 그 옆에 앉아 있었다. 모자는 펜즈힐 Penn's Hill 꼭대기에 앉아 아래쪽 골짜기에서 벌어지고 있는 전투를 지켜보고 있는 중이었다.

"엄마, 저 사람들은 왜 싸우는 거예요?"

햇불을 들고 매사추세츠의 찰스타운 Charlestown으로 진격해 오고 있는 군인들을 보며 존이 물었다.

"영국은 우리가 자기 나라의 일부가 되길 원한단다. 하지만 우린 더이상 그러고 싶지 않은 거지. 그래서 우리는 자유를 위해 싸울 수밖에 없단다."

어머니가 설명해 주었다.

존은 진지한 표정으로 고개를 끄덕이며, 아버지인 정치가 '존 애덤스'가 응접실에서 토론하던 장면을 회상했다. 그들은 세금을 올리는 문제와 같이 영국이 강요하는 조치들에 대해 갑론을박을 벌였다. 존의 아버지는 외교관 신분으로 유럽에 가서, 문제의 평화적 해결을 위해 일했던 적이 있었다. 하지만 영국은 평화적 해결을 원치 않는 것처럼 보였다.

존 퀸시 애덤스의 별명은 '늙은 웅변가'였다. 대통령으로서, 노예제폐지론자로서 장시간의 유려한 연설을 했기 때문이기도 하고, 말년에 노예제에 반대하는 연설을 수시로 했기 때문이기도 하다.

그날의 전투는 겨우 세 시간 만에 끝났지만, 그 후 여러 해가 지나서야 미국과 영국 사이에 휴전이 이루어졌다. 그날 펜즈힐에서, 일곱 살 소년 존은 자신의 눈앞에서 싸우고 있는 병사들이 지키고자 하는 조국을 제대로 세우는 일에 힘을 보태겠다고 다짐했다.

존 퀸시 애덤스는 1767년 6월 11일에 태어났다. 그는 진정한 혁명(미국 독립 혁명)의 아이였다. 어린 시절 존은 외교관인 아버지를 따라 유럽을 여행했고, 미국이 영국의 지배에서 벗어난 독립국임을 인정한 파리 조약에 서명하는 아버지를 곁에서 지켜보았다. 존의 아버지는 신생국 미국의 초대 부통령이 되었고, 그 다음엔 제2대 대통령으로 선출되었다. 존의 어머니는 현명하게 남편을 내조했다. 남편과 정책에 관해 토론했고, 외교관으로서의 역할에 대해 조언했다. 나중에는 아들 존 퀸시가 정치가의 길을 가도록 격려해 주었다.

스물세 살이 된 존은 하버드 대학에서 공부를 마치고 변호사로 개업했으며, 미국 공사들의 통역을 맡기도 했다. 그런 인연으로 존은 네 덜란드 주재 공사로 임명되었고, 나중에는 베를린 공사가 되었다. 어 머니는 그런 아들에게 더 큰 경험을 두려워하지 말고, 정치 문제에 좀 더 적극적이 되라고 조언했다. 존의 어머니는 편지에 이렇게 썼다.

지금이야말로 천재들이 살아 보고 싶어 하는 시대란다. 위대한 품 성은 고요하고 안정된 삶이나 평화로운 휴식기에 만들어지는 것이 아니야. 강인한 정신은 난관에 맞서는 가운데 만들어지는 것이고, 상황이 절박할수록 위대한 덕목이 필요한 법이란다. 정신이 고양되 고 마음속에 품은 비전으로 가슴이 뛸 때, 잠들어 있던 훌륭한 자질 이 깨어나 영웅과 존경받는 정치가의 품성이 만들어진단다.

존 퀸시 애덤스는 소년 시절 펜즈힐에서 한 다짐을 잊지 않았다. 1802년 매사추세츠 주 상원의원 지명을 받아들였고, 1803년에는 연 방 상원의원이 되었다. 존은 자신이 소속된

존이 대통령이 됐을 때, 유럽에는 이 미 130여 개의 공공 천문대가 있었 다. 그런데 미국에는 천문대가 하나 도 없었다!

정당의 당론과 달리 루이지애나 매입에 찬성표를 던졌고, 루이지애 나 매입을 통해 미국의 영토는 로키 산맥까지 확장될 수 있었다. 또한 그는 1807년 선박출항금지법 Embargo Act을 지지했다. 미국 전역에 걸 쳐 수입과 수출을 폐쇄하는 내용을 담은 이 법은 논란의 중심에 있었 는데, 당시에 수출입은 미국 여러 지역에서 중요한 돈벌이 수단이었 기 때문이다. 하지만 수출품을 가득 실은 미국의 선박들이 대서양 한

가운데서 영국이나 프랑스의 전함에 의해 공격을 받는 일이 잦았다. 또한 미국이 영국이나 프랑스로부터 수입을 할 때마다, 적대국을 지원하는 꼴이 되었다. 존은 선박출항금지법만이 무력에 의지하지 않고 미국의 선박들을 보호하는 최선의 방안이라 생각했다. 격렬한 반대를 뚫고 결국 선박출항금지법은 통과되었다. 존은 신념을 굽히지 않고 자신이 옳다고 믿는 대로 행동했다.

그는 먼로 대통령 정부에서 국무장관으로 일하기도 했다. 국무장관으로 일하는 동안 존은 영국과 미국 간의 관계를 복원하여, 평화적으로 협력하고 지원하는 관계를 만들었다. 또한 다른 나라들과도 우호적인 관계를 발전시켜 미국을 지원하는 우방국으로 만들었다. 존은 미국이 성장하여 원숙한 나라가 되는데 큰 역할을 해냈다.

1825년 먼로 대통령의 임기가 끝나자, 존은 대통령에 출마할 결심을 했다. 아버지가 대통령을 역임했고, 그 자신도 정부를 위해 일했으며, 그의 가슴 속에는 미국의 잠재력을 꽃피울 위대한 비전이 있었다. 하지만 4명이 입후보한 대통령 선거 결과는 접전이었다. 앤드루 잭슨 Andrew Jackson, 존 퀸시 애덤스, 윌리엄 크로포드 William H. Crawford, 헨리 클레이 Henry Clay의 순서로 득표를 했지만, 어느 누구도 과반을 획득하지 못했다. 가장 적은 표를 얻은 헨리 클레이를 제외하고 상위 득표자 3명을 대상으로 결선 투표를 하게 되었고, 하원은 클레이에게 3명의 후보자 중 한 명에게 지지를 표하라고 요구했다. 클레이는 자신과 가장 비슷한 정책을 표방하는 존에게 지지를 보냈고, 그 결과 존은 대통령에 당선되었다. 이 같은 사태에 가장 화가 난 사람은 앤드루 잭슨이었다. 존이 클레이를 국무장관에 임명하자, 대중들은 존이 클레이에게 뇌물을 주고 지지를 얻어낸 것이라 의심했고 고소까지 당하게 된다. 대통령으로서 직무를 시작하는 입장에서 좋은 상황은 아니었다.

하지만 존 퀸시 애덤스 대통령은 꿋꿋하게 미국을 더 좋은 나라로 만들기 위한 자신의 원대한 계획을 차근차근 추진해 나갔다. 그는 국가 전체의 이익 증진을 위해 노력했고, 국립대학과 해군사관학교를 설립해 미래의 국가 지도자를 육성하도록 노력했다. 또한 존은 특허 제도를 개선해 발명가들이 자신의 아이디어를 보호받도록 했고, 우주 천문대를 건설함으로써 과학 기술의 발전을 지원하고자 했다.

하지만 다른 정치가들과 다수의 국민들은 존의 목표가 비현실적이라고 생각했다. 그들은 존에게 지나치게 야심이 크고, 농장이나 공장 등에 종사하는 하층민을 무시하고 엘리트 시민만을 지원한다고 비난을 퍼부었다. 대통령이 제대로 일하기 위해서는 의회의 지지가 필수인데, 상황은 그렇지 않았다. 결국 존의 원대한 목표들은 대부분 결실을 맺지 못했다. 1826년 정신적 지주였던 아버지가 사망하자 존은 절망했다. 비극은 거기서 끝나지 않았다. 존의 대통령 임기가 끝난 직후인 1829년 장남이 세상을 떠났던 것이다. 존은 워싱턴의 끊임없는 정쟁에서 벗어나 매사추세츠의 농장으로 들어갔다. 그곳에서 그는 정원을 가꾸고 독서를 하며 시간을 보냈다.

2년 후, 존은 하원의원으로 일해 달라는 요청을 받게 되었다. 대통령까지 했던 사람이 하원의원으로 일한다는 것이 말이 되냐고 생각하는 사람들도 있었지만, 존은 국가를 위해 봉사하는 일을 부끄러워할 이유가 없다고 생각했다.

일부 역사가들은 존 퀸시 애덤스의 전성기는 대통령 재직 시절이 아니라, 하원의원 시절이라고 평가하기도 한다. 존은 노예제도에 대항해 맹렬히 싸웠다. 1839년에는 그 시점부터 3년 후인 '1842년 7월 4일' 이후 노예 신분인 부모에게서 태어나는 모든 아이들에게 자유를 주자는 헌법 청원을 제출하기도 했다. 하지만 노예제 유지를 원하는 남부 출신 의원들은 '함구령 gag rule'을 발의했다. 함구령이란 의회에서 노예제도 폐지 논의 자체를 금하는 것이었다. 이런 사태는 노예제를 폐지해야 한다는 존의 신념을 더 강하게 했을 뿐이다. 그는 '함구령'이 언론의 자유를 보장하는 미국 수정 헌법 제1조에 위배된다고 주장했고, 의회가 열릴 때마다 그 주장을 되풀이했다. 존의 이 같은 노력에 힘입어 1844년 '함구령'은 결국 폐기되었다.

존의 또 다른 업적 역시 하원의원 시절에 이루어졌는데, 그 일은 의회가 아니라 법정에서 벌어졌다. 1839년 이른바 아미스타드 Amistad 호 사건이 일어났다. 아미스타드호는 아프리카에서 노예로 팔려 갈 사람들을 싣고 미국으로 항해하고 있었다. 그런데 노예가 될 운명에 처해 있던 사람들이 반란을 일으켜 배를 장악했고, 노예제도가 불법인 뉴욕으로 입항한 것이다. 당시 미국 대통령은 반란을 일으킨 아프리카 사람들을 노예 상

존은 마침내 미국에 천문대를 설립하는 꿈을 이루었다. 그의 나이 77세 때, 오하이오 주 신시내티에 천문대를 건설하기 위한 주춧돌을 놓았다.

330

인에게 돌려주어야 한다는 입장이었다. 하지만 존은 그들을 끝까지 변호해 대법원에서 그들이 자유인이란 판결을 이끌어냈다. 1841년 11월, 35명의 아프리카인 생존자들은 그들의 고향으로 돌아갈 수 있었다.

시간이 흐를수록 존 퀸시 애덤스는 동료 의원들로부터 큰 존경을 받게 되었다. 심장 발작으로 오랫동안 의회를 떠나 있던 존이 다시 등원했을 때 동료 의원들 모두가 기립 박수로 그를 맞았다. 그 후 존은 의회에서 미국과 멕시코 사이의 전쟁에 반대하는 연설을 하다가 두 번째 심장 발작을 일으켰다. 그리고 이틀 후 그는 의사당 건물 안에서 눈을 감았다. 그의 나이 81세였다. 존은 오늘날에도 미국의 가장 영향력 있는 대통령 중 한 사람으로 존경받고 있다.

## 나는 이렇게 세상을 뒤흔들 거야!

나는 가난한 아이들과 집 없는 사람들도 잘 살 수 있는 좀 더 나은 세상을 만들 것이다. 그런 사람들이 마음대로 이용할 수 있는 쉼터를 짓고 잠자리와 음식을 제공하는 데 쓰일 자금을 마련하는데 힘을 보태고 싶다. 나는 이런 방법으로 세계와 사회에 기여하고 싶다.

**헤수스 곤잘레스** Jesus Gonzalez ● 16세

# 볼프강 아마데우스 모차르트

## Wolfgang Amadeus Mozart

**1756~1781년 | 작곡가 | 오스트리아**

다섯 살 꼬마, 볼프강은 더 이상 참을 수가 없었다. 아침 내내 음악이 머릿속을 울려 댔고, 이제는 그것을 악보에 옮기지 않고는 배겨 내지 못할 지경에 이르렀다. 꼬마는 아버지 레오폴드 Leopold와 친구가 커피를 마시러 나가기만을 기다렸다. 아버지의 깃펜과 잉크병을 움켜쥔 볼프강은 자신이 아직 기보법을 배우지 않았다는 사실조차 잊고 오선지 위에 삐뚤빼뚤 음표를 그려 넣기 시작했다.

"뭐하는 짓이냐?"

아버지의 호통 소리가 들렸다.

"협주곡을 쓰고 있는 중이에요. 금방 끝나요."

볼프강이 자신에 찬 목소리로 대답했다. 아버지와 친구는 서로 눈 모차르트의 본명은 요한 크리소스토무스 볼프강 고트리프 모차르트 Johann Chrysostomus Wolfgang Gottlieb Mozart이다. 고트리프는 독일어로 '신이 사랑하는'이란 뜻이다. 이름 앞쪽 두 단어를 생략하고, 고트리프를 같은 뜻의 라틴어로 대체(AMA=사랑, DEUS=신)한 결과, 볼프강 아마데우스 모차르트 Wolfgang Amadeus Mozart란 이름이 만들어진 것이다.

짓을 주고받으며 웃음을 터뜨렸다. '귀여운 놈, 얘가 오스트리아 잘츠부르크 대주교의 궁정 작곡가인 제 애비의 흉내를 내고 있네.' 꼬마의 행동을 귀엽다고만 여기던 아버지는, 아들이 기록한 악보를 보자 비명을 지르기 시작했다. 기쁨의 비명이었다. 정말로 그의 아들은 복잡하고 잘 짜인 형식의 협주곡을 작곡했던 것이다.

잉크 얼룩이 번져 있는 이 작품이 실제 모차르트가 작곡한 600개가 넘는 작품의 시작이었다. 그 작품 중엔 복잡한 교향곡도 많았지만, 어느 작품이고 예외 없이 모차르트는 앉은 자리에서 단숨에 작곡을 끝내곤 하였다. 모차르트는 음표를 기록하기 전에, 곡 전체를 머릿속에 떠올리며, 때로는 12개의 서로 다른 악기가 연주하는 음악을 듣는다고 한다. 모차르트는 열정적으로, 완벽하게 작곡에 임했고 한 번 작곡하면 고치는 법이 없었다. 그때나 지금이나 많은 사람들이 모차르트야말로 역사상 가장 위대한 작곡가라고 생각한다.

마크 주커버그 Mark Zuckerberg 같은 천재가 큰돈을 버는 오늘날과 달리, 모차르트가 활동했던 시절에는 제 아무리 천재라도 왕족의 눈에 들지 않으면 성공할 수 없었다. 당시에 작곡가는 예술가로 대접받기보다는 단순한 장인 취급을 받았다. 천재 작곡가라 해도 훌륭한 목수나 재단사와 다를 것이 없었다. 그 당시 재능을 타고난 천재들의 희

334

망이라면 왕이나 여왕의 눈에 띄어 은혜를 입는 것뿐이었다.

모차르트의 아버지는 하늘이 내린 신동인 볼프강을, 가문에 명예와 부를 가져다 줄 보증수표로 여겼다. 볼프강이 여섯 살이 되자,

아버지는 그와 그의 누이 나널 Nannerl(그녀 역시 천재였다)을 데리고 3년 간의 유럽 일주 여행을 떠났다. 어른과 똑같은 옷을 입고, 흰색 녹말 가발로 단장한 볼프강은 음악 묘기를 선보였다. 생전 처음 보는 곡을 즉석에서 연주하거나 건반을 천으로 덮어 놓은 상태에서 하프시코드 harpsichord(격철로 현을 뜯어 소리를 내는 건반악기의 일종 – 옮긴이)를 연주 하는 것 같은 일이었다.

볼프강과 나널은 오스트리아, 프랑스, 영국의 왕실에서 공연했고, 공연을 본 사람들 모두가 이 천재 어린이들에 매료되었다. 하지만 그런 묘기가 돈이 되지는 않았다. 볼프강의 아버지는 왕족들의 인색함에 좌절하고 절망해야 했다. 왕족들이 아이들에게 자주 줬던 것은 고작해야 도금한 코담배갑이나 자질구레한 소형 장신구 같은 것들이었다.

볼프강의 가족이 잘츠부르크에 돌아오자, 잘츠부르크 대주교는 모차르트의 아버지를 재판에 회부했다. 볼프강이 작곡한 것으로 알려진 모든 작품이 사실은 레오폴드가 작곡한 것이라는 혐의였다. 대주교는 볼프강을 궁전 안의 방에 가두고 일주일 동안 교회 음악

을 작곡해 보라고 명했다. 볼프강이 208쪽에 이르는 악보를 만들어 내는 데는 일주일이 채 걸리지 않았다. 대주교는 볼프강의 능력을 인정할 수밖에 없었다. 열네 살 때 모차르트는 첫 오페라를 작곡했고, 직접 지휘까지 했다.

볼프강은 잠깐씩 잘츠부르크로 돌아왔을 뿐, 어린 시절 내내 연주 여행을 계속했다. 예외라면 천연두, 장티푸스 등의 병에 걸려 치료가 필요할 때였다. 이 때 걸렸던 질병들이 볼프강이 젊은 나이에 요절하게 된 원인일지도 모른다. 스물한 살 무렵, 볼프강은 왕과 여왕들을 위한 소나타, 협주곡, 교향곡, 교회음악, 현악사중주곡, 오페라를 작곡하고 공연하며 유럽을 순회했다.

그가 편안하게 살았을 것이라 생각하는 사람도 있을 것이다. 보통 사람들이 글을 쓰는 것만큼이나 빠른 속도로 손끝에서 음악이 흘러나오는 천재였으니, 열심히 일할 필요가 없었으리라 생각하는 사람도 많을 것이다. 하지만 이런 생각에 대해 모차르트는 할 말이 많다.

"이제는 내게 음악 공부와 연습이 수월해졌을 거라 생각한다면 오산이야, 친구! 나처럼 작곡 공부에 많은 공을 들인 사람은 없을 거라 장담할 수 있네. 거장들의 작품이라면 하나도 빼놓지 않고 몇 번씩이고 연구하고 또 연구했다고."

타고난 천재성과 혼신의 노력에도 불구하고, 성인이 된 모차르트는 식료품을 사고 난방을 하고 집세를 낼 돈이 없어 전전긍긍하는 일이 잦았다. 귀족들은 이런 모차르트를 아주 싼값에 부려 먹었다. 지루하기 짝이 없고 맥 빠지는 파티용 음악을 작곡해 달라고 하고는, 푼돈이나 쥐어 주는 인색한 귀족들이었지만 경제적으로 궁핍한 모차르트는 달리 손을 벌릴 데가 없었다. 마지막으로 후원자를 잡았을 때, 그는 정당한 보수를 요구하기는커녕 후원자가

모차르트의 싫에 대해 좀 더 알고 싶다면 영화 '아마데우스 Amadeus'를 찾아보라.

하자는 대로 모든 조건을 굴욕적으로 받아들여야 했다. 그 후원자는 역사상 다시없는 작곡가, 신이 내린 최고의 작곡가라는 찬사를 받던 모차르트를 하인들의 탁자에 앉히는 만행을 저질러 그를 더욱 참담하게 만들었다.

그 시대가 돈을 벌기 어려운 시절이긴 했지만, 모차르트의 행동이 문제를 더 악화시킨 면도 있다. 그는 돈이 들어오면 순식간에 다 써 버리곤 했다. 반에서 제일 공부 잘하는 똑똑한 아이가 늘 필통을 찾느라고 허둥대고, 똑 소리 나게 일을 처리하는 주부가 툭하면 지갑을 잃어버리는 일을 본 적이 있을 것이

한번은 친구가 모차르트의 집에 들렀더니 모차르트는 아내와 함께 격렬하게 왈츠를 추고 있었다. "음악도 없이 웬 춤을 추고 있나?" 친구가 의아해서 묻자 모차르트가 대답했다. "몸을 덥히기 위해서라네." 모차르트 부부는 장작 살 돈이 없었던 것이다.

다. 총명하기 그지없는 사람들이 현실적인 일에 대해서는 머리에 구멍이라도 난 것처럼 어처구니없는 행동을 하는 경우가 많다. 모차르트는 돈을 벌고 모으는 일에는 재주가 없는 사람이라 생활이 안정될 만큼 충분한 돈을 가졌던 적이 없었다. 그가 원했던 것은 오직 작곡을 할 수 있는 충분한 시간뿐이었지만 곤궁한 경제 형편 때문에 그는 하루 종일 피아노를 가르치고, 저녁에는 작은 파티에서 연주하고, 아주 늦은 밤에야 피곤한 몸에 남은 힘을 쥐어짜 작곡에 매달릴 수 있었다.

모차르트는 쉬지 않고 일했고, 나이가 들어갈수록 점점 더 쇠약해졌다. 서른다섯 살이 되던 해, 그에게 불길한 일이 일어났다. 베일에 싸인 낯선 사람이 진혼 미사곡 requiem mass(장례식에서 부르는 노래)을 요청했던 것이다. 진혼 미사곡을 부탁한 사람의 정체도 모른 채, 모차르트는 작곡을 시작했다. 그리고 작곡이 진행되어 가는 동안, 모차르트의 건강은 하루가 다르게 악화되었다. 결국 모차르트는 그 낯선 사람이 신이 보낸 사자이며, 자신은 자기 장례식에 쓸 노래를 작곡하고 있는 것이라고 확신하게 되었다. 그 생각이 옳았다. 모차르트는 진혼곡을 다 완성하지 못하고 눈을 감았다.

모차르트는 생전에도 유명했지만 오늘날까지도 유명하다. 모차르트와 같은 천재는 다시없었다. 200년 전 모차르트가 쏟아낸 음악은 여전히 TV 광고며 영화 음악으로 사용되고 있고, 전 세계에서 끊임없이 연주되고 있다.

## 지금 세상을 흔들고 있는 소년!

### 노아 그레이-캐비 Noah Gray-Cabey

'영웅들 Heroes'과 '내 아내와 아이들 My Wife and Kids'에 출연해 유명해진 노아 그레이-캐비는 사실 피아노 연주자로 활동을 시작했다. 노아는 걸음마를 시작하면서 피아노 연주를 시작했고, 다섯 살 때는 시드니 오페라 홀 Sydney Opera Hall 사상 최연소 피아노 연주자가 되었고, 음반도 냈다. 사실 '제이 르노 쇼 The Tonight Show with Jay Leno'나 '데이트라인 Dateline' 같은 텔레비전 쇼 제작진의 눈을 사로잡은 것은 노아의 음악 재능이었다. 텔레비전 쇼에 얼굴을 비추기 시작한 노아는 마침내 히트 시리즈에 반복 출연하는 배역을 따내게 되었다. 노아는 온 세상에 음악을 전파하려는 목적의 'Action in Music'을 공동으로 창립하기도 했다.

BOYS
43

# 강희제
# 康熙帝

**1654~1722년 | 황제 | 중국 청나라**

일곱 살의 현엽玄燁은 높은 열과 발진으로 신음하고 있는 아버지를 지켜보고 있었다. 아버지 순치順治 황제는 천연두를 앓고 있었다. 현엽은 다행히 어릴 때 천연두에 걸렸다가 회복되었지만, 등에 발진이 생긴 사람들은 대부분 오래 목숨을 부지하지 못했다.

"이제 이 나라의 운명은 네 손에 달렸다. 현명한 통치자가 되거라."

순치 황제의 말에 현엽은 엄숙하게 머리를 끄덕였다. 그는 이제 중국 역사상 가장 어린 황제가 될 참이었다.

현엽은 중원을 지배한 청清 왕조의 두 번째 통치자가 되었고(*청나라가 중국 본토를 점령한 후, 두 번째 황제란 의미이다 – 옮긴이), 칭호는 강희로 바뀌었다. 강희의 나이 불과 일곱 살에 황제의 자리에 오르게 되었으므로, 순치 황제는 강희를 보좌할 보정대신 4명을 지명했다. 하지만 이들 대신들은 부패했고, 자기들 마음대로 황권을 농락하려고 했다. 4명의 대신은 강희를 몰아낼 음모를 꾸몄고, 자기들끼리 암투를 벌여 서로를 죽이기까지 했다! 마침내 강희제가 열네 살이 되었을 때, 마지막까지 남은 보정대신 오보이를 내치고 친정을 시작할 수 있었다.

강희는 다양한 문화가 혼합된 혈통을 타고 났다. 아버지는 만주족, 어머니는 중국의 한 漢족, 할머니는 몽골족이었다. 강희는 이러한 자신의 혈통을 자랑스러워 했고, 그런 혈통 덕분에 자신이 훨씬 더 강한 사람이 되었다고 믿었다. 강희는 몽골 전통의 말타기를 배웠고, 활과 화살로 사냥하는 만주족 전래의 기술을 알고 있었으며, 유교를 공부해 중국 한족의 전통을 이해했다.

측근의 농간을 우려한 강희제는 멀리 변방에 있는 믿을 만한 관리들에게 안전하게 메시지를 보낼 수 있는 방법을 고안하였다. 강희제는 메시지를 상자 안에 넣고 자물쇠로 잠궈, 사신을 통해 보냈다. 그 상자를 열 수 있는 또 한 개의 열쇠는 해당 관리만이 갖고 있어서, 다른 사람이 메시지를 읽는 일을 방지할 수 있었다.

하지만 모든 사람들이 다문화주의를 좋아하지는 않았다. 중국 남부 지역과 대만의 명 왕조 추종자들은 강희의 통치에 저항했다. 북쪽의 국경 역시 몽골과의 충돌 및 러시아의 침략으로 인해 혼란스럽고 뒤숭숭했다. 강희는 남부 지역을 여러 차례 순행하여 명 왕조 추종자들과 대화하고 백성들의 신뢰를 얻었다. 강희는 명 왕조 추종자들에게 명왕조의 역사를 편찬하도록 하여, 한족의 전통과 문화를 존중한다는 점을 보여 주었다. 그 후 그는 몽골로 갔다. 무기라고는 활과 화살뿐이었던 몽골인들은 8만 명의 군사와 수백 문의 대포를 몰고 온 강희제에 대항해 싸울 수가 없었다. 마지막으로 강희제는 러시아 황제를 만나 국경을 확정하는 조약을 체결했다. 중국이 전쟁 없이 국경 조약을 맺은 것은 참으로 드문 일이었다.

강희제는 서양 문화에도 관심이 많았다. 그의 재위 동안 제수이트 선교사들이 중국에 왔다. 선교사들은 강희제에게 천문학과 의학을 가르쳤고, 강희제는 선교사들에게 유교 사상과 중국 전통을 가르쳐 주었다. 이 우호적인 관계는 나중에 큰 도움이 되었다. 강희제는 마흔 살이 되어 말라리아에 걸렸고, 중국의 기존 의술로는 이 병을 치료할 수 없어 목숨이 위태로운 지경이 되었다. 강희제의 선교사 친구들이 키니네(말라리아 치료제 - 옮긴이)를 진상해, 황제는 목숨을 건질 수 있었다. 그러나 불행히도 교황은 강희제만큼 마음이 열려 있지 않아서, 중국 전통을 따르는 자는 누구라도 불경죄를 범하는 것이라고 선포했다. 강희제는 선교사들을 중국에서 추방함으로써 이 같은 교황의 오만에 응수했다.

강희제는 어학을 사랑했다. 그는 어린 시절부터 중요한 중국 문헌들을 암기했고, 자신의 아들들에게도 열심히 공부하도록 했다. 강희제는 이미 명나라 추종자들에게 명 왕조의 역사를 편찬하게 한 바 있다. 그는 다른 책도 작업하기를 원했다. 강희제는 학자들을 고용해 편찬위원회를 만들고 중국 글자 사전(*강희자전康熙字典이다 - 옮긴이)을 편찬하게 했다. 이렇게 만들어진 사전엔 무려 4만 7천여 개의 한자가 수록됐다! 그 글자들 중 오늘날까지 사용되는 것은 4분의 1에 불과하지만, 그 자전은 200여 년 동안 사용되었다. 강희제는 문학에도 관심을 쏟아 전당시全唐詩(당대 시가를 모은 책으로 총 900권에 달한다 - 옮긴이)도 편찬했다. 전당시에는 시인 2,200여 명의 작품 50,000여 편이 실려 있으며, 이 책의 개정판은 오늘날까지도 계속 출간되고 있다.

## 나는 이렇게 세상을 뒤흔들 거야!

나는 자연 전문 잡지사의 사진작가가 되고 싶다. 오해 받거나 공포를 일으키는 생물 종에 관해 흥미로운 사진을 찍고, 왜 그들을 다른 동물과 마찬가지로 존중해야 하는지를 글로 쓰고 싶다. 사람들에게 낯선 동물을 두려워할 필요가 없음을 확신시키고, 그들이 얼마나 아름다운지를 알아 볼 마음이 생기도록 지식을 제공하는 것이 내 역할이다. 날개나 발톱, 비늘이나 지느러미를 가졌다 해도 악몽에 등장하는 괴물이 아니라, 모두가 멋지고 경이로운 동료 생명체라는 점을 인정할 필요가 있다. 그들의 진정한 모습을 알기 위해서는 충분한 시간을 갖고 그 동물들에 대해 알아 가야 한다.

**카메론 리버모어** Cameron Livermore ● 12세

# 블레즈 파스칼

## Blaise Pascal

**1623~1662년 | 수학자이자 과학자, 철학자 | 프랑스**

열두 살의 블레즈는 숨소리를 죽이고 현관문이 닫히는 소리를 기다렸다. 그 소리는 아버지가 집을 나가는 것을 알려 주는 신호였다. 쿵소리와 함께 나무로 된 문이 닫히자, 블레즈는 서둘러 수학 노트를 꺼냈다. 그는 삼각형을 연구하고 있었고, 뭔가 중요한 발견이 임박했음을 느끼고 있었다.

블레즈는 사물의 형태와 도형에 관심이 많았지만, 아버지 에티엔느는 그가 열다섯 살이 될 때까지 기하학 공부를 못 하도록 했다. 아버지는 라틴어와 같은 고전 공부가 우선이라는 신념을 갖고 있었고, 아들이 수학 공부에 빠져 고전 공부를 포기할까봐 걱정이었다. 하지만 블레즈는 수학에 대한 열망을 억누를 수 없었다! 아버지가 수학에 관련된 책 일체를 치워 버렸지만, 그럴수록 수학을 공부하고 싶은 열망이 불타올랐다.

블레즈는 자신이 방금 그린 삼각형의 모서리를 펜으로 톡톡 두드렸다. 그는 삼각형의 모든 모서리의 각을 합하면, 두 개의 직각이 된다는 사실을 알아냈다. 그는 서둘러 세 모서리의 각이 모두 다른 삼각형을 하나 더 그려 보았다. 역시나 세 각의 합은 180도였다!

블레즈는 도형을 사랑했다. 블레즈의 가장 유명한 연구는 원뿔과 사이클로이드, 삼각형에관한것이다.

어린 수학자 블레즈는 신기한 발견에 몰두한 나머지 아버지가 들어오는 소리를 듣지 못했다. 자신의 등 뒤에 아버지가 서 있다는 것을 알아차렸을 때는 이미 늦었다.

"너 뭐하는 짓이냐?"

아버지의 호통이 떨어졌다.

"저, 저는……"

블레즈는 더듬거리며 변명거리를 찾아보았지만, 변명의 여지가 없었다.

"어떤 문제를 탐구하고 있었어요."

에티엔느는 몸을 굽혀 아들의 노트를 찬찬히 살펴보았다. 그리고는 한마디 말도 없이 고개를 끄덕이고는 방을 나가 버렸다. 그날 밤 늦은 시간, 아버지는 블레즈가 발견한 것이 '삼각형의 세 각의 합은 180도'라는 유클리드의 32번째 명제임을 설명해 주었다.

"이 책을 보아라."

아버지가 책 한 권을 내밀었다.

블레즈는 책의 부드러운 가죽 표지를 쓰다듬었다. 그건 유클리드의 초등기하학 제1권이었다. 열다섯 살이 될 때까지 수학 공부를 금했던 아버지가 열두 살의 블레즈에게 수학 공부를 허락한 순간이었다!

블레즈 파스칼은 프랑스의 작은 마을에서 태어났다. 블레즈가 세 살일 때 어머니가 돌아가시자, 아버지는 아들 블레즈와 세 명의 딸을 데리고 파리로 이사했다. 아버지는 파리의 학교들을 탐탁치 않게 여겨 자녀들을 자신이 직접 가르쳤고, 수학 공부 금지 원칙도 정했다. 아들이 몰래 수학을 공부하다 발각된 사건 이후, 아버지는 라틴어 공부를 계속하는 조건으로 마음껏 수학 공부를 해도 좋다고 허락했으며, 수학 학술 모임에 아들을 데리고 가기까지 했다.

열여섯 살이 되던 해는 그에게 엄청난 의미가 있었다. 오늘날의 미국 청소년 대부분이 그러하듯 운전면허를 딸 수 있어서가 아니었다. 블레즈는 자신의 첫 번째 정리定理(증명될 수 있는 수학 이론)를 만들었고, 이에 '신비한 6선 성형星形의 정리'라고 이름 붙였다. 나중에 이 정리는 '파스칼의 정리'로 불리게 되었다. 그 후엔 '원추 곡선론 Essay on Conic Sections'이란 책을 집필했다. 같은 해 그의 아버지가 루앙 지방의 세금 징수원으로 가게 되자, 블레

블레즈 파스칼은 특정한 삼각형을 아주 깊이 연구했다. 블레즈가 최초로 이 같은 삼각형을 연구한 사람이 아님에도 불구하고, 오늘날 이 삼각형은 '파스칼의 삼각형'이라 불린다.

$$1$$
$$1 \quad 1$$
$$1 \quad 2 \quad 1$$
$$1 \quad 3 \quad 3 \quad 1$$
$$1 \quad 4 \quad 6 \quad 4 \quad 1$$
$$1 \quad 5 \quad 10 \quad 10 \quad 5 \quad 1$$

'파스칼의 삼각형'은 숫자로 만들어지는 삼각형이며, 맨 윗줄은 1로 시작한다. 한 줄 내려갈 때마다 그 줄에 들어가는 숫자는 윗줄의 숫자 두 개를 더한 숫자가 된다. 간단하게 들리겠지만, 수학 공식으로 표시하면 다음과 같다.

$$\binom{n}{k} = \binom{n-1}{k-1} + \binom{n-1}{k}$$

즈는 아버지의 직무와 관련된 수학 계산에 도움이 될 장치를 개발하기 시작했다. 그 일은 꽤나 복잡했다. 프랑스의 화폐 단위가 10의 배수가 아니었기 때문이다. 당시 프랑스의 화폐는 12디니에르가 1솔이고, 12솔이 1리브르였다. 그러나 1645년 블레즈는 해냈다! 그가 발명한 계산기는 오늘날 사용되는 디지털 계산기와 흡사했으며 파스칼린 Pascaline이라고 불렸다.

그러던 중 아버지가 끔찍한 사고를 당하게 되자, 파스칼은 종교 공동체에 도움을 요청했고, 그 중에서도 특히 얀세니즘 Jansenism(얀센에 의해 만들어진 새로운 신학 사상)을 믿는 사람들에게 의지했다. 그들은 블레즈와 그의 누이들에게 얀세니즘의 본거지라 할 수 있는 포르 르와 얄 Port Royal 수도원을 소개해 주었다.

블레즈는 수학 공부와 실험을 계속해 나갔다. 그는 대기의 압력에 관심을 가졌고 기압이 존재하지 않는 진공의 가능성에 매혹되었다. 1648년 블레즈는 땅으로부터 높이 올라갈수록 대기압이 감소한다는 사실을 증명했다. 그는 이 같은 사실로부터 우주는 진공일 거라고 연역해 냈다. 당시 유명했던 또 한 명의 프랑스 수학자인 르네 데카르트 René Descartes는 블레즈의 진공 이론에 반대했다. 그들은 자주 토론을 벌였지만, 지금은 세상사람 누구나 파스칼이 옳았다는 사실을 안다.

블레즈는 또한 피에르 드 페르마 Pierre de Fermat와 함께 확률 이론도 발전시켰다. 페르마와 블레즈는 서로가 거의 동시에 같은 문제를

1647년 가을 데카르트와 파스칼은 이틀 동안 진공에 대해 논쟁했다. 진공을 믿지 않았던 데카르트는 파동학의 선구자 호이겐스에게 보낸 편지에서 '파스칼의 머리는 온통 진공으로 가득 차 있다'며 맹렬히 비난했다고 한다.

생각하고 있는 중임을 알고, 함께 연구하기로
했다. 두 사람의 관심은 주사위였다. 한 쌍의
주사위를 던져 둘 다 6이 나오게 하려면 몇 번
이나 던져야 하는가가 문제였다. 주사위 게임

이 끝나지 않은 상태에서 배당을 정해야 할 때, 어떤 방법으로 해야
하는가에 대한 질문에 답하기 위한 것이었다.

　이렇게 지내는 동안 블레즈는 얀세니즘에 대해 더 많은 것을 배우
게 되었고, 그럴수록 종교 쪽으로 관심이 모아졌다. 얀세니즘은 모든
시간을 신에게 바쳐야 한다고 가르쳤다. 그래서 아버지가 돌아가시고
3년이 지난 1654년, 블레즈는 포르 르와얄 수도원에 들어가게 된다.
그 이후로 블레즈는 수학 관련 저술을 거의 하지 않았다. 가끔은 심오
한 통찰이 담긴 연구가 있긴 했지만, 짧게 언급하는 데 그치곤 했다.
반면 철학과 종교에 관한 저술은 계속되었다. 특히 그의 친구　앙투안
느 아르노 Antoine Arnauld가 얀세니즘을 신봉한 탓에 재판을 받게 됐을
때는 더욱 열심히 종교 관련 글을 썼다. 블레즈는 도시와 농촌에 사는
친구 사이에 오간 서간문 형식의 '시골 편지 Provincial Letters'를 익명으
로 출판함으로써, 당시 가장 막강한 힘을 갖고 있던 기독교 교파인 제
수이트파 Jesuits를 조롱하기도 했다.

　블레즈는 종교에 대한 그의 철학을 담은 책, 팡세 Pensées도 출간했
다. 종교 서적이지만 방법론적인 문체를 유지하고 있어, 이 책은 때로
기하학의 정리나 확률 문제를 푸는 듯한 느낌을 주기도 한다. 블레즈
는 이렇게 쓰고 있다.

"신이 존재하지 않는다면 신을 믿는다고 해서 잃을 것은 아무것도 없지만, 만약 신이 존재한다면 신을 믿지 않는 사람은 모든 것을 잃게 될 것이다."

블레즈는 생애 후반기의 오랜 시간 동안, 위통과 두통에 시달렸다. 팡세 출간 후엔 통증이 심해진 탓에 지독한 불면증에 시달렸고, 누운 채로 잠 못 드는 시간은 수학 문제를 생각하며 보냈다. 블레즈는 사이클로이드 cycloids(원이 직선 위를 구를 때, 원주 위의 한 점이 만드는 곡선)를 연구했고, 동료 수학자들에게 도전하기로 결심했다. 블레즈는 마침내 두 개의 정리를 만들었고, 동료들에게 그 정리를 증명해 보라고 제시했다.

말년에 블레즈는 다시 교회 일에 집중했다. 그는 교회 예배에 빠지지 않았고, 늘 가난한 사람들을 위해 봉사했다.

## 나는 이렇게 세상을 뒤흔들 거야!

내 꿈은 우주항공 공학자가 되어 명왕성과 켄타우루스 자리의 프록시마 항성을 탐사할 우주선을 만드는 것이다. 화재에도 끄떡없는 연료 탱크와 산소와 식량이 충분히 공급되며 주방 가까이 위치한 취침용 선실, 원자력 추진 엔진 등을 갖추고 지구에서 달과 화성을 왕복하는 대중용 우주 왕복선을 설계하겠다. 비상 탈출이 가능한 취침용 선실에는 우주 공간에 엷게 퍼져 있는 수소를 자기磁氣를 사용해 끌어들인 다음 산화제를 써서 연소시킬 수 있는 분사추진 기관을 탑재할 것이다. 나는 사람들의 여행 방식을 완전히 바꿔 놓을 작정이다.

**닐 포레스터** Neil Forrester ● 10세

# 갈릴레오
# 갈릴레이
## Galileo Galilei

**1564~1642년 | 발명가이자 물리학자 | 이탈리아**

갈릴레오는 지루해 죽을 지경이었다. 대학에서 수학을 연구하느라 힘든 한 주를 보낸 그는 영적인 생각으로 머리를 채우기 위해 교회의 미사에 참석했지만, 안타깝게도 신부님의 말씀은 너무나 따분하고 재미가 없었다. 그는 졸음에 겨워 꺾이는 머리를 어쩔 수가 없었다. 정신을 차려 보려고 머리를 쳐들었는데, 지나치게 고개를 젖힌 나머지 그의 눈에 천장의 풍경이 들어왔다. 머리 위 높은 곳, 사슬에 매달린 램프가 바람에 흔들리고 있었다. 램프가 그리는 규칙적인 원호를 보다가 다시 잠에 빠지려던 찰나, 그의 머릿속을 뭔가가 치고 지나갔다. 램프의 흔들림에 어떤 패턴이 있음을 느꼈던 것이다.

잠이 달아난 갈릴레오는 자신의 맥박을 이용해 램프가 한쪽 끝에서 다른 쪽 끝까지 오는데 걸리는 시간을 재어 보았다. 교회의 열린 창문을 통해 바람이 불어 와 랜턴이 흔들리는 폭이 넓어지거나 바람이 잠잠해서 진폭이 미미하거나 간에, 왕복 운동 한 번에 걸리는 시간은 똑같았다.

지금 같으면 "뭘, 너무 당연한 거 아냐?"라고 말할 사람이 많겠지만, 당시로선 그게 당연한 일이 아니었다. 400년 전 사람들에게는 무엇이 물질세계를 작동시키는지 알 수 있는 단서가 거의 없었다. 이 같은 관찰을 바탕으로 열여덟 살의 갈릴레오는 역사상 최초로 정확한 기계식 시계를 만드는 방법을 찾아냈다. 그리고 이 일을 시작으로 그는 세상이 어떻게 작동하는지를 해명하기 위한 실험에 평생을 바치게 되었다. 그는 세계 최초의 물리학자(물질과 에너지 및 그 둘 사이의 상호작용을 연구하는 과학자)였다.

갈릴레오는 진공 상태, 즉 공기 저항이 없으면 양털과 납덩이는 같은 속도로 낙하할 것이라고 주장했다. 1971년 우주비행사 데이비드 스콧 David Scott이 달 표면에 서서 깃털과 망치를 동시에 떨어뜨렸다. 두 가지 물체는 나란히 달 표면에 떨어졌다. 스콧은 이렇게 말했다고 한다. "이건 갈릴레오 선생이 옳았음을 증명하는 겁니다."

후에 갈릴레오는 충만한 호기심 탓에 죽을 뻔한 위기를 맞기도 했지만, 호기심이야말로 인류가 기계, 전기, 방사선, 핵반응에 이르는 지식의 길을 따를 수 있도록 해 준 원동력이었다. 1583년 피사 Pisa 성당의 따분한 미사에서 시작된 지식의 실 꾸러미로부터 1969년 인류 최초의 달 착륙, 그리고 오늘날의 핵물리학에 이르기까지 호기심 많은 사람들이 점점 더 많은 과학 지식들을 뽑아 내고 있다.

갈릴레오의 위대함은 의심하는 태도에 있었다. 그는 다른 사람들이다 믿는다는 이유로 뭔가를 믿는 법이 없었다. 그의 이런 태도는 어린 시절부터 자연스럽게 형성되었다. 갈릴레오의 교육을 담당했던 아버지는 고정관념을 가진 사람들을 싫어했고, 특히 권위를 가진 사람이 마음이 닫혀 있을 경우엔 더욱 싫어했다.

갈릴레오가 열한 살일 때, 지식에 목말라하는 아들을 더 이상 가르치기 어렵다고 판단한 아버지는 그를 수도원 부속학교에 보냈다. 수도원 담장 안에서의 평화로운 생활에 완전히 매료된 갈릴레오는, 열세 살에 수사의 길을 가겠다고 선언했다. 아버지는 당황했다. 갈릴레오는 돈을 잘 벌 수 있는 직업을 택해서 가족을 부양해야 할 처지였던 것이다. 400년 전에도 오늘날과 같이 의사들이 큰돈을 벌었다. 아버지의 고집에 따라, 열일곱 살 갈릴레오는 피사 대학에 입학해 의학을 배우기 시작했다. 하지만 갈릴레오는 의학에 흥미를 느낄 수 없었다. 그는 아버지에게 수학을 배울 수 있게 해 달라고 간청했다. 그에게 수학은 세상이 작동하는 원칙을 알아내기 위한 도구였다. 아버지가 결국 항복한 것을 보면 갈릴레오는 훌륭한 논쟁 실력도 갖추고 있었던 것이 틀림없다. 갈릴레오는 수학에 대한 자신의 열정을 다음과 같이 표현하고 있다.

"우주를 이해하기 위해서는 그 우주를 기술하는 데 사용되는 언어를 이해하고 우주의 특성을 해석해야만 한다. 우주는 수학이라는 언어로 쓰여 있고, 우주를 특징짓는 것은 삼각형, 원을 비롯한 기하학적 형태들이다. 수학을 통하지 않고는 우주라는 책의 단어 한 개도 이해할 수 없을 것이다."

피사 대학에 다니면서도 갈릴레오는 박식하다는 사람들과 논쟁을 계속했다. 갈릴레오가 워낙 논쟁하기를 즐겨서 교수들은 그를 '논쟁(Il Attaccabrighe)'이란 별명으로 부르기도 했다. 갈릴레오는 왜 그렇게 끝없이 논쟁을 벌였을까? 교수들이 사실 facts이라고 가르치는 것들이라 해도, 검증되기 전에는 절대 받아들여서 안 된다고 생각했기 때문이다.

스물한 살이 됐을 때, 갈릴레오는 학위를 받지 않은 채 대학을 떠났다. 그리고 4년 후 강사의 자격으로 대학에 돌아왔다. 갈릴레오는 수학을 가르치기 시작했고, 예전처럼 논쟁하기를 즐겼다. 당시 대학들은 1,800년 전 사람인 아리스토텔레스의 학설을 비판 없이 따르고 있었다. 아리스토텔레스의 주장 중 하나가 무거운 물체가 더 빨리 떨어진다는 것이었다. 아리스토텔레스는 실제로 그런지를 실험해 본 적이 없었다. 그저 몇 가지 관찰로부터 논리를 전개하며 그럴 것이라고 추론한 것이었다.

갈릴레오는 아리스토텔레스의 주장이 틀렸음을 쉽게 증명했다. 그는 피사의 기울어진 탑에 올라가 납으로 된 공 두 개를 떨어뜨렸다. 하나는 무거운 공, 또 하나는 가벼운 공이었다. 사람들은 1,800년 동안이나 신봉되었던 '진리'가 뒤집어지는 것을 지켜보았다. 두 개의 공은 정확히 같은 속도로 땅에 떨어졌다. 이와 같은 퍼포먼스로 인해 갈릴레오는 유명해졌고, 많은 사람들의 의식을 바꾸는 데 성공했다. 하지만 당시로선 과격한 생각들로 인해 많은 적이 생겼다. 결국 그는 대학에서 해고당했다. 다행히 친구들의 주선으로 베니스 근처의 파두아 대학 University of Padua에서 강사 자리를 얻을 수 있었다. 파두아 대학은 새로운 사상에 대해 좀 더 개방적이었고, 갈릴레오는 대학 생활에 만족했다. 그는 왕과 영주들을 위해 다양한 기계와 도구를 발명하거나 설계해 주었고, 그의 명성은 나날이 높아져 갔다.

1609년 네덜란드에서 망원경이 발명되었다. 그 망원경은 대상을 3배까지 확대할 수 있었으나, 사실 그 정도 성능은 장난감에 어울리는 것이었다. 갈릴레오는 망원경의 다른 쓰임새를 생각했고, 성능 개선에 착수했다. 그는 1610년 자신의 망원경을 만들었고, 이 물건은 전장에서 적군의 움직임을 탐지하는 데 사용할 수 있을 만큼 성능이 좋았다. 갈릴레오는 이 망원경을 베니스의 영주에게 선물해, 엄청나게 오른 봉급와 평생직장을 확보할 수 있었다. 여기저기서 망원경을 만들어 달라는 주문이 폭주했고, 갈릴레오는 더욱 더 유명해졌다. 그는 당시 최고 성능인 30배율의 망원경으로 하늘을 관찰했고, 달이 산과 분화구로 가득하다는 사실을 발견했다. 갈릴레오는 아리스토텔레스의 또 한 가지 오류를 찾아낸 것이다.

아리스토텔레스는 지구가 우주의 중심이라고 주장했다. 태양을 비롯해 다른 모든 천체들이 지구 주위를 돈다는 말이었다. 그리고 당시 최고의 권력을 갖고 있던 가톨릭교회는 아리스토텔레스의 이 같은 주장에 동의했다. 지구가 우주의 중심이므로, 지구상의 가장 우수한 피조물인 인간 역시 우주의 중심이라는 점이 증명되었다는 이유에서였다. 이에 반대하는 사람은 누구라도 교회의 적으로 간주되었다. 당시의 교회는 정부와 마찬가지여서, 교회의 생각에 동의하지 않으면 고문과 죽음이라는 벌이 내려졌다.

폴란드의 천문학자 니콜라우스 코페르니쿠스 Nicolaus Copernicus가 이미 태양이 우주의 중심이라고 주장했지만, 아무도 그의 말을 믿지 않았다. 단, 갈릴레오만 빼고. 그는 성능이 향상된 망원경을 통해 천체를 관찰함으로써 코페르니쿠스의 생각이 옳았음을 확인했던 것이다. 갈릴레오는 '별들의 사자 The Starry Messenger'란 책에서 지구가 태양 주위를 돌고 있다고 주장했다. 51세의 갈릴레오는 이 책으로 인해 곤경에 처하게 되었다. 그 주장을 철회하지 않으면 죽음을 당할 상황에 몰린 것이다. 갈릴레오는 목숨을 구하기 위해 자신의 주장이 오류였다고 말해야 했다.

남은 생애 동안 갈릴레오는 자신의 신념을 위해 교회와 싸웠다. 교회 당국은 툭하면 구속, 고문, 사형으로 협박하며 그에게 거짓을 말하도록 강요했지만, 갈릴레오는 소신을 굽히지 않았다. 그는 가톨릭교회의 비밀경찰이 감시하고 있는 중에도 진실에 관해 저술하고 가르치는 일을 계속했다. 그는 생애의 마지막 8년 동안 플로렌스의 자택에 갇힌 채 살아야 했지만, 자신의 일을 중단하지 않았다.

어떤 영웅들은 자신의 신념을 지키기 위해 죽음을 택하기도 한다. 갈릴레오는 왜 목숨을 구하기 위해 거짓말을 했을까? 어떻게든 살아남아 더 많은 발견을 하고 싶었기 때문이었을까? 아니면 자신이 죽든 살든 결국 진리는 밝혀질 것을 알았기 때문이었을까? 그렇다. 진리는 언젠가 밝혀진다. 오늘날엔 모든 사람들이, 가톨릭교회마저도 갈릴레오가 옳았다고 인정하고 있지 않은가.

갈릴레오가 남긴 가장 위대한 유산은 그의 발명이나 발견들이 아니다. 무지한 법과 권력자들에게 맞서면서 진리를 탐구했던 그의 신념이다. 갈릴레오가 살았던 시대에 진리의 적은 무엇이었을까? 아마 검증되지 않은 신념에 집착하는 대중이었을 것이다. 오늘날 진리를 가로막는 적은 무엇일까?

## 지금 세상을 흔들고 있는 소년!

**제이콥 바넷** Jacob Barnett

제이콥은 세 살 때 5천 조각의 퍼즐을 완성하고 지도를 몽땅 기억해 부모를 놀라게 했다. 그는 기하학, 삼각함수, 미적분, 대수를 독학으로 공부했고, 그 모두를 일주일 만에 터득했다! 제이콥은 여덟 살에 대학 수준의 우주물리학 강의를 들었고, 열두 살 땐 아인슈타인의 상대성이론을 확장하는 작업에 몰두했다. 그는 자폐의 약한 형태인 아스퍼거 증후군 asperger's syndrome을 갖고 있지만 주변 사람들 모두는 그를 이상한 사람 취급하기는커녕 존중하는 태도로 대한다. 사람들 대부분이 이해하지 못하는 개념을 탐구하는 그에게 아낌없는 지원을 하고 있다.

# 투탕카문 왕

## Toutankhamon King

**BC 1347~1329년 추정** | 파라오 | 이집트

빛에 눈이 익숙해짐에 따라……
나는 놀라움에 말을 잃었다.

**하워드 카터** Howard Carter 고고학자, 투탕카문 왕의 무덤 발굴에 대해

열 살 소년 투트는 긴장한 표정이 역력했다. 그는 지금 카르낙 신전으로 가서 선조의 뒤를 이어 이집트의 파라오로 등극하려는 참이었다. 이제부터 그는 아프리카와 아시아의 두 대륙에 걸쳐 있는, 세상에서 가장 거대한 제국을 감독할 책임을 맡아야 한다. '나도 선조들처럼 위대한 지도자로 기억될 수 있을까?' 선대 파라오들의 기념비와 조각상들 사이로 걸어가는 투트의 머릿속엔 이 생각 하나뿐이었다. 신전에 모인 군중이 소년 왕을 향해 보내는 환호의 함성은 점점 더 커져서 이젠 귀가 먹먹할 정도였다. 이 소년 파라오는 이집트를 부흥시킬 수 있을 것인가? 투트는 이집트 신민들의 마지막 희망이었다.

사제들이 황금빛 항아리를 들어 투트의 몸에 성스러운 물을 부었

다. 그리고는 이집트의 지배자를 상징하는 3개의 장엄한 왕관을 투트의 머리에 씌워 주었다. 하 이집트 Lower Egypt를 상징하는 흰색의 높은 왕관, 상 이집트 Upperer Egypt의 붉은색 왕관, 마지막으로 이집트의 막강한 군사력을 상징하는 푸른색의 왕관 케프레시 khepresh가 그것이었다. 사제들이 3개의 왕관을 차례로 투트의 작은 머리에 올리는 것을 수천 명의 이집트인들이 지켜보았다.

투트의 치세는 9년에 불과했지만, 역사로 기억되고자 했던 투트의 꿈은 이루어졌다. 그는 3,000여 년 전에 이집트를 통치했지만, 역

파라오란 말의 의미는 '궁전에 사는 사람'이다.

대 파라오 중 가장 유명한 인물이 되었다. 투트의 통치는 무너져 가는 제국을 다시 한번 번영과 안정으로 이끌었다. 엄청난 양의 황금과 값을 매길 수 없을 만큼 귀중한 세공품들이 가득한(보물들과 함께 수수께끼 같은 저주도 함께 묻혀 있었던) 투트의 무덤은, 그의 전설을 뒷받침하는 증거 역할을 했을 뿐이다.

투트, 즉 투탕카문 왕은 기원전 1347년 이집트에서도 비옥한 땅으로 꼽히는 나일 골짜기 Nile valley에서 태어났다. 투탕카문은 '힘 좋은 황소'라는 의미이고, 투트에게 잘 어울리는 이름이었다. 젊은 시절 투트는 강인한 신체와 뛰어난 사냥 기술로 칭송받았다. 그는 타조, 공작, 아이벡스(*주로 산악 지방에 서식하는 긴 뿔을 가진 야생 염소 – 옮긴이), 가젤(*작은 영양류 – 옮긴이) 등을 사냥했으며 때로는 야생 하마를 잡기도 했다. 투트의 아버지는 파라오 아케나텐 Akhenaten이었는데, 그는 이집트 신민들로부터 그리 환영받지 못했다. 전통적인 이집트의 다신

교 신앙을 거부하고, 하나의 신만 숭배하도록 했기 때문이다. 아케나 텐은 테베에 있었던 수도를 아마르나로 옮겼는데, 이 사건으로 인해 신민들은 아케나텐에게서 등을 돌렸다.

소년기의 투트는 그리 영민한 아이가 아니었다. 파라오의 자리는 형인 스멘카레가 물려받게 되어 있는 만큼, 투트에게 별로 기대하는 것도 없었다. 이집트 상형문자를 읽고 쓰는 법을 배우는 일 외에 투트 가 하는 일은 보통 아이들의 행동과 다름없었다. 한마디로 빈둥거리 며 시간을 보냈다. 사냥도 하고 마차를 타기도 하고, 좋아하는 보드 게임인 세네트 Senet(*이집트식 윷놀이. 죽은 이가 '메헨'이라는 신과 하는 게 임으로, 이 게임에서 '메헨'을 이겨야 사후세계로 가서 '오시리스'의 심판을 받을 수 있다고 전한다 – 옮긴이)도 하고, 형제들과 함께 나일 강에서 수영을 하기도 했다.

투트가 일곱 살일 때, 일생일대의 사건이 일어났다. 형인 스멘카레 가 심하게 앓다가 세상을 떠난 것이다. 졸지에 투트는 이집트의 파라 오인 아버지의 모든 의무를 물려받아야 하는 상황에 처한 것이다. 빈 둥거리던 시절은 끝나고, 벼락치기 왕자 수업이라도 받아야 할 판이 었다! 투트는 새로운 역할을 위해 엄청나게 열심히 공부했고, 그렇게 열심히 공부한 것은 정말 다행이었다. 2년 후, 부친도 세상을 떠났기 때문이다. 겨우 아홉 살인 투트는 이제 이집트 제국의 최고 통치자였 다. 그리고 부왕의 가혹한 통치 때문에 분열된 이집트 신민의 마음을 통합하고 다독여야 하는 막중한 책임을 떠맡게 되었다.

투트는 부왕이 철폐한 전통 신앙을 되살리고, 수도를 다시 테베로 옮기기로 결정했다. 수도를 테베로 옮긴 후 그는 성대하게 대관식을 치렀다. 이집트의 중요 인물 모두가 참석해 소년 파라오에게 경배를 올렸다. 왕위에 오른 투트는 지체 없이 황폐해진 사원들의 재건축을 명했다. 사제들의 안내에 따라 풍성한 수확을 기원하는 의식도 거행했다(당시 이집트 사람 대부분은 농사로 생계를 해결했다). 거대한 군사력의 통수권자이기도 했던 투트는 군사 참모들의 도움을 받아 몇 개의 전투에서 승리를 거뒀다.

투트의 무덤에서 반지 15개와 목걸이 13개를 비롯해서 140개의 보석 장신구, 여러 장의 부적, 순금 왕관이 발견됐다. 또한 93켤레의 신발과 투트의 사후 생활을 돌볼 시종의 조각상도 415개나 되었다. 그 밖에 꽃병, 마차, 지팡이 등 온갖 세공품이 가득해서 유물들을 안전하게 무덤 밖으로 옮기는 데 만 7년이 걸렸다고 한다.

열다섯 살이 됐을 때 투트는 강력하고 믿음직한 지도자로 성장했다. 투트는 하 이집트와 상 이집트를 다시 안정시켰고, 전통 신앙을 고수하는 백성들의 마음을 어루만져 주었다. 그는 노련한 외교 협상력을 발휘해 이웃 나라 아시리아 및 바빌로니아와의 관계도 공고히 했다. 아케나텐 시대라는 암흑기를 거친 이집트에 다시 번영의 날이 돌아왔다. 나일 강 주변 경작지에선 풍작이 계속됐고, 창고에는 곡물이 넘쳐났다.

하지만 투트 왕의 시대는 시작이 그랬던 것만큼이나 급작스럽게 끝났다. 투탕카문이 열여덟 살에 급사했기 때문이다. 확실한 이유는 아무도 모른다. 질병 때문인지, 마차를 몰다가 생긴 상처 때문인지, 투탕카문의 사인은 오늘날까지도 수수께끼로 남아 있다. 많은 학자들은 권력을 둘러싼 암투로 투트가 살해되었을 것이라 믿는다. 투트가 점차 참모들의 조언을 무시하고 지나치게 독단적으로 행동한 탓에 암살 당했을 수 있다는 얘기다.

원인이 무엇이든 투트의 죽음은 이집트 신민들에게 충격이었다. 당시 이집트에는 사람의 영혼인 카 ka를 보존하기 위해 시신을 미라로 만들어 무덤에 안치해야 한다는 믿음이 있었다. 갑작스러운 왕의 죽음 때문에, 이집트 신민들은 무덤을 만드는 일에 매달려야 했다. 무덤 내부에는 죽은 왕이 사후 생활을 불편 없이 즐길 수 있도록 여러 가지 물품을 비치했다. 보물을 노리는 도굴꾼들을 속이기 위해 가짜 묘실과 비밀 통로도 만들었다. 3천여 년의 세월이 흐르는 동안, 매장 지역은 점차 모래로 덮여 갔고, 결국 투트의 무덤은 모래 속으로 사라졌던 것이다.

고대 이집트에서는 남녀 모두가 납 성분의 화장품을 써서 눈 주위를 검게 칠했다. 그 같은 화장은 멋지고 우아해 보이기도 했지만, 맹렬한 사막의 태양으로부터 눈을 보호하는 역할도 했다.

오늘날 우리가 알고 있는 투탕카문 왕의 일생은 대부분 그의 무덤에서 얻은 자료를 토대로 재구성한 것이다. 1992년 고고학자 하워드 카터 Howard Carter는, 역대 파라오 대부분이 묻혀 있어 '왕의 골짜기'로 불리는 지역에서 모래 속에 묻혀 있던 방 하나를 발견했다. 방의 비밀문 뒤에 거의 완벽하게 보존된 투탕카문 왕의 무덤이 있었다. 투탕카문 왕의 무덤에는 황금 마스크와 황금 관을 비롯해 식기, 보석, 마차, 활과 화살, 시종들의 조각상, 게임 판, 가구, 장엄한 왕관까지, 깜짝 놀랄 만큼 화려한 갖가지 세공품들이 가득했다.

보물 중에는 상형문자가 새겨진 점토판도 있었는데, 다음과 같은 경고가 새겨져 있었다. '죽음이 그 날개로 파라오의 평안을 방해하는 자들 모두를 죽이리라.' 이런 글이 새겨진 조각상도 있었다. '사막의 불길로 무덤을 넘보는 도둑을 쫓아낸 존재가 바로 나다. 나는 투탕카 문의 무덤을 지키는 수호자다.' 보물들에 정신이 팔린 카터는 경고의 글을 금세 잊어 버렸다. 하지만 그로부터 불과 2주 후 발굴 자금을 댄 카나본 경 Lord Carnarvon이 병으로 사망하자 무덤 속의 경고가 새삼 화제가 되었다. 그가 말라리아로 사망했다고 생각하는 사람도 있었지만, 투트 왕의 저주 때문이라 믿는 사람들도 있었다. 다음 날, 무덤을 찾아왔던 카나본 경의 친구가 고열에 시달리다 덜컥 세상을 떠났다! 이내 사람들은 온갖 종류의 죽음을 투트 왕의 무덤 발굴과 연결 짓기 시작했다. 무덤이 발굴된 이후 10년 동안, 발굴에 관여했던 30명 가까운 사람들이 수수께끼처럼 죽었다.

마침내 이집트의 생물학자 에제딘 타하 Ezzeddin Taha 박사가 무덤 발굴에 관여했던 사람들을 조사한 결과, 그들 중 많은 사람이 괴이한 세균 감염에 시달렸음을 알아냈다. 타하 박사의 연구에 따르면 미라와 무덤 속에 있던

> 투트의 미라를 X선으로 검사한 결과, 머리의 상처가 치명상이었을 가능성이 높은 것으로 드러났다. 투트가 살해되었으리라는 생각을 뒷받침하는 또 하나의 증거다.

세균이 4,000년 가까운 시간 동안 살아 있었다는 것이다! 그 세균이 일으킨 증상은 높은 열과 호흡기 감염이었다. 타하 박사는 기자 회견을 열어 투트 왕의 저주는 터무니없는 미신이며, 사람들이 죽어간 진짜 이유를 자신이 밝혀냈다고 주장했다. 그런데 공교롭게도 얼마 후 타하 박사 역시 갑작스런 교통사고로 사망했다. 타하 박사가 기절해

서 자동차 충돌을 일으킨 원인이 세균 감염 때문인지, 저주 때문이지를 두고 아직도 사람들은 갑론을박을 하고 있다.

투트 왕의 죽음과 그의 무덤은 수수께끼에 싸여 있지만, 가장 어렸던 파라오 투트가 존재했었다는 사실은 온 세계에 알려졌고, 그는 영원히 사람들의 기억 속에 살아남았다. 투트는 뛰어난 지도력과 외교 수완으로 이집트의 경제를 부흥시켰고, 백성들이 파라오를 믿고 의지하게 만들었다. 짧은 생애와 어마어마한 무덤, 파라오의 저주 등으로 인해 투트는 역대 모든 이집트 왕 중에 가장 유명한 인물이 되었다. 이집트의 고대 문헌에 적혀 있는 이 글은 다른 어떤 파라오보다 투트 왕에게 어울린다.

"그대의 입이 침묵하는 동안, 그대의 이름은 퍼져 나간다."

## 나는 이렇게 세상을 뒤흔들 거야!

나는 고위 관료가 되어 친환경 자동차 법을 제안하겠다. 기름을 먹어 대는 차를 친환경 차로 교환하는 재활용 프로그램을 실시할 것이다. 전기 자동차 충전소를 전국에 설치하고, 전기를 싸게 공급하겠다. 더 많은 사람들이 대중교통을 이용하게 만들겠다. 이런 정책은 많은 사람들에게 영향을 미쳐 지구 온난화와 이산화탄소 배출량에 대한 인식을 높여 줄 것이다.

듀건 마리브 Dugan Marieb ● 13세

이 책의 주인공들은 각자 완전히 다른 방식으로 세상을 뒤흔들었지만,

그들에게는 몇 가지 공통점이 있다.

가난, 신체적 장애, 인종 차별, 억압적인 사회, 자기 불신 등의

장애를 극복하고 꿈을 실현했다는 사실이다.

이 책의 주인공 누구도 쉬운 길을 갈 수 없었지만 결코 포기하지 않았다.

옮긴이에게도 10대 아들이 있어, 특별한 흥미와 애정을 갖고 작업을 진행했다. 각양각색의 소년들이 전해준 감동은 시간이 흘러도 쉽게 잊히지 않을 것 같다.

이 책은 스무 살이 되기 전에 세상을 뒤흔들 만한 성취를 이룬 46가지의 삶이 요약돼 있다. 이 책을 읽다 보면 미처 생각지 못했던 성공의 단서나 영감을 얻을 수 있을 것이다. 하지만 이 책이 빨리 성공할

수 있는 방법을 일러주거나, 빨리 성공하라고 재촉하는 책이 아니라
는 것만은 분명하다.

이 책의 저자가 '세상을 뒤흔든 10대들: 소녀편'에서 언급했듯이 '세
상을 뒤흔든다'는 것이 꼭 유명해지거나 엄청난 부자가 된다는 것을
뜻하지는 않는다. 정확히 말하자면 '그냥 물러나 앉아 세상이 자신을
흔들게 내버려 두지 않았다'는 뜻이다. 남다른 생각으로 사람들을 억
압하는 기존의 사회 제도와 고정 관념을 부수거나, 남다른 투지로 역
경을 이겨냄으로써 사람들에게 용기를 주거나, 이런저런 방식으로 세
상에 도움이 되는 일을 해서 이름을 알렸다면 그것은 성공한 삶임에
틀림없다. 그것도 10대에 그런 일을 했다면……

이 책을 위인전류라고 생각했다면 잘못 짚은 것이다.

현재 동시대를 살고 있는 소년부터 고대 이집트의 파라오까지를 다
루고 있으면서, 현대의 소년들에게 큰 비중을 두고 있기 때문이다.
이 책의 특징을 몇 가지로 요약하자면 다음과 같다.

첫째, 주인공의 성취 분야가 꽤나 다양하다는 점이다.

기존의 위인전에서 단골로 다루는 정치인, 기업인, 과학자, 예술가
도 물론 포함되어 있지만 신발 디자이너, 축구 선수, 스노보더, 환경
운동가, 체스 선수, 헤어 스타일리스트, 소설가, 만화가, 식물학자, 영
화배우, 가수, 댄서까지 다양한 분야에서 활약한 인물들이 총망라되
어 있다. 만델라와 윌 스미스가 같은 가치로 다뤄진다는 것은 이 책의

또 다른 지향점이다. 자신의 꿈조차 스펙의 일부로 정리해야 하는 아이들에게 이렇게나 다양한 분야에서 성취가 가능하다는 사례를 보여주는 것만으로도 그 의미는 상당하다.

둘째, 한 권으로 46개의 인생 이야기를 만날 수 있다.

고아원에서 7년을 지내야 했던 비달 사순, 너무 가난해 친구들에게 따돌림을 받았던 엘비스 프레슬리, 에디슨의 스카우트 제의도 거부하고 농부를 위한 삶을 살았던 식물학자 조지 워싱턴 카버, 다섯 살이 되기 전에 두 번의 심장수술을 받았던 스노보드 챔피언 숀 화이트, 땅콩을 팔며 맨발로 공을 찼던 펠레 등등 세상을 뒤흔든 주인공들의 삶은 특별한 감동을 준다. 위대한 인물 이야기 중 이렇게 10대에 스포트라이트를 맞춘 책은 없었다. 우리 청소년들이 충분히 공감대를 형성하며 읽을 수 있는 드문 책이다.

셋째, 모든 10대들에게 지금 당장 시작하라고 격려한다.

이 책엔 세상을 흔들었던 위대한 인물 외에도, 지금 막 세상을 흔들기 시작한 10대들의 이야기가 수록되어 있다. 열두 살 나이로 '지구온난화에 대처하는 아이들'이란 환경단체를 창립한 알렉 루어즈, 도보여행을 통한 모금으로 아프리카에 모기장을 보내고 있는 네이트 스태포드, 탄자니아 난민촌에서 아이들의 부모를 찾아주는 라디오 프로그램을 시작한 바루아니 은두메 등의 사례는 시사하는 바가 크다. 그들은 특별한 재능이 있어서가 아니라, 자신의 주변에 관심과 애정을 가

짐으로써 가치 있는 일을 시작할 수 있었다. 물론 10대에 특별한 재능을 발휘한 사례들도 충분히 소개되어 있다.

넷째, 부모와 자녀가 함께 읽을 수 있다.

한 이야기 당 4~5페이지 분량으로 구성되어 있어, 부모와 자녀가 함께 읽고 토론을 해보는 것도 좋은 경험이 될 것이다. 위인에 대한 존경심을 불러일으키려는 작위성이 없는 탓에, 고리타분한 위인전에 질린 아이들도 재미있게 읽을 수 있을 것이다. 게다가 각 이야기의 말미에 외국의 13~15세 아이들이 밝히는 '세상을 뒤흔들 계획'이 수록되어 있어 자녀들과 자연스럽게 꿈과 진로에 대한 이야기를 나눌 수 있다.

요즘 10대 청소년들은 '나는 잘하는 것도 없고, 딱히 하고 싶은 것도 없다'고 말한다. 부모님들은 왜 우리 아이는 꿈이 없냐고 걱정한다. 하지만 아이들이 자신의 꿈을 발견할 수 있는 방법을 알려주지 않았거나, 그 길을 차단해 버렸는지도 모를 일이다. 그들은 꿈이 없는 것이 아니라, 아직 찾지 못한 것이다. 다양한 분야의 인물들이 펼쳐 놓는 불굴의 도전 이야기를 접하게 되면, 우리 아이들도 보다 다양한 길을 탐색할 수 있고 자신의 꿈을 향해 전진할 용기를 낼 수 있지 않을까?

이 책을 통해 우리의 아이들이 자신만의 독립적인 삶, 자신의 전부

를 던질 수 있는 열정적인 삶을 살아갈 수 있게 된다면 더 없는 기쁨
일 것이다.

# 세상을 뒤흔든 10대들 | 소년 편

초판 1쇄 | 2014년 8월 5일
3쇄 | 2016년 6월 1일

지은이 | 미셸 로엠 매칸
옮긴이 | 장은재

펴낸이 | 설응도
펴낸곳 | 라의눈

편집장 | 김지현
책임편집 | 안은주
마케팅 | 최제환
경영지원 | 설효섭
디자인 | Kewpiedoll Design

출판등록 | 2014년 1월 13일(제2014-000011호)
주소 | 서울시 서초중앙로 29길(반포동) 낙강빌딩 2층
전화번호 | 02-466-1283
팩스번호 | 02-466-1301
전자우편 | eyeofrabooks@gmail.com

ISBN : 979-11-952558-6-3 13190

잘못 만들어진 책은 구입처나 본사에서 교환해 드립니다.
책값은 뒤표지에 있습니다.
라의눈에서는 독자 여러분의 소중한 아이디어와 원고 투고를 기다리고 있습니다.